일산오빠의 실용음악통론

평가문제집

일산오빠의 실용음악통론 평가문제집

초판 1쇄 발행 2016년 2월 15일
초판 12쇄 발행 2025년 12월 1일

지은이 | 윤영준
엮은이 | 편집부
기 획 | 양세진
디자인 | 박마리아
펴낸곳 | 1458MUSIC
주 소 | 서울특별시 서초구 바우뫼로 39길 67-17, 서경빌딩 3층
전 화 | 070-8670-4340
팩 스 | 0504-848-4340
등 록 | 2008년 4월 21일 제2025-000066호

홈페이지 | www.1458music.com
페이스북 | www.facebook.com/1458music
블로그 | blog.naver.com/1458music
이메일 | 1458music@naver.com
인 쇄 | 예림인쇄

font : Canon EOS M

ISBN 979-11-953562-5-6

Music theory test book

일산오빠의 실용음악통론 평가문제집

윤영준 지음 · 편집부 엮음

1458MUSIC

이 책을 보시는 분들에게

실용음악이론 문제에 대한 갈증을 풀어드립니다.

일선에서 학생들을 지도하다 보면, 배우고 있는 음악이론을 자신이 잘 이해하고 있는 중인지 궁금해 하는 경우가 많습니다. 이럴 때 가장 좋은 방법은 관련 내용을 문제로 풀어보는 것입니다. 일산오빠의 실용음악통론 평가문제집은 학생의 이해도를 가장 정확하게 확인할 수 있게 구성되어 있습니다. 이론의 개념을 확인하는 것부터 시작하여 점차 난이도 차이가 있는 문제들까지, 한 가지 이론을 다양한 수준과 유형으로 접근했습니다. 이러한 풀이 과정을 통하여 학생들은 자신이 잘 알고 있는 내용과 부족한 부분이 무엇인지 정확하게 확인할 수 있게 됩니다.

기초악전, 음정, 3화음, 조성, 스케일, 7화음, 다이아토닉, 모드, 텐션까지 폭 넓은 범위의 음악통론 문제를 수록하였습니다.

통론은 '어떤 분야의 전반에 걸친 이론'이라는 뜻입니다. 그러다 보니 그 범위가 정확하게 구분되지 못하는 것이 사실입니다. 이 때문에 일부 학습서는 너무 좁은 내용만을 다루고 있고, 반대의 경우는 너무 복잡한 내용까지 수록되어 있습니다. 일산오빠의 실용음악통론 평가문제집은 실용음악이라는 큰 그림 안에서 가장 기본적이고 실제적인 범위를 고려하여 만들어졌습니다. 실용음악과 입시를 위한 준비로도 활용할 수 있습니다.

일산오빠의 실용음악 기초이론 1, 2권과 함께 활용할 수 있습니다.

이 책은 문제 중심으로 구성되었습니다. 그래서 이론 관련 설명은 핵심 개념만 소개되어 있습니다. 문제를 풀다가 이론에 대한 이해가 부족한 부분은 일산오빠의 실용음악 기초이론 1,2권을 통해 관련 내용을 학습할 수 있습니다. 두 권의 이론서와 한 권의 평가문제집을 통해서 실용음악에 관한 당신의 기본기를 탄탄하게 만들어 보시길 바랍니다.

CONTENTS

PART

1

악전

1. 음이름은 이탈리아어(계이름), 영어, 한국어 음이름으로 나누어집니다.

이탈리아어	도(Do)	레(Re)	미(Mi)	파(Fa)	솔(Sol)	라(Ra)	시(Ti)
영어	C	D	E	F	G	A	B
한국어	다	라	마	바	사	가	나

2. 음자리표는 음의 높이를 결정하는 역할을 합니다. 높은 음자리표, 낮은 음자리표, 가온 음자리표가 있습니다.

높은음자리표	가온음자리표			낮은음자리표
	소프라노	앨토	테너	

음자리표에 따른 '도'음

3. 변화표는 반음 단위로 음을 좀 더 세밀하고 다양하게 표현할 수 있게 해주는 표시입니다. 조표와 임시표로 사용됩니다.

기호	읽기	표현
♯	샵 / 올림표	반음 올림
♭	플랫 / 내림표	반음 내림
𝄪	더블샵 / 겹올림표	온음 올림
♭♭	더블플랫 / 겹내림표	온음 내림
♮	네츄럴 / 제자리표	원래의 음으로

4. 임시표의 영향으로 음의 이름은 다르지만 높이는 같은 음을 이명동음(딴이름 한소리)이 라고 합니다.

C♯ - D♭   A♭♭ - G   D𝄪 - E

5. 음표는 음의 길이를, 쉼표는 쉬는 길이를 표시합니다.

길이	음표		쉼표	
4박	o	온음표	▬	온쉼표
3박	♩.	점2분 음표	▬.	점2분 쉼표
2박	♩	2분 음표	▬	2분 쉼표
1½박	♩.	점4분 음표	𝄽	점4분 쉼표
1박	♩	4분 음표	𝄽	4분 쉼표
¾박	♪.	점8분 음표	𝄾	점8분 쉼표
½박	♪	8분 음표	𝄾	8분 쉼표
⅜박	♬.	점16분 음표	𝄿	점16분 쉼표
¼박	♬	16분 음표	𝄿	16분 쉼표
³⁄₁₆ 박	♬.	점32분 음표	𝅀	점32분 쉼표
⅛박	♬	32분 음표	𝅀	32분 쉼표

6. 정해진 시간 안에 반복되는 셈여림의 패턴을 박자라고 합니다.

1) $\frac{2}{4}$ (강 약) 한 마디에 4분 음표가 2개씩 들어갑니다.

2) $\frac{3}{4}$ (강 약 약) 한 마디에 4분 음표가 3개씩 들어갑니다.

3) $\frac{4}{4}$ (강 약 중강 약) 한 마디에 4분 음표가 4개씩 들어갑니다.

4) $\frac{6}{8}$ (강 약 약 중강 약 약) 한 마디에 8분 음표가 6개씩 들어갑니다.

5) $\dfrac{9}{8}$ (강 약 약) 한 마디에 8분 음표가 9개씩 들어갑니다.

6) $\dfrac{12}{8}$ (강 약 중강 약) 한 마디에 8분 음표가 12개씩 들어갑니다.

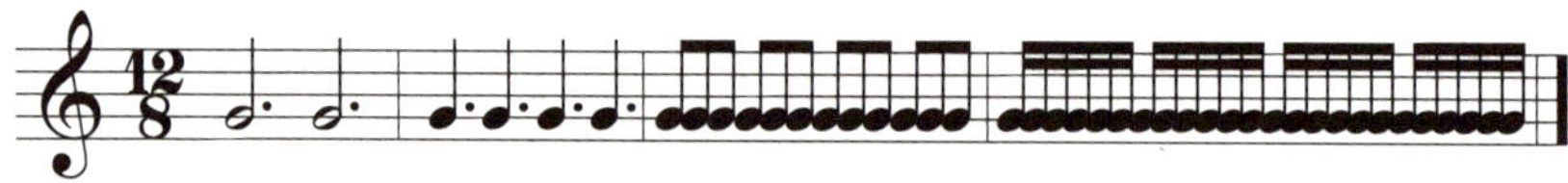

7. 악상기호

1) 속도

속도 표기는 메트로놈과 용어로 표기하는 방법이 있습니다.

느리게 ← 보통 → 빠르게

Largo – Lento – Adagio – Andante – Andantino – Moderato – Allegretto – Allegro – Vivace-Presto

2) 세기

여리게 ← 보통 → 세게

pp (피아니시모) – p (피아노) – mp (메조피아노) – mf (메조포르테) – f (포르테) – ff (포르테시모)

용어	약자표기	기호	뜻
crescendo(크레센도)	cresc.	<	점점 세게
decrescendo(데크레센도)	decresc.	>	점점 여리게
diminuendo(디미누엔도)	dim.	>	점점 여리게

8. 곡 진행을 위한 표현기호

① 도돌이표 : 도돌이표 마디를 반복해서 연주합니다.

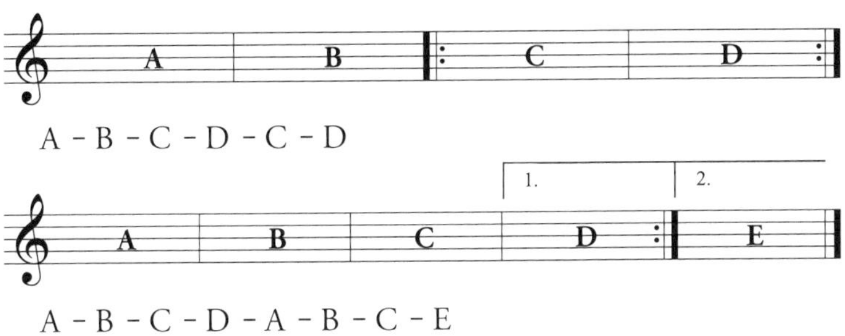

A - B - C - D - C - D

A - B - C - D - A - B - C - E

② D.C (다카포) : 처음으로 돌아가 겹세로줄 위의 늘임표 또는 Fine까지 연주합니다.

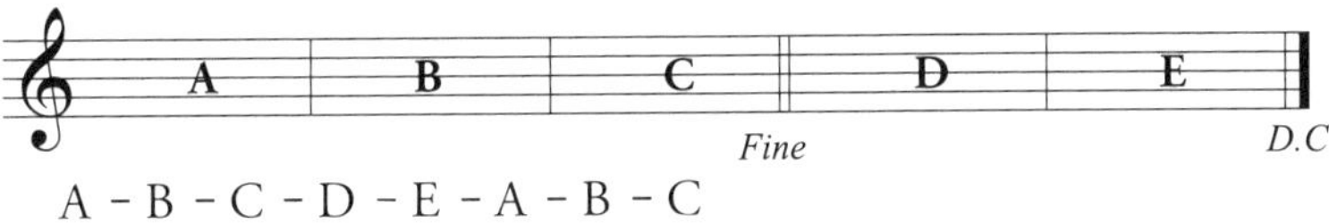

A - B - C - D - E - A - B - C

③ D.S(달세뇨) : 세뇨로 돌아가 겹세로줄 위의 늘임표 또는 Fine까지 연주합니다.

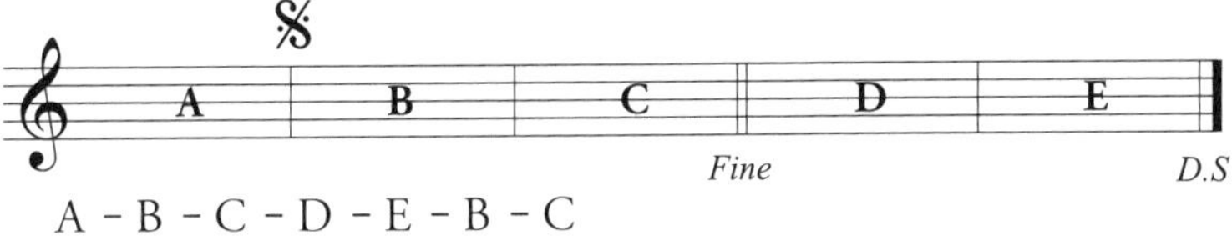

A - B - C - D - E - B - C

④ 코다 : D.S나 D.C로 반복 연주할 때 코다 사이의 마디를 건너뛰고 연주합니다.

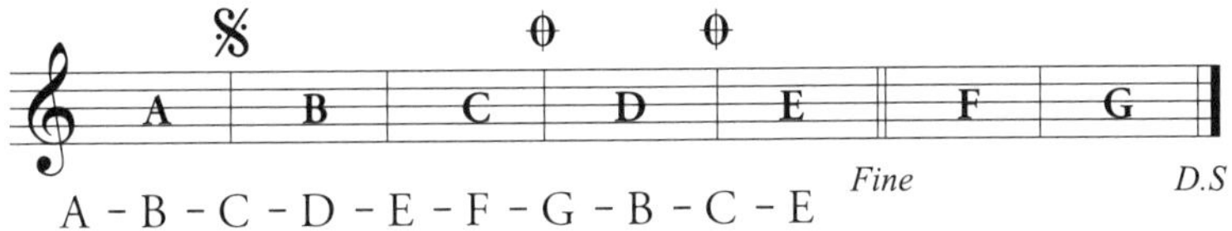

A - B - C - D - E - F - G - B - C - E

⑤ Fine : D.C나 D.S로 인해 다시 한 번 반복 연주한 후에 적용이 되는 곡의 마침을 나타냅니다. '피네'라고 읽습니다.

1. 음자리표를 보고 알맞은 음이름을 적어보세요

이탈리아어

영어

이탈리아어

영어

이탈리아어

영어

2. 온음과 반음을 적어보세요.

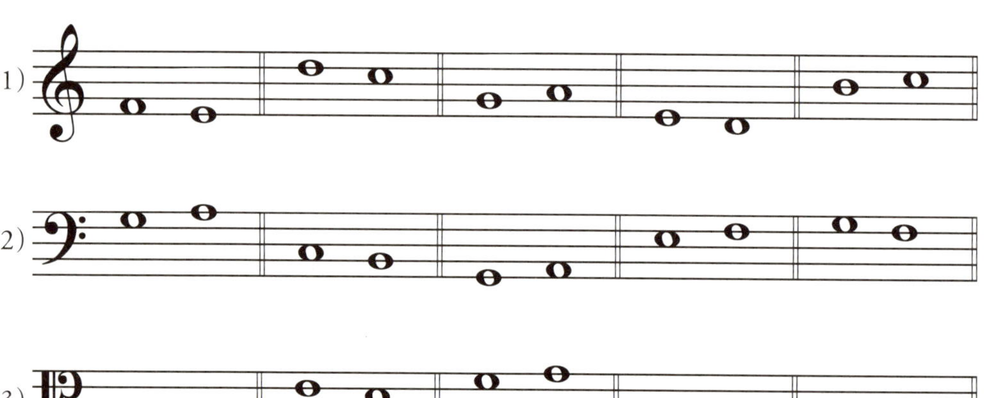

3. 주어진 음의 이명동음을 그려보세요.

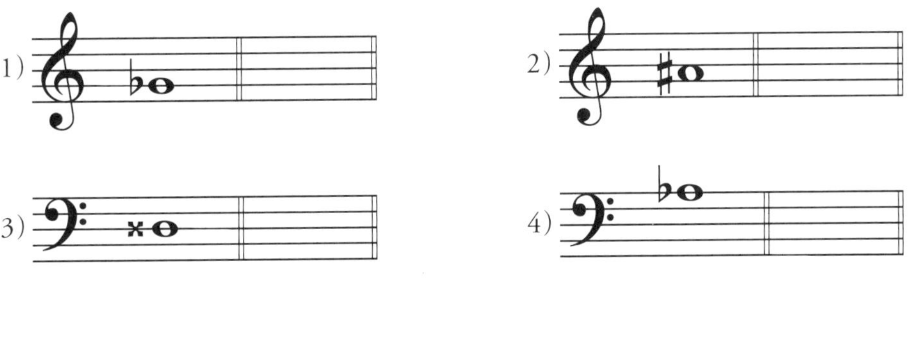

4. 동일한 음을 다른 음자리표에 그려보세요.

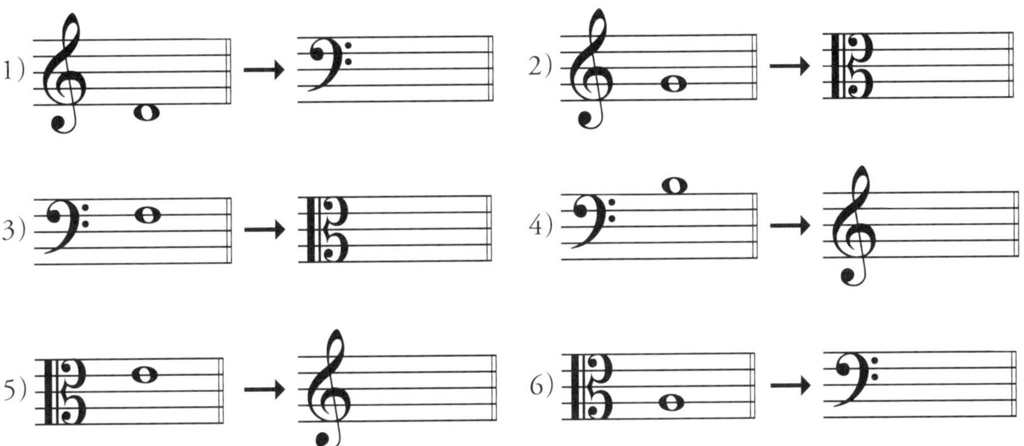

5. 주어진 음표와 같은 길이의 쉼표를 그려보세요.

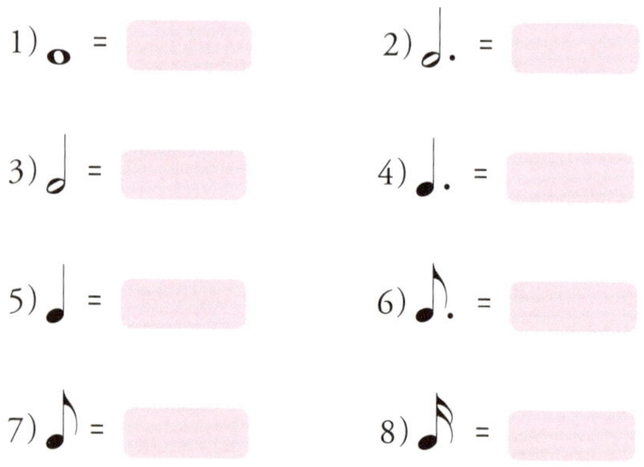

1) o =   2) ♩. =

3) ♩ =   4) ♪. =

5) ♩ =   6) ♪. =

7) ♪ =   8) ♪ =

6. 같은 음표를 연결하세요.

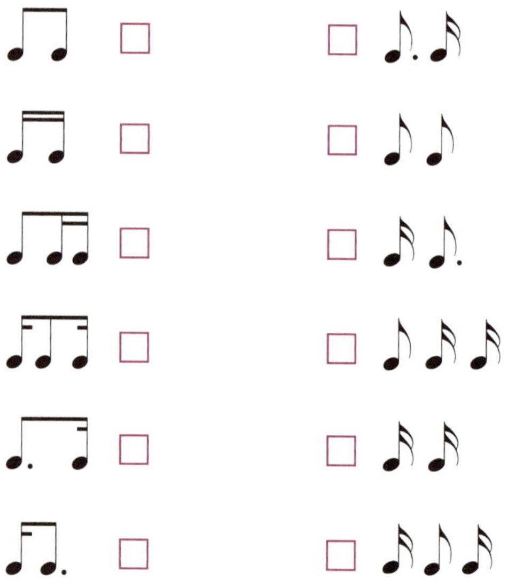

7. 박자에 유의하여 알맞은 음표를 그려보세요. ('솔'음으로)

8. 다음 셈여림 기호를 여린 것부터 순서대로 적어보세요.

mp, mf, p, f, ff, pp

            –   –   –   –   –

9. 다음 빠르기 용어를 느린 것부터 순서대로 적어보세요.

Moderato, Allegro, Andante, Allegretto, Andantino

            –   –   –   –

10. 다음 기호와 뜻을 연결 하세요.

D.S. ☐   ☐ 세뇨 : 달세뇨 때문에 반복할 경우 이곳에서 시작

𝄆 ː𝄇 ☐   ☐ 다카포 : 맨 처음으로 돌아가서 Fine에서 마침

D.C. ☐   ☐ 달세뇨 : 세뇨로 돌아가서 Fine에서 마침

𝄋 ☐   ☐ 도돌이표 : 사이를 반복하여 연주

𝄌 ☐   ☐ 코다 : 두 번째 반복할 경우 사이를 건너 뛰어 연주

1. 동일한 음을 다른 음자리표에 그려보세요.

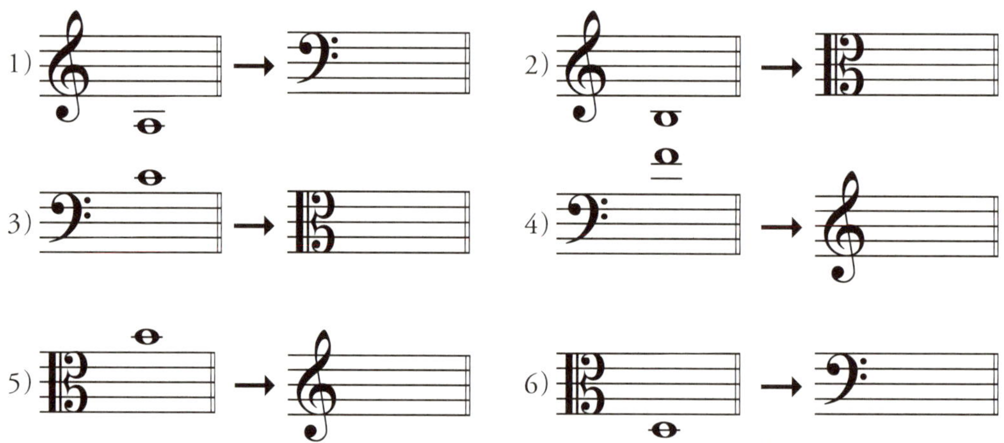

2. 주어진 음표와 같은 길이의 쉼표를 그려보세요.

1) ♩. + ♩ =

2) ♩ + ♪. =

3) ♩ + ♪ + ♪ =

4) ♩. + ♪ + ♬ =

5) ♪ + ♪ =

6) ♩ + ♪ =

7) ♪ + ♬ =

8) ♬ + ♪ =

3. 다음 악보에 들어갈 쉼표를 그려보세요.

4. 다음 악보의 연주 순서를 적어보세요.

1)

2)

3)

1. 이명동음을 적어보세요.

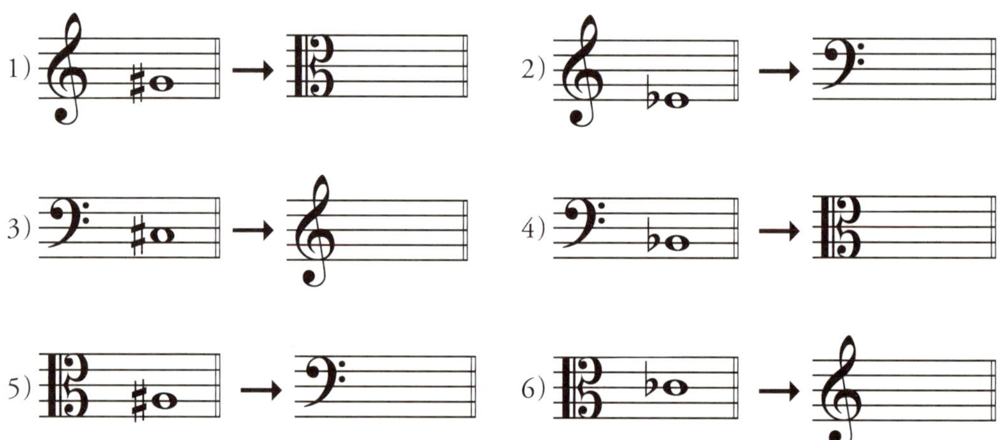

2. 주어진 쉼표와 같은 길이의 음표를 그려보세요.

1) 𝄾 + 𝄾 = 　　　2) 𝄾 + 𝄾 =

3) ─· + 𝄾 + 𝄾 = 　　　4) 𝄾 + 𝄾 + 𝄽 =

5) 𝄾 + 𝄾. = 　　　6) ─ + 𝄽 =

7) 𝄽· + 𝄾 = 　　　8) 𝄽 + 𝄽 =

3. 다음 악보의 연주 순서를 적어보세요.

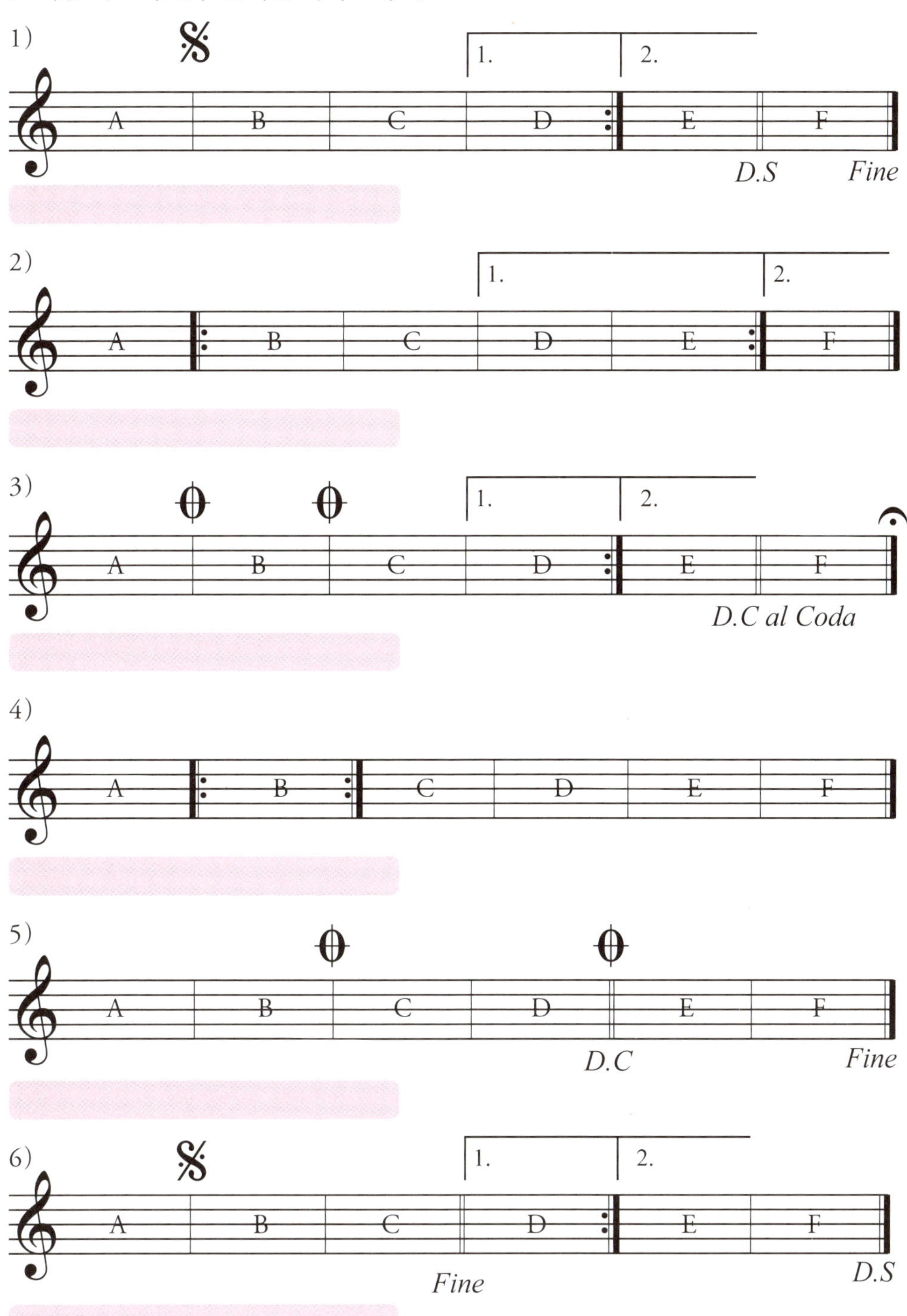

PART

2

음정

1. 두 음 사이의 높이 간격을 음정이라고 합니다. 음정은 낮은 음에서 시작해서 높은 음으로 구합니다.

3도

2. 음정에 '미-파', '시-도'가 있는 경우 반음이 있다고 말합니다.

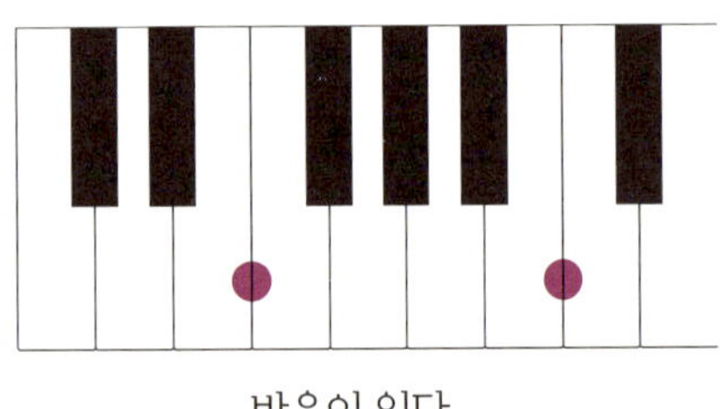

반음이 있다

3. 음에 임시표가 없는 1, 4, 5, 8도 음정은 완전음정, 증음정, 감음정으로 나뉩니다.

반음 \ 도	1도	4도	5도	8도
0개	완전	증		
1개		완전	완전	
2개			감	완전

4. 음에 임시표가 없는 2, 3, 6, 7도 음정은 장음정, 단음정으로 나뉩니다.

반음 \ 도	2도	3도	6도	7도
0개	장	장		
1개	단	단	장	장
2개			단	단

5. 아래 음에 ♭, 위 음에 ♯이 붙는 경우 음정의 간격이 늘어납니다.

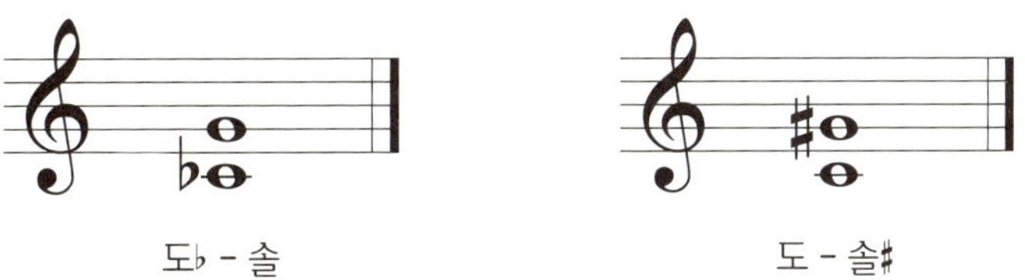

6. 아래 음에 ♯, 위 음에 ♭이 붙는 경우 음정의 간격이 줄어듭니다.

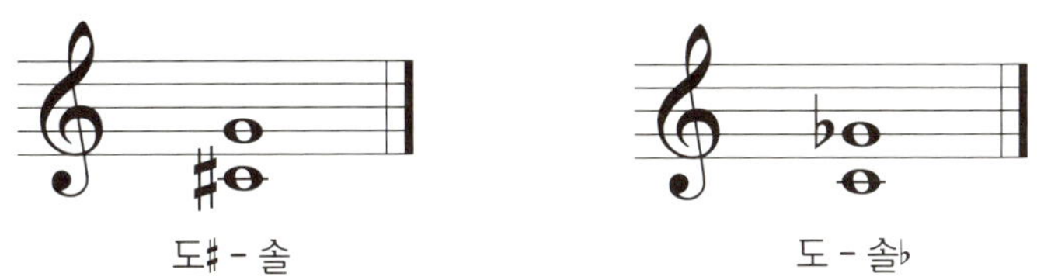

7. 음에 임시표가 있는 음정을 구할 때는 간격의 늘어남과 줄어듦을 계산합니다.

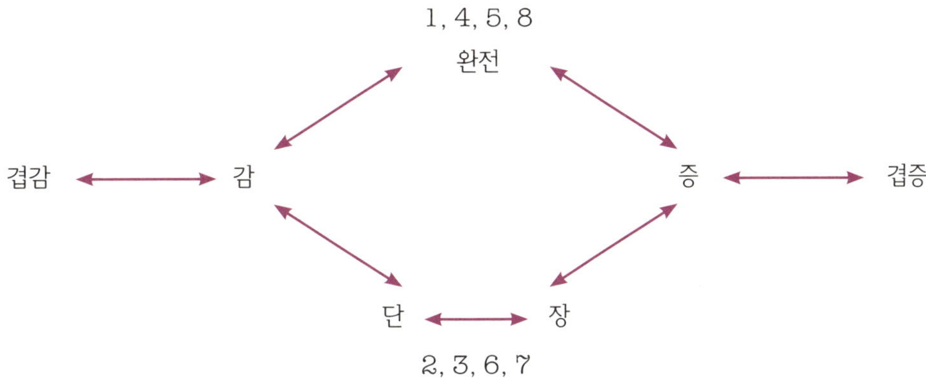

8. 음정이 한 옥타브(8도)를 넘는 경우 겹음정이라고 부릅니다.

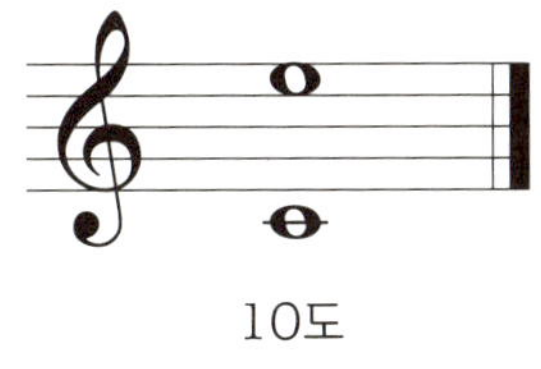

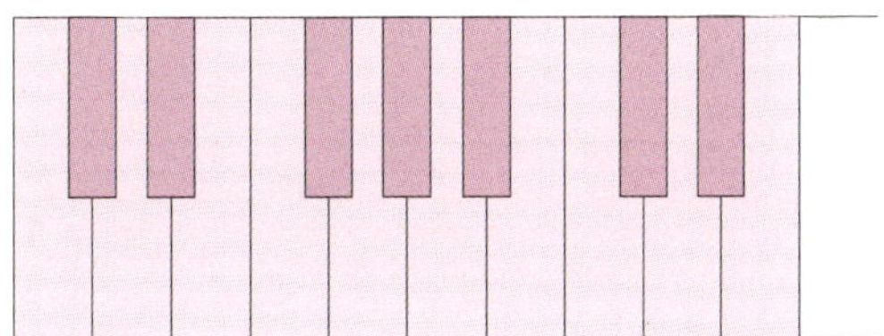

1. 음정의 이름을 구해보세요.

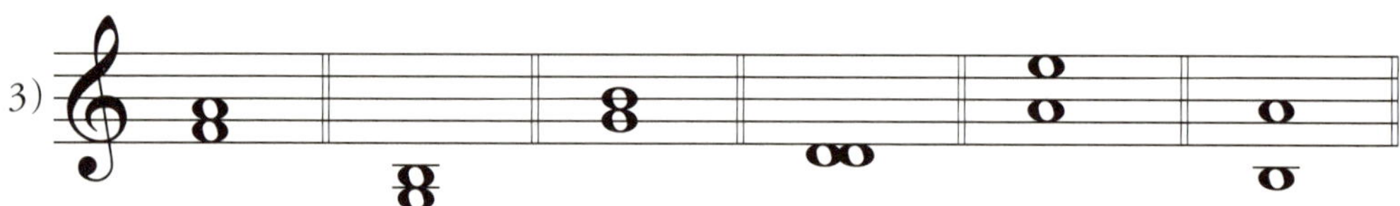

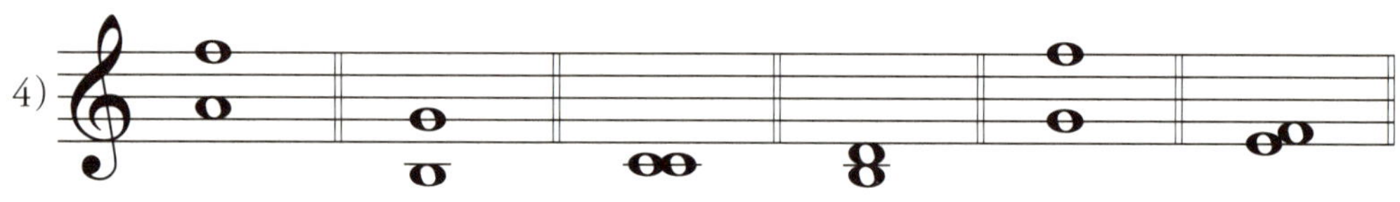

2. 음정이 다른 하나를 고르세요.

1)

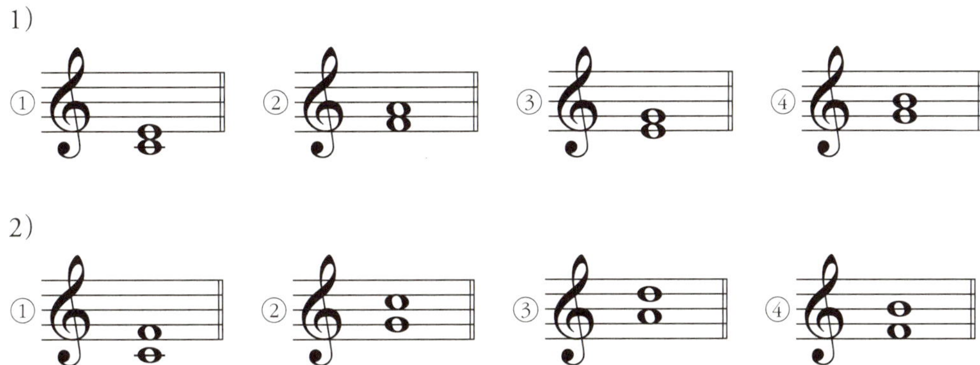

2)

3. 위로 음을 추가하여 주어진 음정을 완성해 보세요.

4. 아래로 음을 추가하여 주어진 음정을 완성해 보세요.

5. 임시표에 유의하여 음정의 이름을 구해보세요.

1)

2)
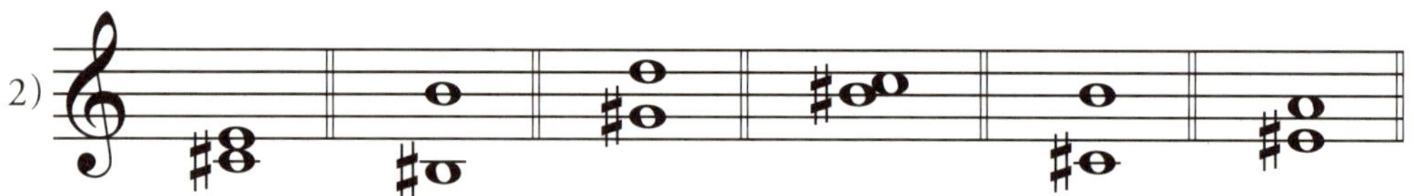

3)
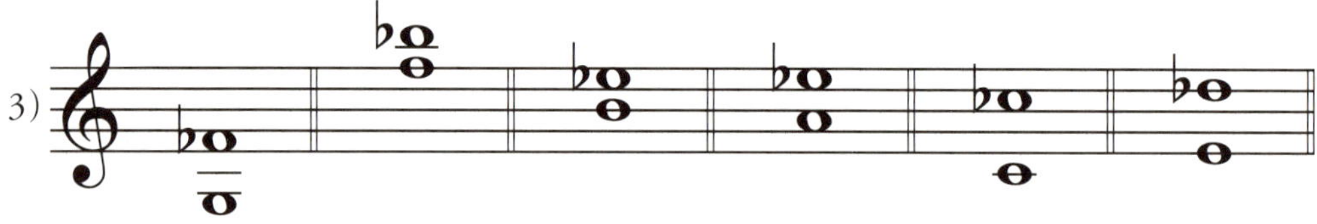

4)

5)

6)
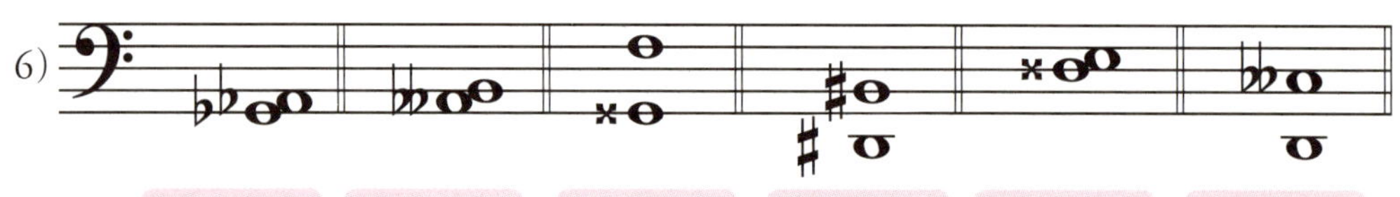

6. 임시표 ♯, ✖(더블샵)중 1개를 넣어 주어진 음정이 되도록 만들어 보세요.

7. 임시표 ♭, ♭♭(더블플랫)중 1개를 넣어 주어진 음정이 되도록 만들어 보세요.

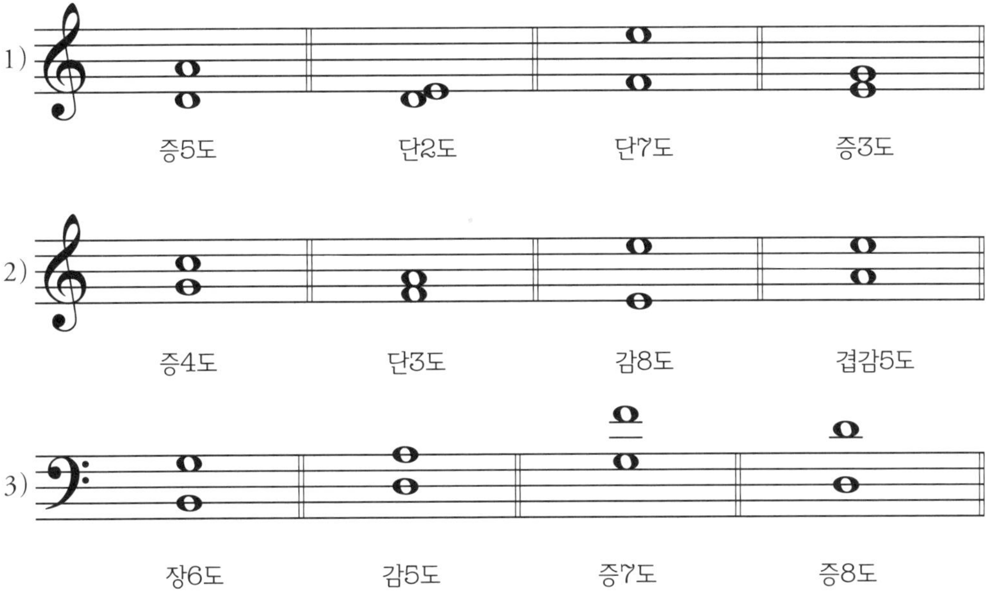

8. 음정이 다른 하나를 고르세요.

1)

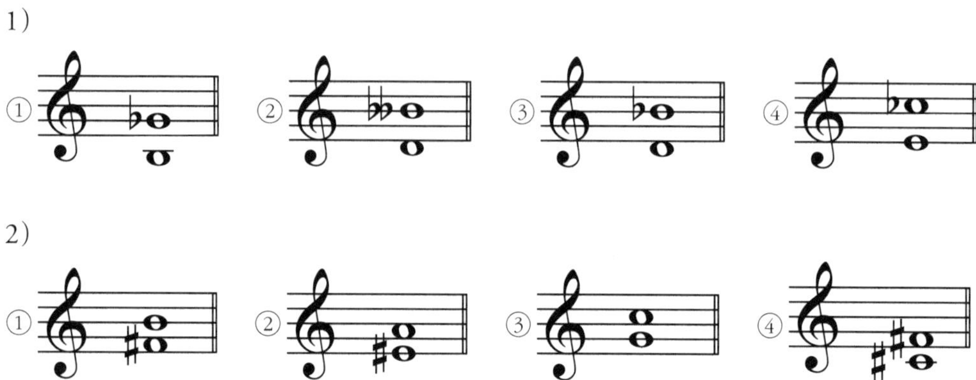

2)

9. 아래 음에 임시표를 넣어 주어진 음정을 완성해 보세요.

1)

증5도　　장6도　　증4도　　단2도　　감7도　　감5도

2)

증2도　　증8도　　장3도　　겹감4도　　감4도　　감6도

10. 위 음에 임시표를 넣어 주어진 음정을 완성해 보세요.

1)

장2도　　감5도　　단6도　　증6도　　장6도　　겹증5도

2)

단2도　　겹감8도　　감3도　　단7도　　장7도　　증4도

11. 음을 위로 추가하여 주어진 음정을 완성해 보세요.

12. 음을 아래로 추가하여 주어진 음정을 완성해 보세요.

13. 겹음정의 이름을 구해보세요.

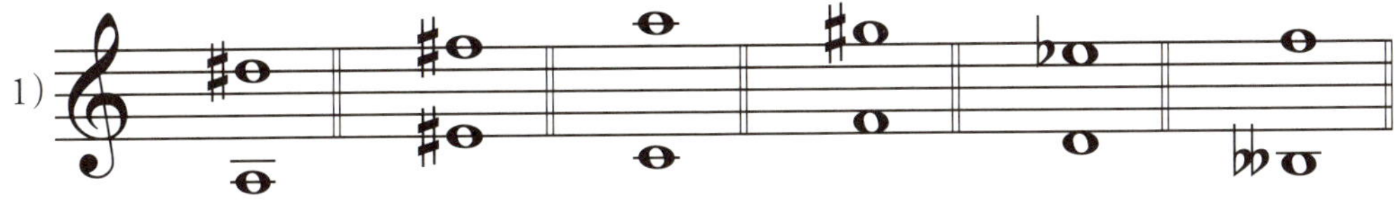

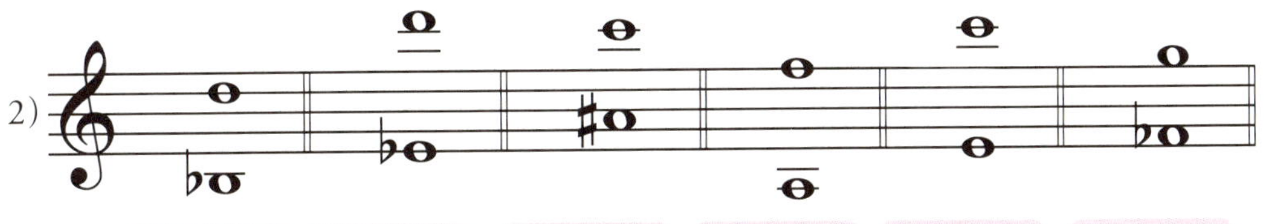

14. 음을 위로 추가하여 주어진 음정을 완성해 보세요.

15. 음을 아래로 추가하여 주어진 음정을 완성해 보세요.

1. 음정의 이름을 구해보세요.

1) 

2) 

3) 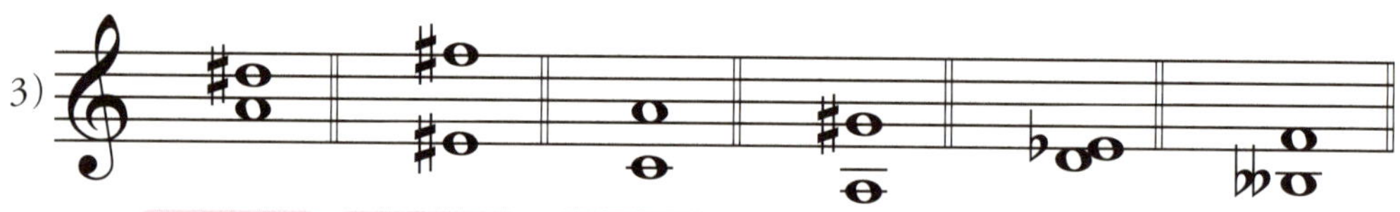

4) 

5) 

6) 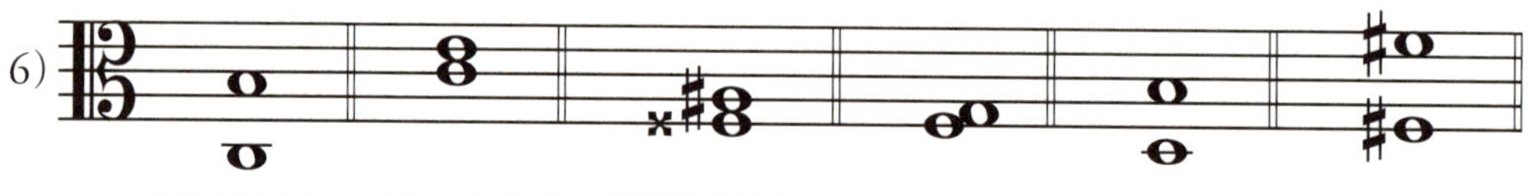

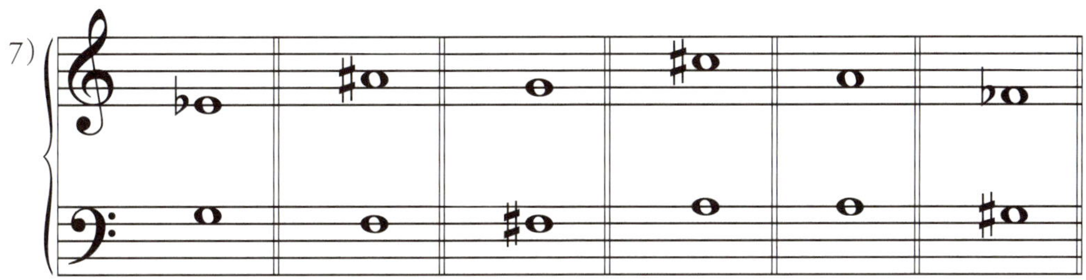

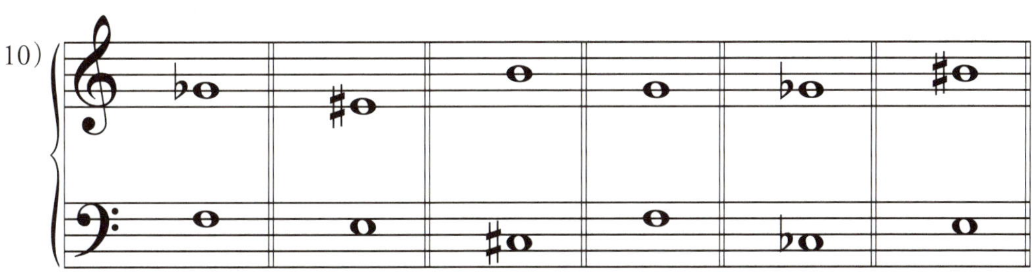

2. 임시표 ♯, ✖(더블샵)중 하나를 넣어 주어진 음정이 되도록 만들어 보세요.

3. 임시표 ♭, ♭♭(더블플랫)중 하나를 넣어 주어진 음정이 되도록 만들어 보세요.

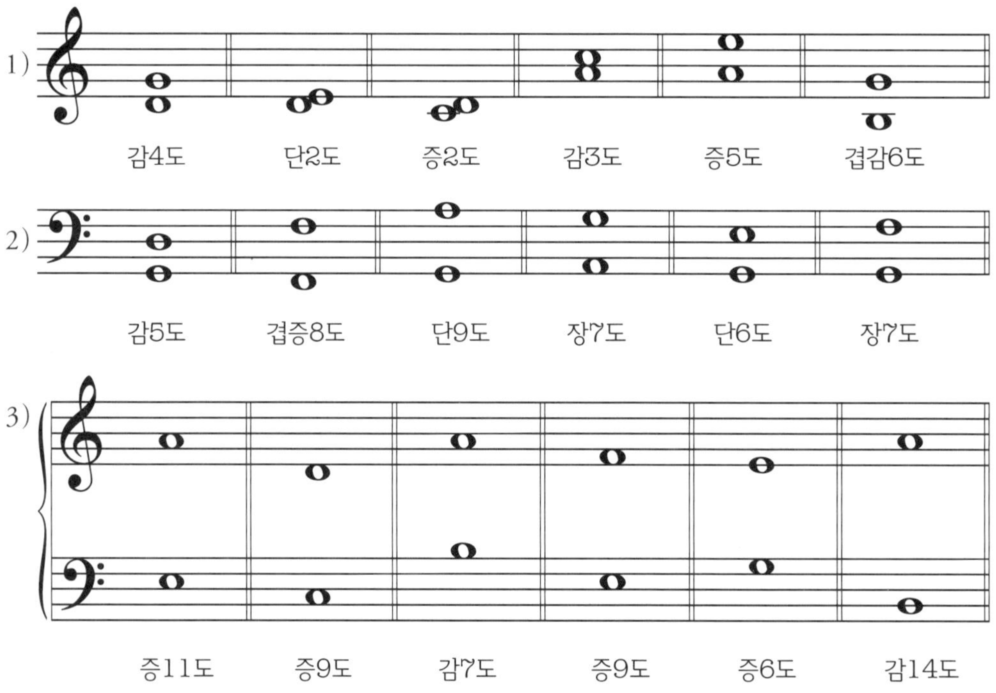

4. 다음 중 음정이 다른 하나를 고르세요.

1)

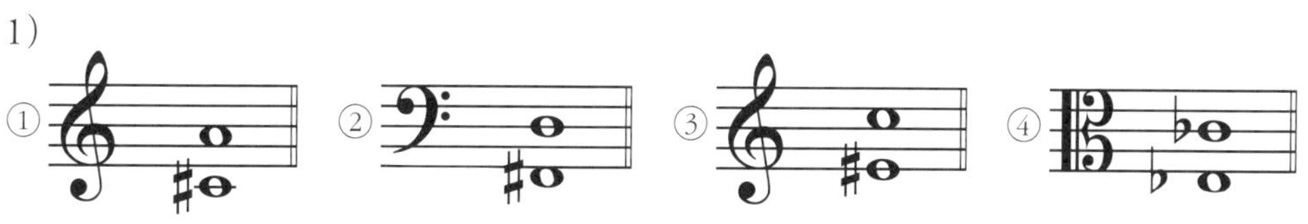

2)

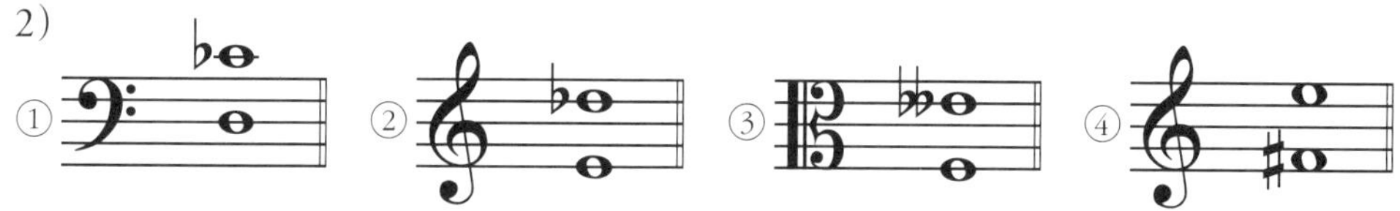

3)

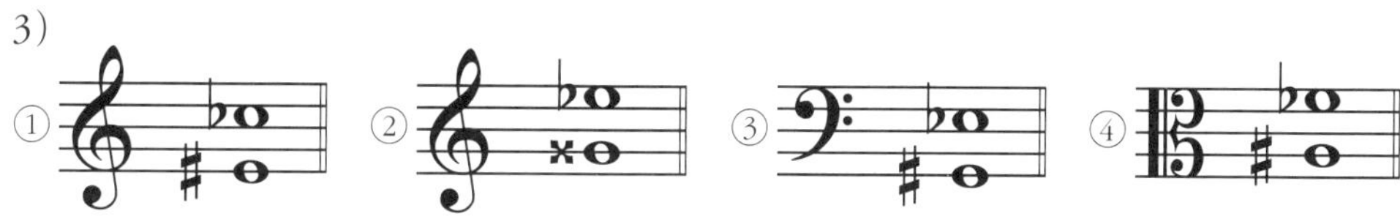

4)

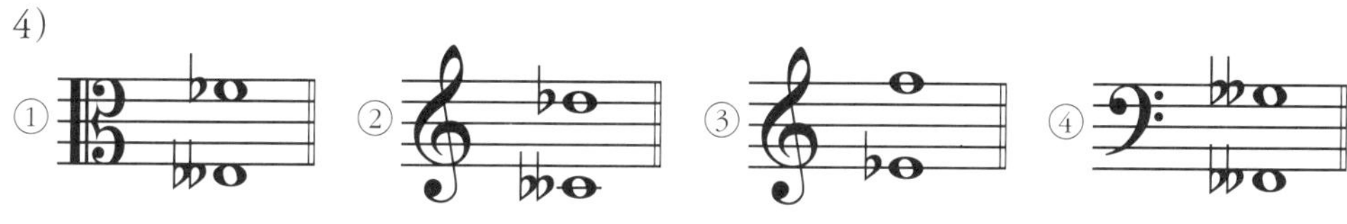

5)

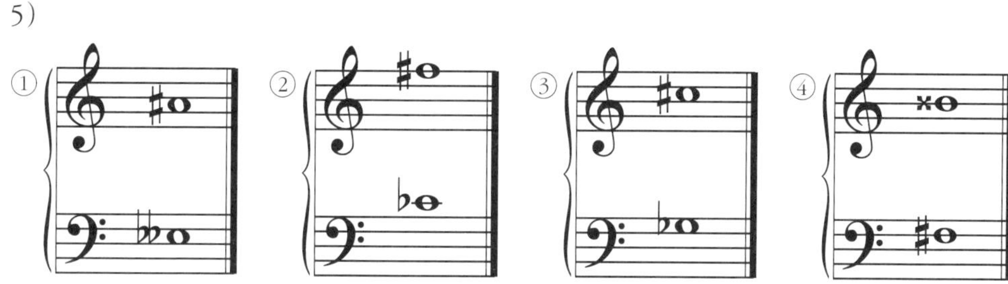

5. 아래로 음을 추가하여 주어진 음정을 완성해 보세요.

6. 위로 음을 추가하여 주어진 음정을 완성해 보세요.

7. 다른 음자리표에 음을 추가하여 주어진 음정을 완성해 보세요.

5)
장10도
감13도
증6도
감14도
단9도
감14도
6)
감10도
겹감12도
장9도
겹증15도
감10도
감8도
7)
증7도
장13도
겹감14도
단9도
장6도
단13도
8)
증8도
감12도
감7도
감7도
장10도
감13도

1. 음정의 이름을 구해보세요.

1) 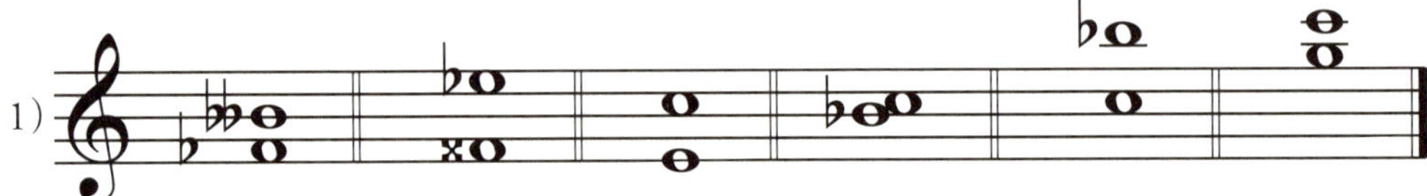

2) 

3) 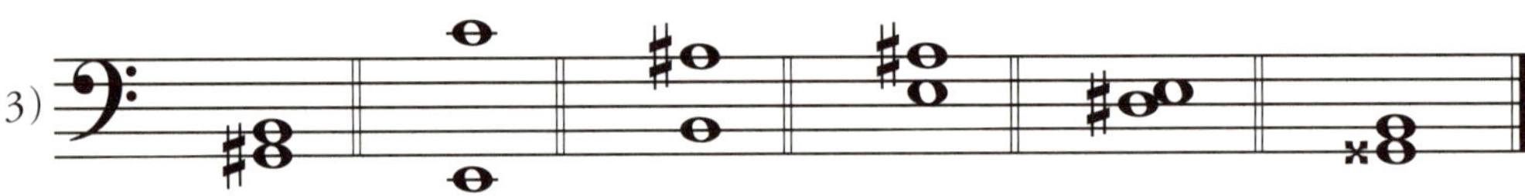

4) 

2. 음정이 다른 하나를 고르세요.

1)

2)

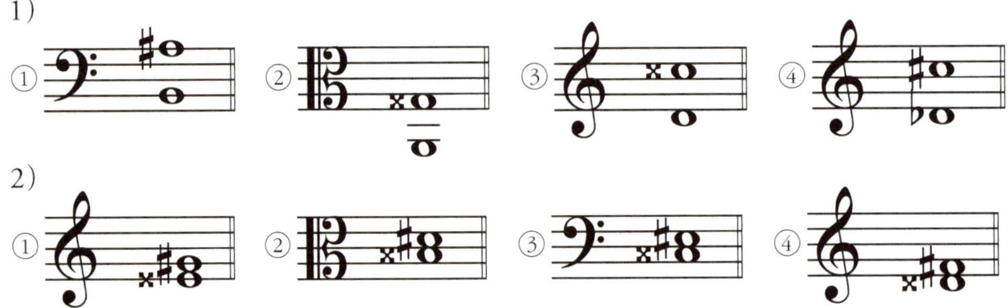

3. 위로 음을 추가하여 주어진 음정을 완성해 보세요.

4. 위 음에 임시표를 넣어 주어진 음정을 완성해 보세요.

5. 아래로 음을 추가하여 주어진 음정을 완성해 보세요.

6. 아래 음에 임시표를 넣어 주어진 음정을 완성해 보세요.

7. 다른 음자리표에 음을 추가하여 주어진 음정을 완성해 보세요.

1)

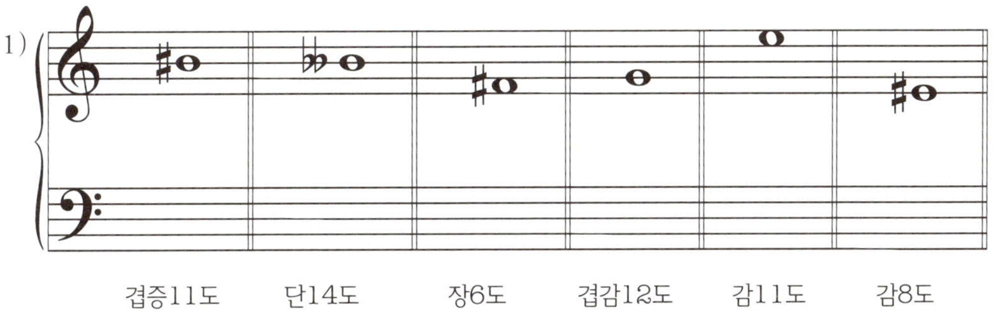

2)

8. 같은 음정끼리 연결해 보세요.

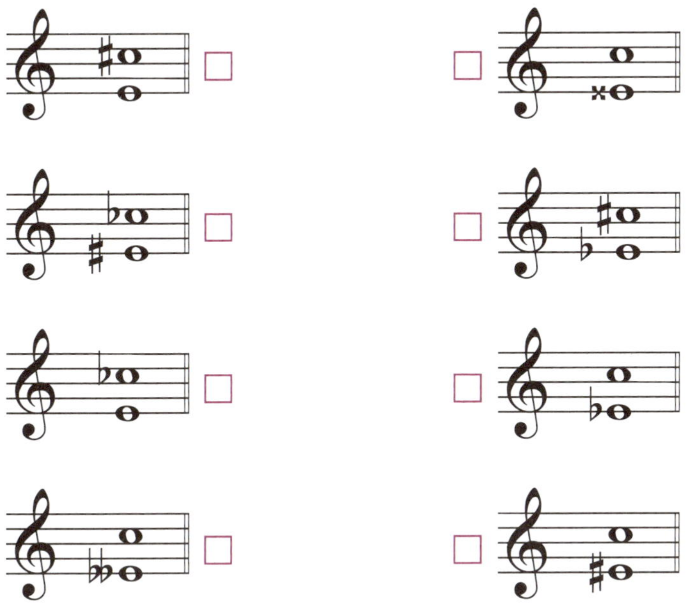

3화음

1. 근음에서 3도씩 2번 쌓은 화음을 3화음, Triad라고 합니다.

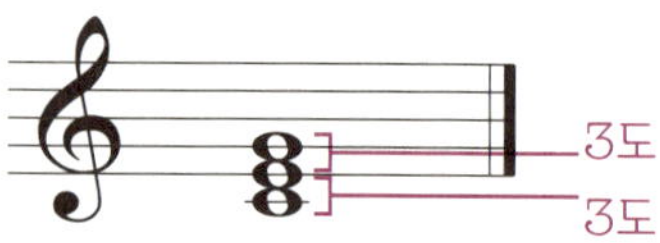

2. 3화음은 근음, 3음, 5음으로 이루어져 있습니다.

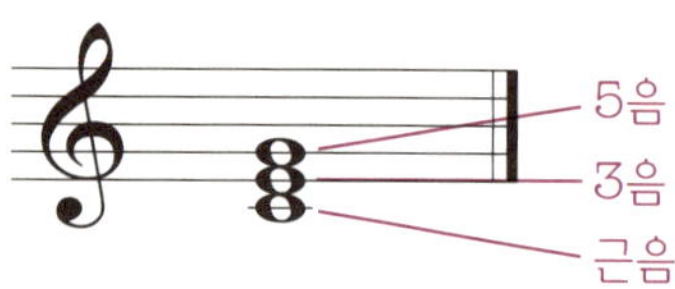

3. 3화음의 4가지 종류

① 메이저 코드

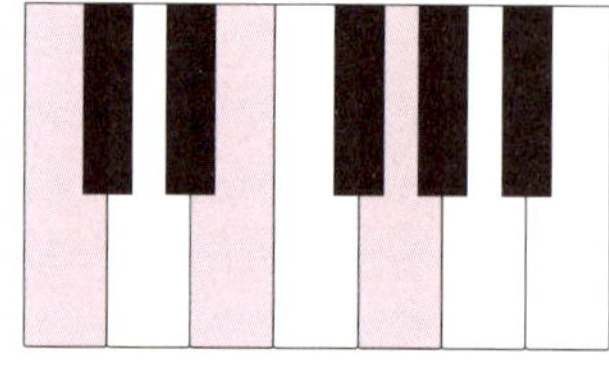

메이저 코드는 근음과 3음이 장3도, 근음과 5음이 완전5도인 3화음입니다.

② 마이너 코드

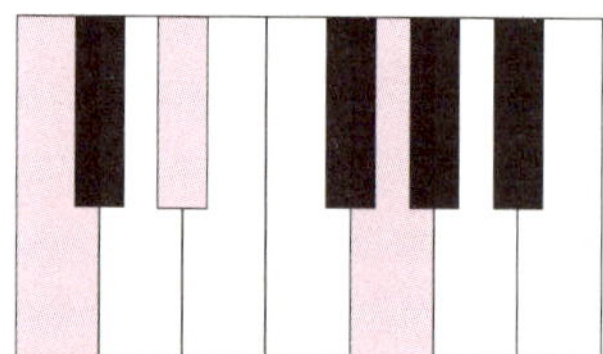

마이너 코드는 근음과 3음이 단3도, 근음과 5음이 완전5도인 3화음입니다.

③ 어그먼티드 코드

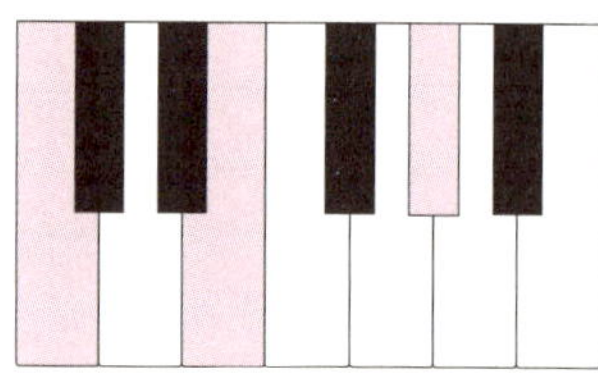

어그먼티드 코드는 근음과 3음이 장3도, 근음과 5음이 증5도인 3화음입니다.

④ 디미니시드 코드

Cdim

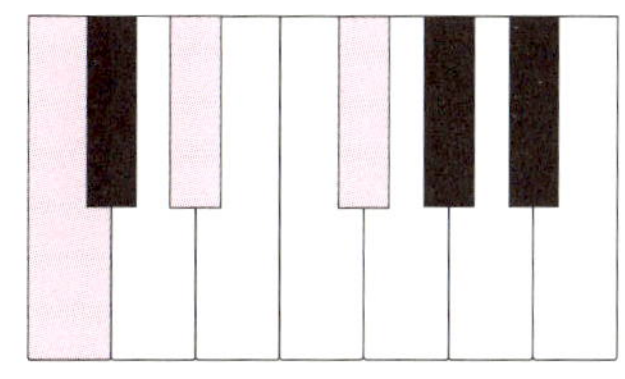

디미니시드 코드는 근음과
3음이 단3도, 근음과 5음이
감5도인 3화음입니다.

4. 3화음들은 아래표와 같은 관계를 가지고 있습니다.
코드별 메이저 화음과 아래표를 기억하면 주요 3화음을 쉽게 그릴 수 있습니다.

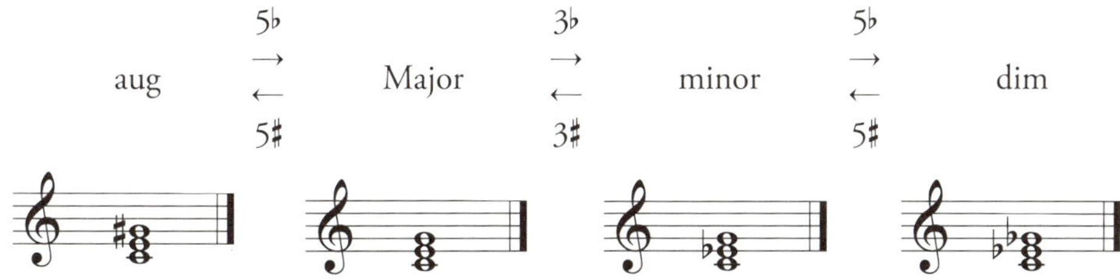

5. sus4 코드는 메이저 코드의 3음 대신 4음을 넣은 3화음입니다. 주의할 점은 3음과 4음의 음정 차이가 단2도가 나야 한다는 것입니다. sus는 suspended의 약자로 '~에 걸려있는' 이란 뜻입니다.

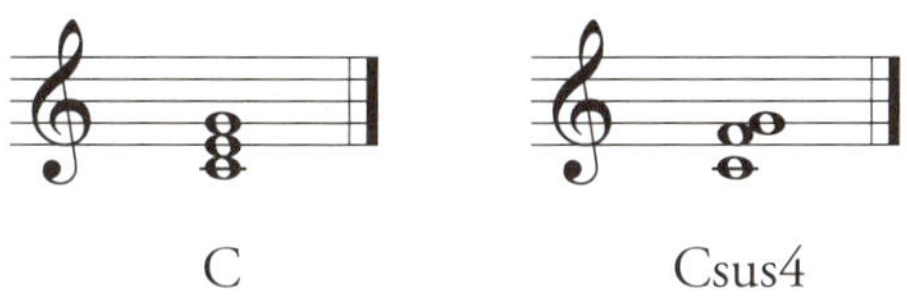

6. 3음이 가장 낮은 위치에 오는 화음을 1전위(첫 번째 자리바꿈), 5음이 가장 낮은 위치에 오는 화음을 2전위(두 번째 자리바꿈)라고 합니다.

첫 번째 자리바꿈   두 번째 자리바꿈

1. 코드의 이름을 구해보세요.

1) 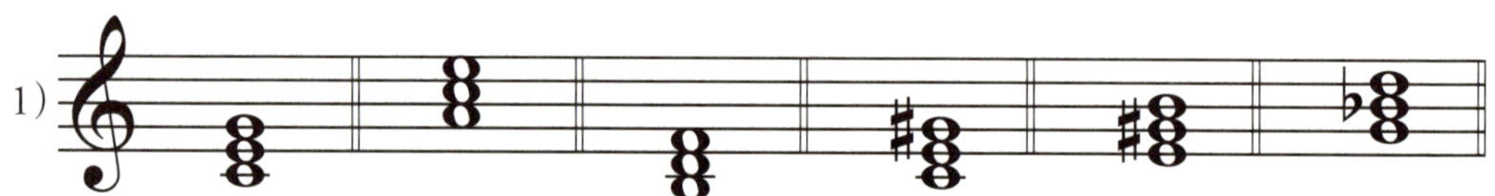

2) 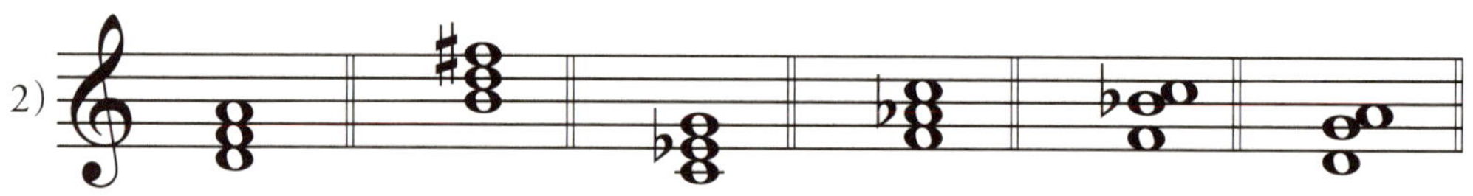

3) 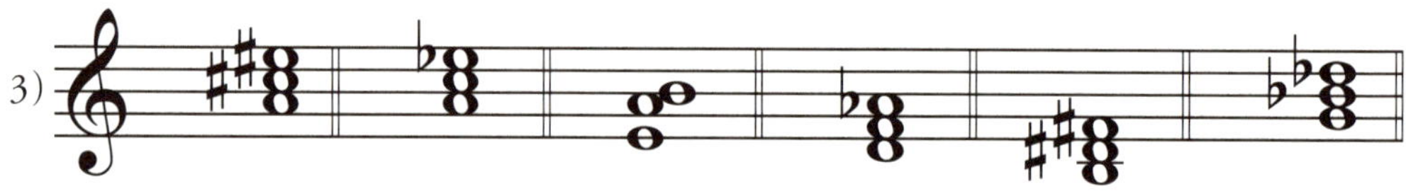

4) 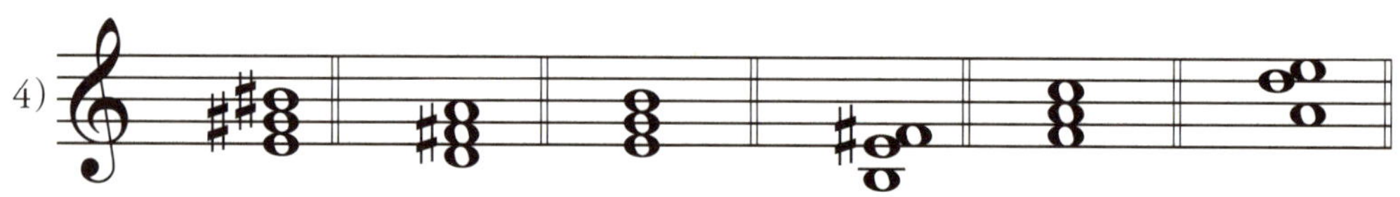

5) 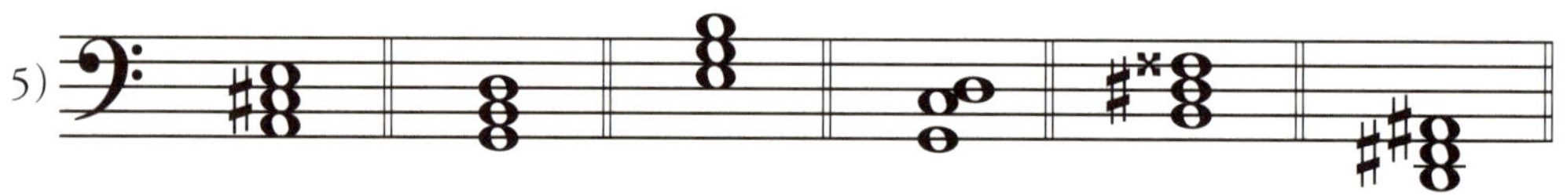

6) 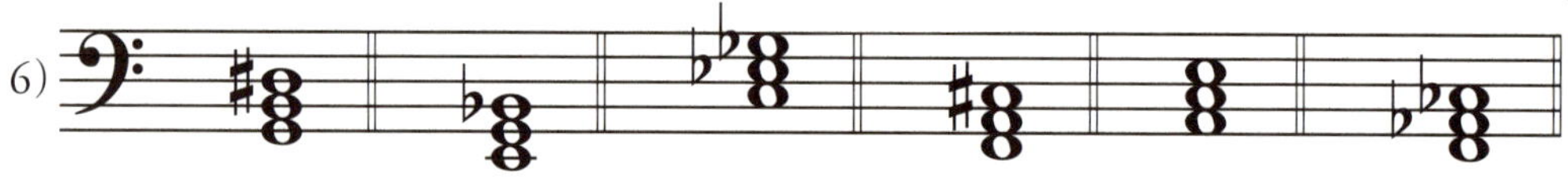

2. 코드의 성질이 다른 하나를 고르세요.

1)

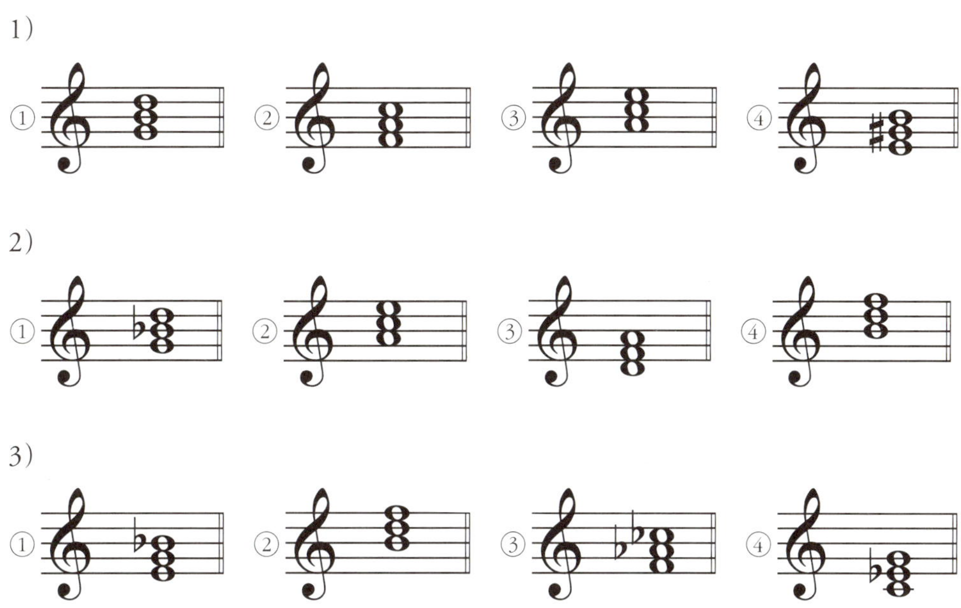

2)

3)

3. 주어진 코드를 그려보세요.

1) D   Gm   Adim   Gaug   Eaug   Asus4

2) Bm   Cdim   E   Baug   Dsus4   Fm

3) Fdim   Bm   Aaug   Cdim   Em   Adim

4. 주어진 음을 근음, 3음, 5음으로 하는 Major 코드를 그려보세요.

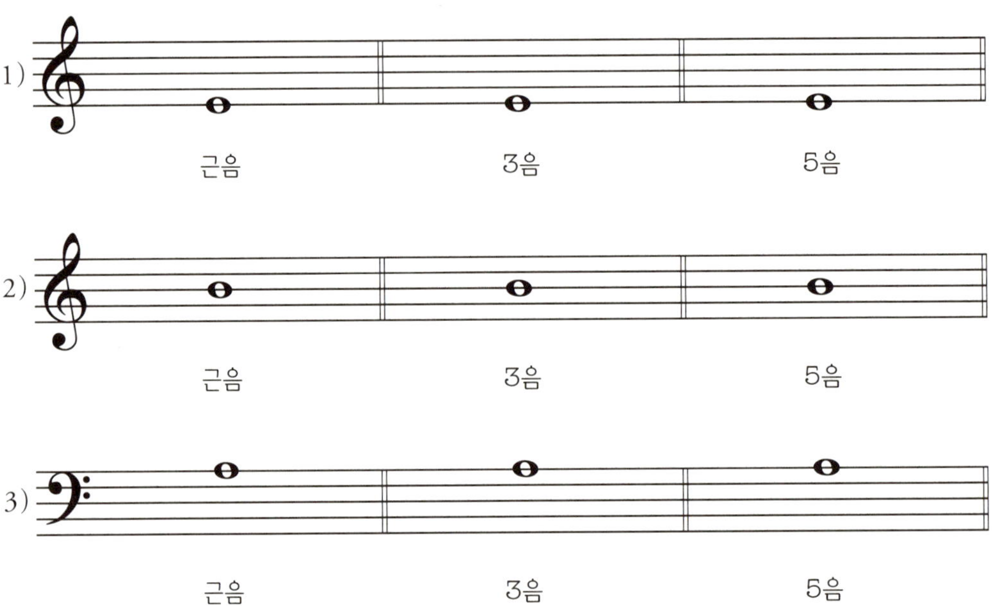

5. 주어진 음을 근음, 3음, 5음으로 하는 minor 코드를 그려보세요.

6. 주어진 음을 근음, 3음, 5음으로 하는 augmented 코드를 그려보세요.

7. 주어진 음을 근음, 3음, 5음으로 하는 diminished 코드를 그려보세요.

8. 코드 이름을 구해보세요.

9. 코드를 그려보세요.

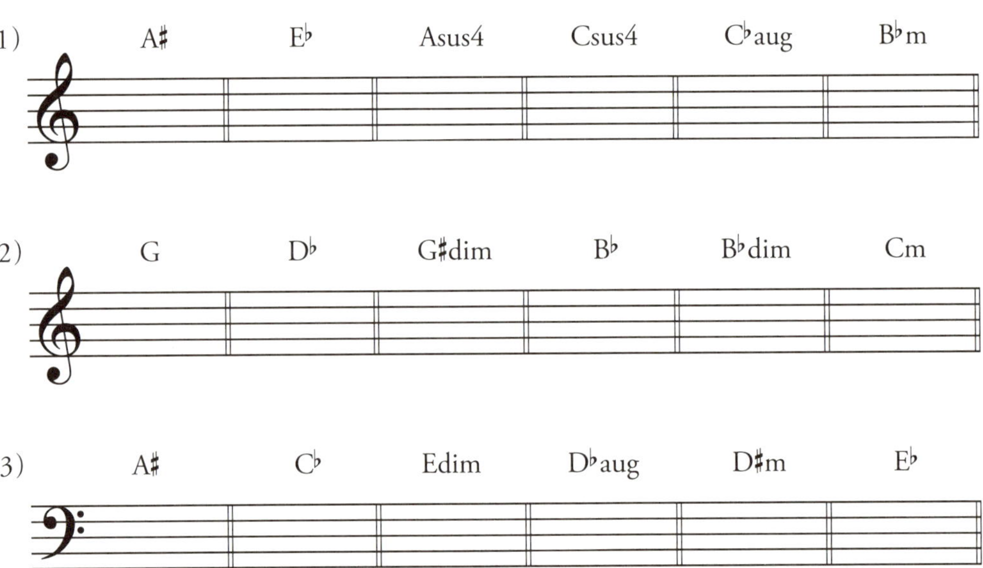

10. 주어진 음을 구하고, 그 음을 근음으로 하는 코드를 그려보세요.

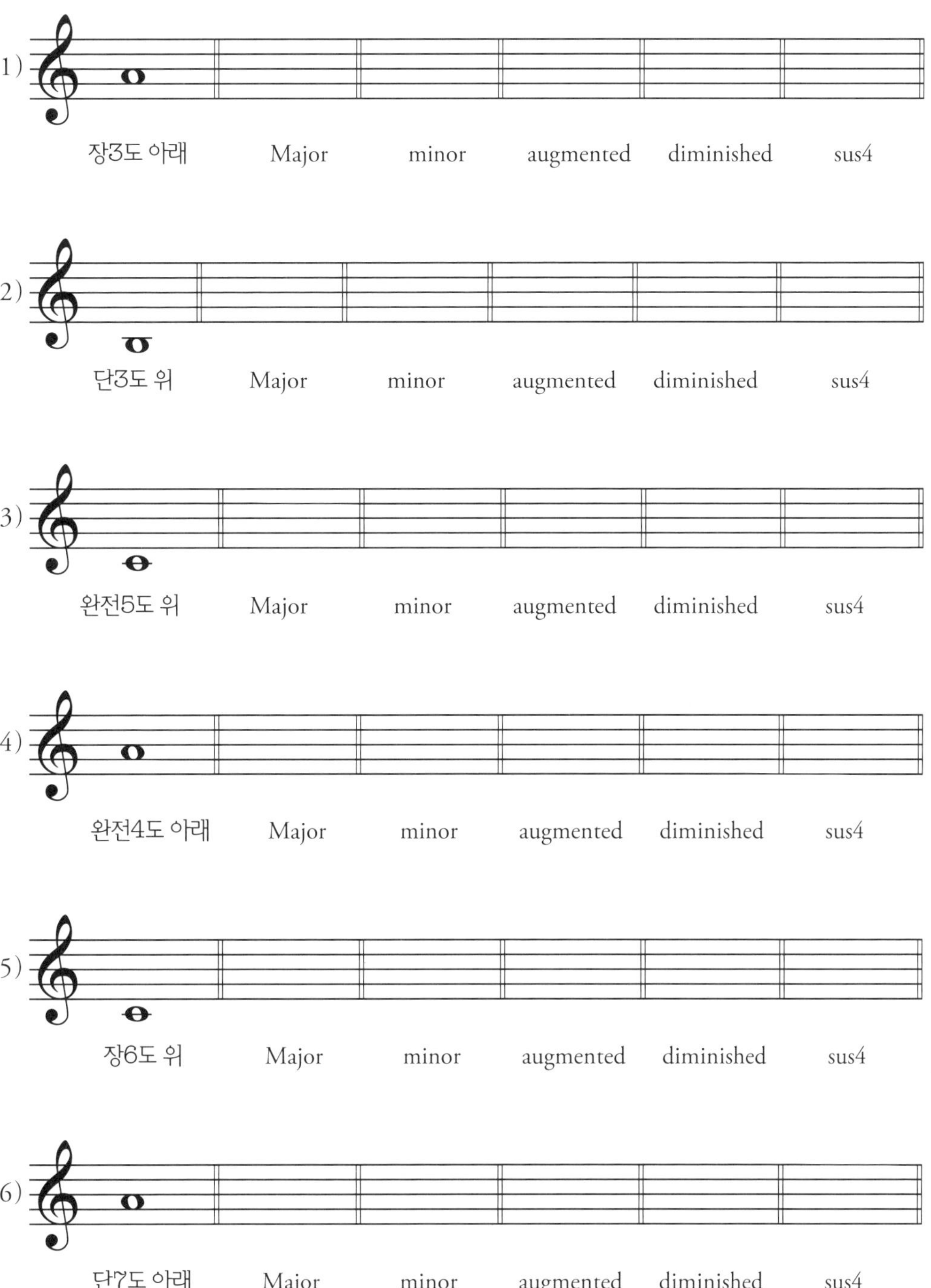

11. 주어진 코드의 전위 코드를 그려보세요.

12. 자리바꿈(전위)에 주의하여 코드 이름을 구해보세요.

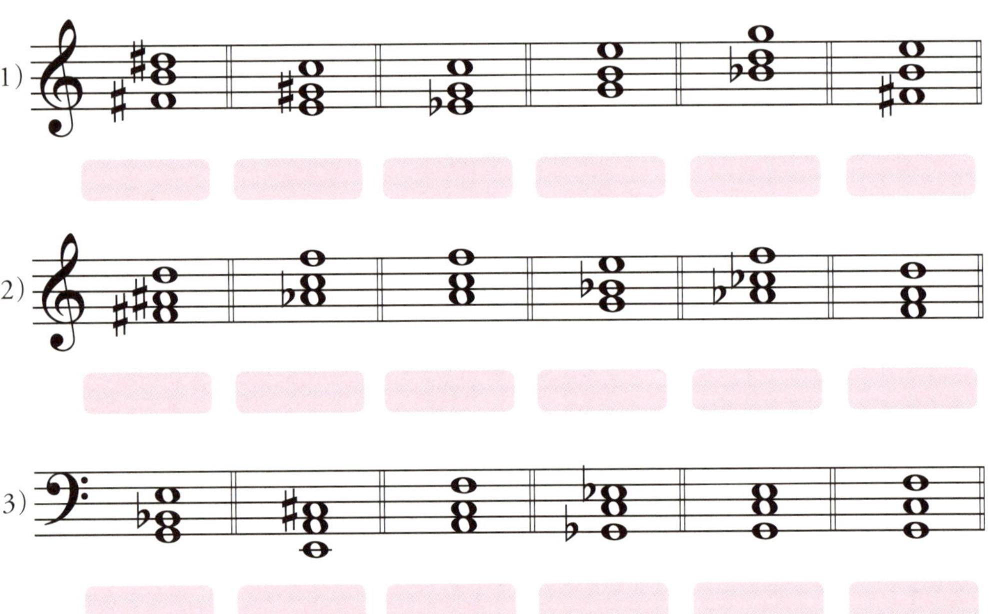

13. 코드를 그려보세요.

1)   Gsus4/D   Csus4/F   C/E   Gaug/D♯   Esus4/A   Cdim/E♭

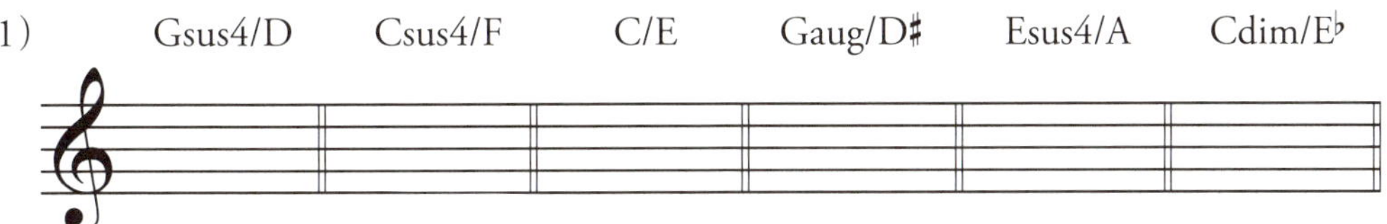

2)   Bdim/F   Faug/A   Bm/F♯   Am/E   D/F♯   A/E

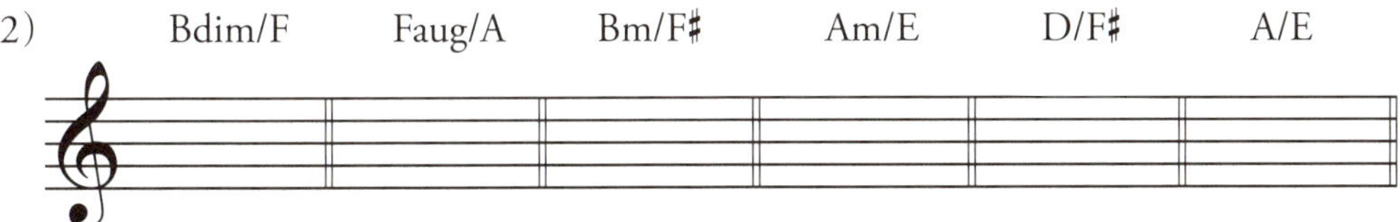

3)   Fsus4/B♭   Aaug/E♯   E/G♯   Bsus4/F♯   Gsus4/C   Bdim/F

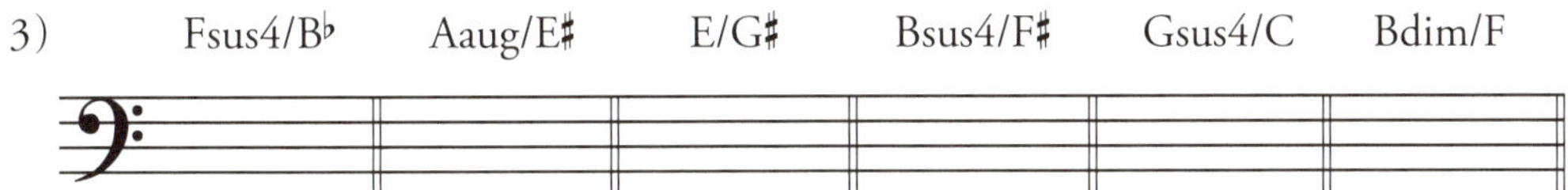

14. 주어진 음이 3음인 Major 코드의 1전위(첫 번째 자리바꿈)를 그려보세요.

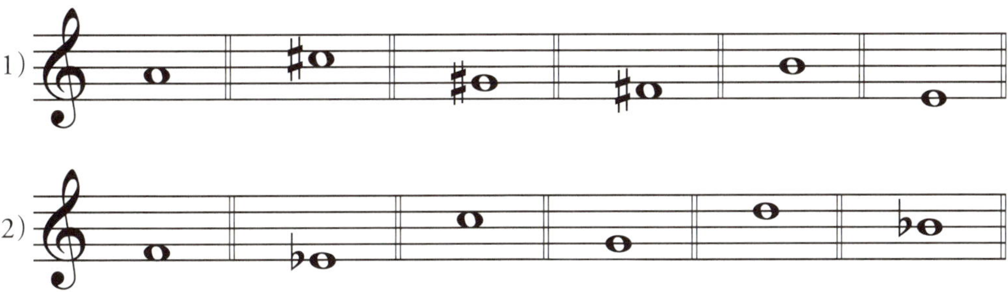

15. 주어진 음이 5음인 minor 코드의 2전위(두 번째 자리바꿈)를 그려보세요.

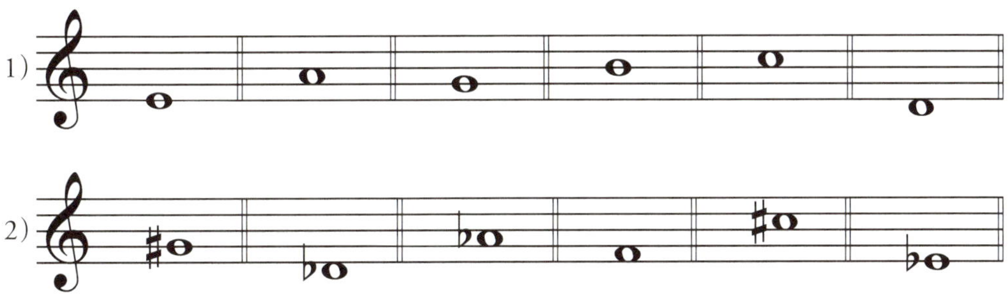

1. 코드의 이름을 구해보세요.

1)

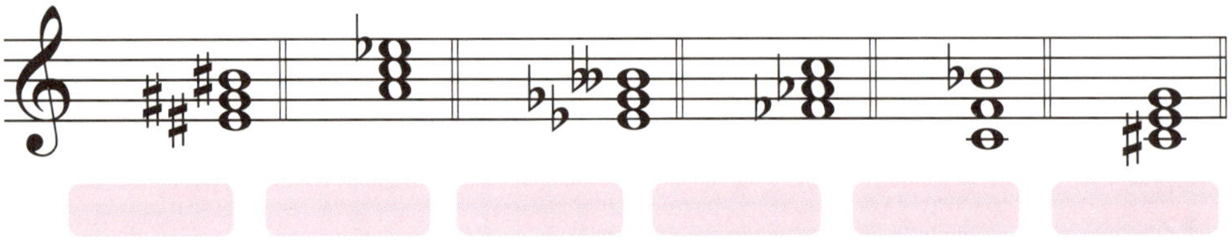

2)

3)

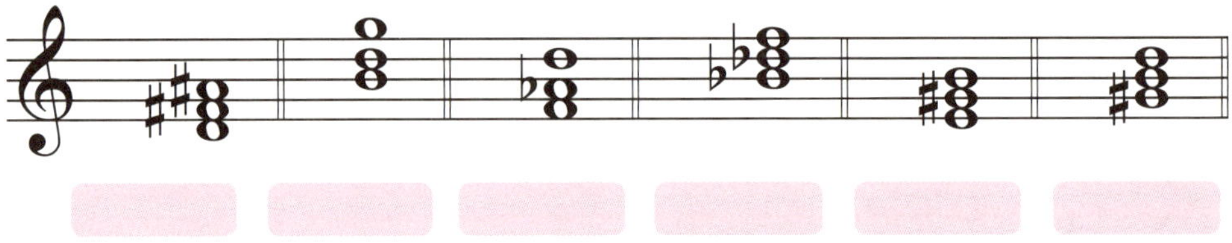

4)

5)

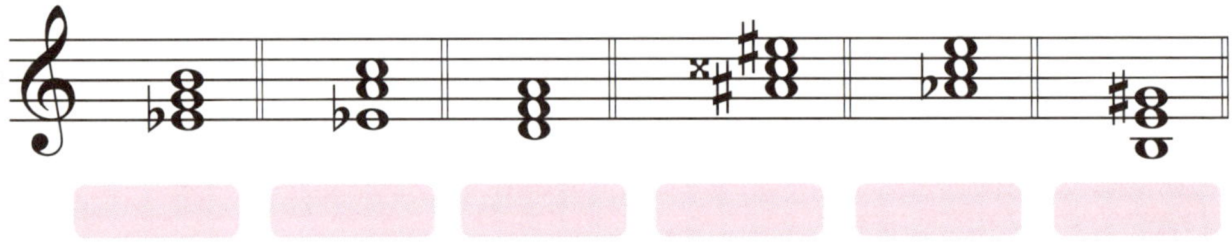

6)

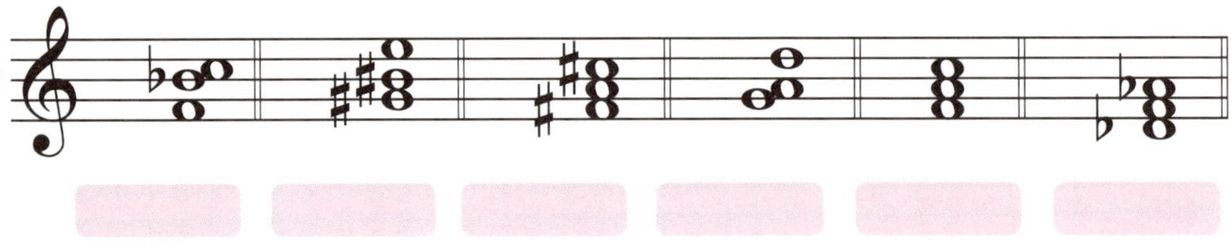

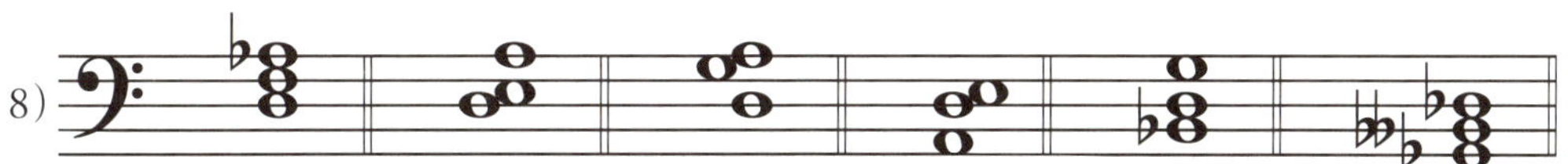

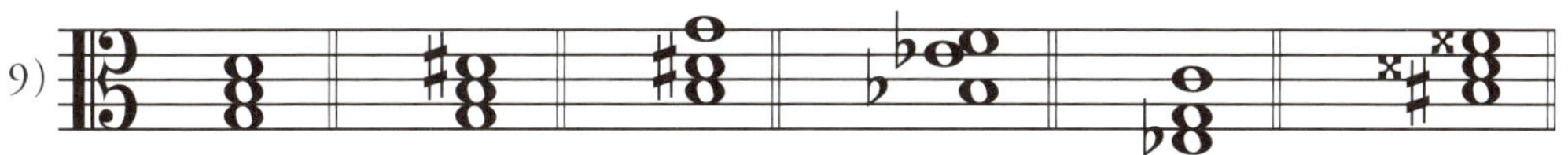

2. 코드의 성질이 다른 하나를 고르세요.

1)

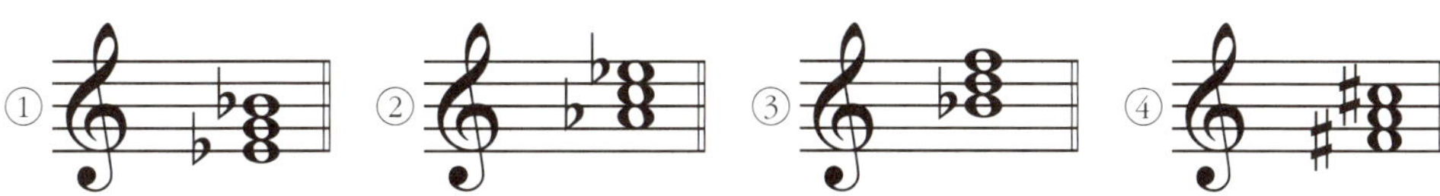

2)

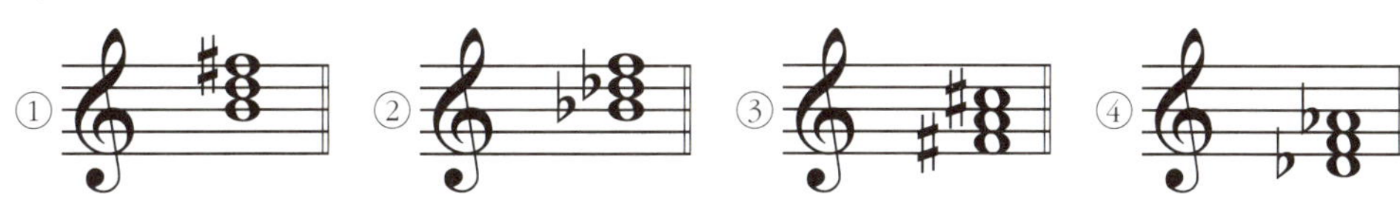

3. 주어진 코드를 그려보세요.

1)   C#m   E♭m   G♭   Faug   Edim/G   A♭aug/E

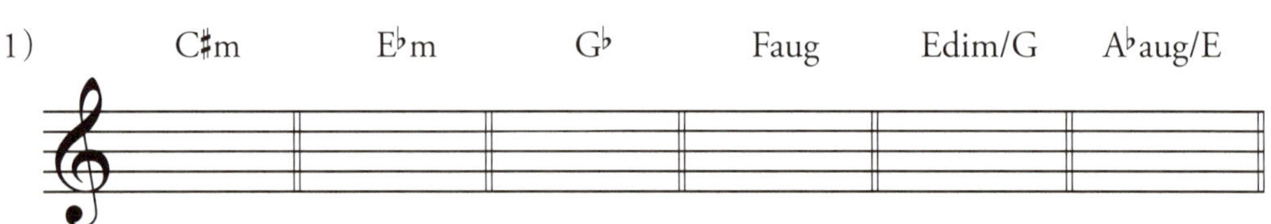

2)   A   F#sus4   G/D   G#m   Ddim/F   B#dim

3)   Caug/E   C♭   Em   Aaug   G♭aug   E/B

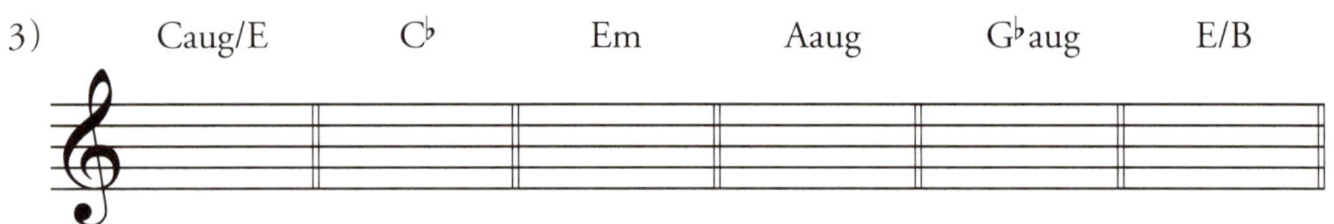

4)   A♭   F#   B#sus4   Esus4/A   Aaug/E#   Gdim

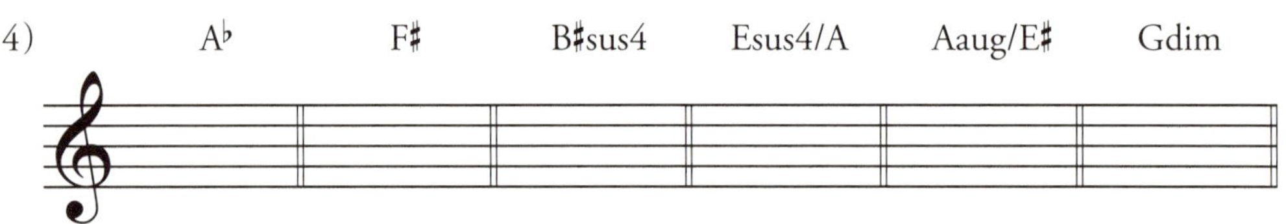

5)   Eaug   G#/B#   E#   Cdim/E♭   B♭aug   E#dim

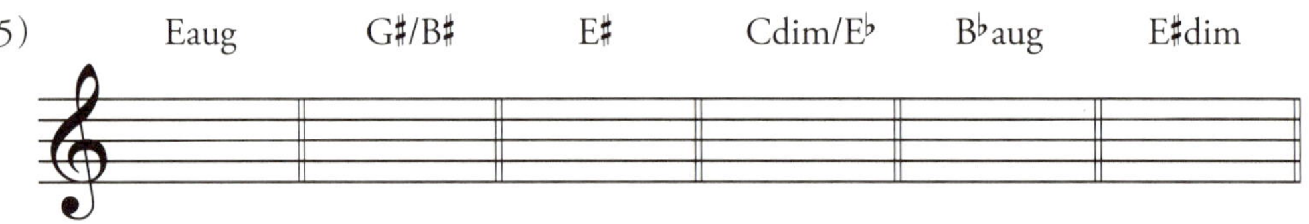

6)   G♭sus4   B♭dim   Eaug/G#   Am   Cdim   E♭aug/B

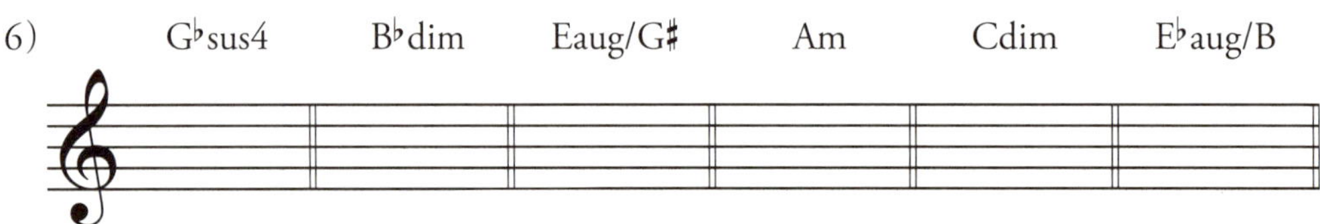

7) Em/B   Ddim/A♭   Fdim   D♭sus4   D♭aug   Bm

8) Baug   Fm/A♭   Gdim/D♭   Csus4   C♯   E♭

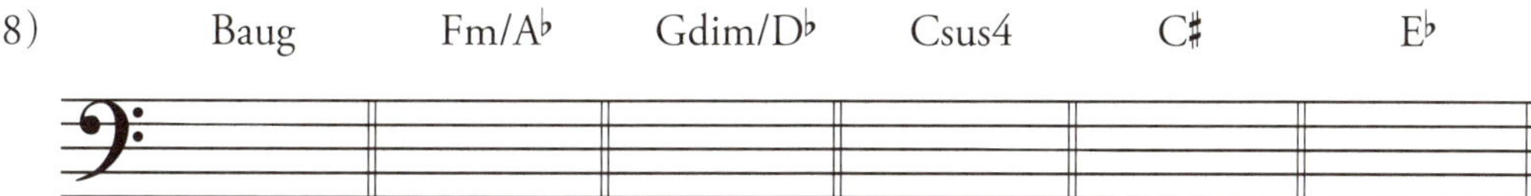

9) B♭   A♯dim   D   Baug/F×   Eaug/B♯   B

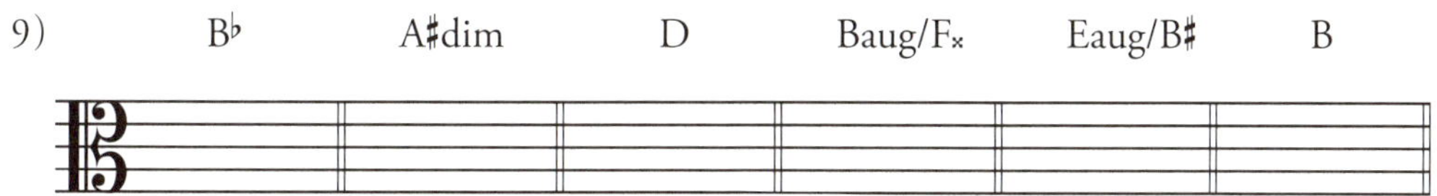

10) Adim/E♭   Bdim   Daug/A♯   Dm/A   Bsus4   D/A

4. 주어진 음에서 증2도 위의 음을 근음, 3음, 5음으로 하는 Major 코드를 그려보세요.

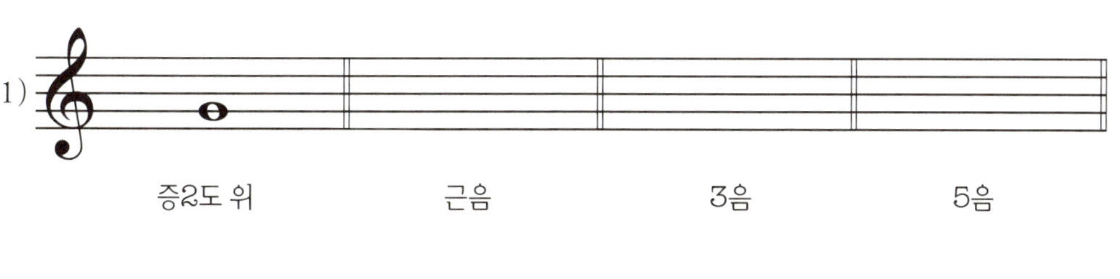

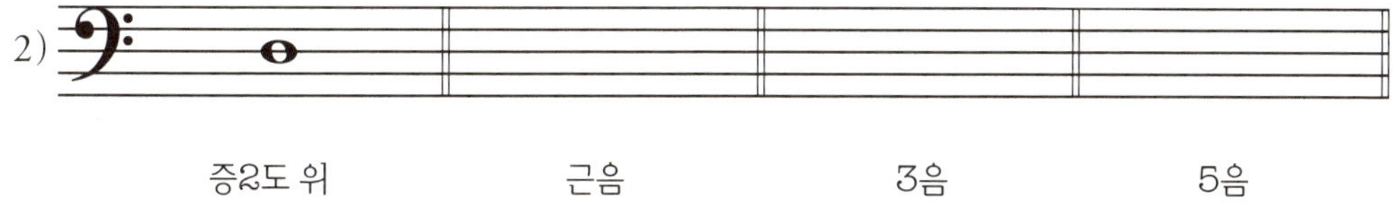

5. 주어진 음에서 증4도 위의 음을 근음, 3음, 5음으로 하는 minor 코드를 그려보세요.

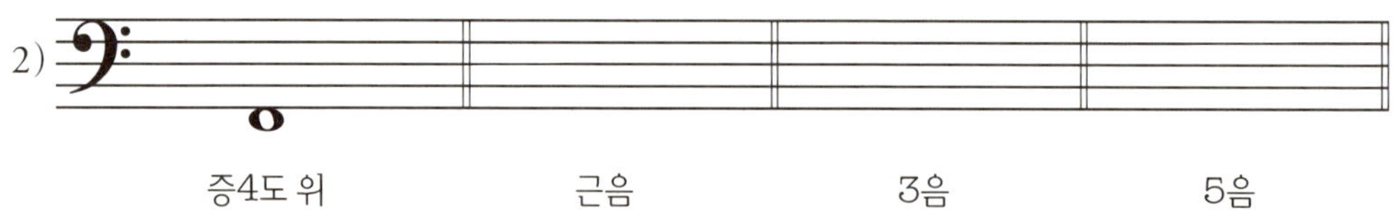

6. 주어진 음에서 장6도 위의 음을 근음, 3음, 5음으로 하는 augmented 코드를 그려보세요.

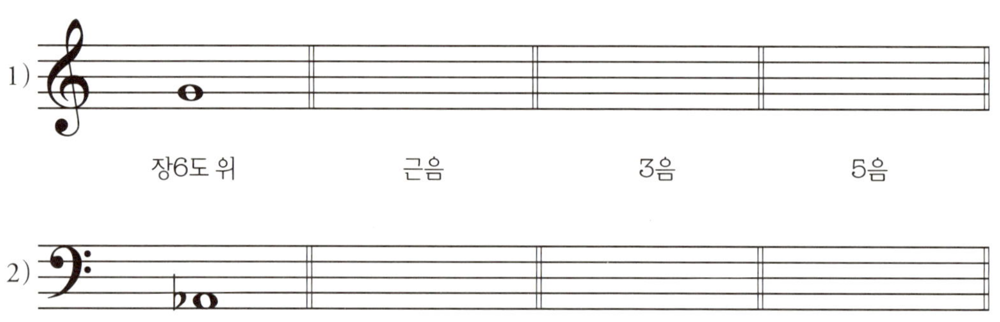

7. 주어진 음에서 증5도 아래의 음을 근음, 3음, 5음으로 하는 diminished 코드를 그려보세요.

8. 주어진 음이 4음인 sus4 코드를 그려보세요.

9. 주어진 음이 5음인 minor 코드의 2전위(두 번째 자리바꿈)를 그려보세요.

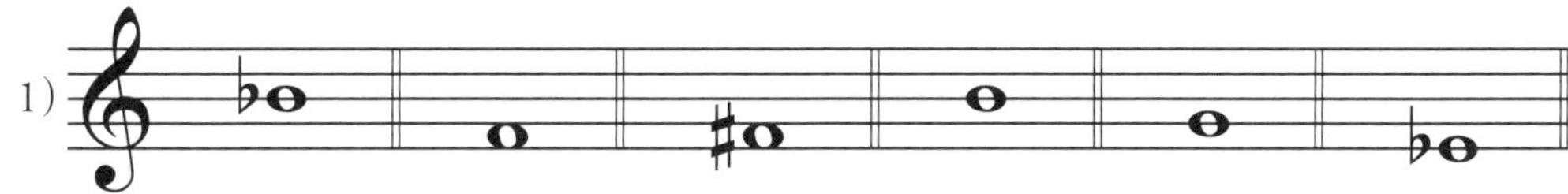

10. 주어진 음이 3음인 Major 코드의 1전위(첫 번째 자리바꿈)를 그려보세요.

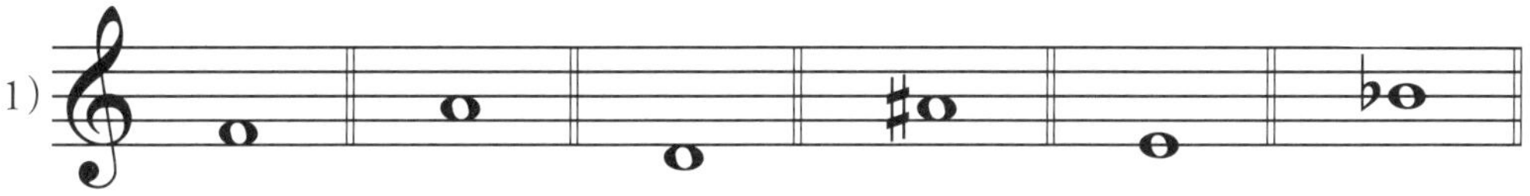

11. 코드 이름을 구해보세요.

1)

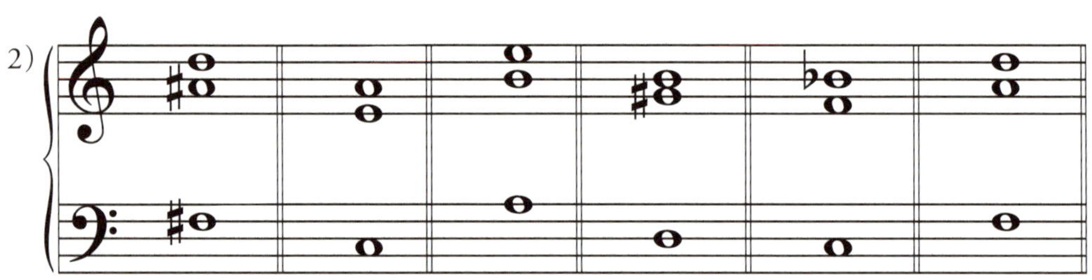

2)

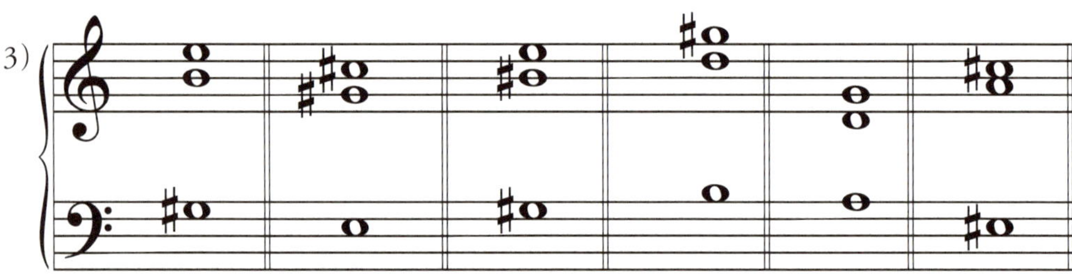

3)

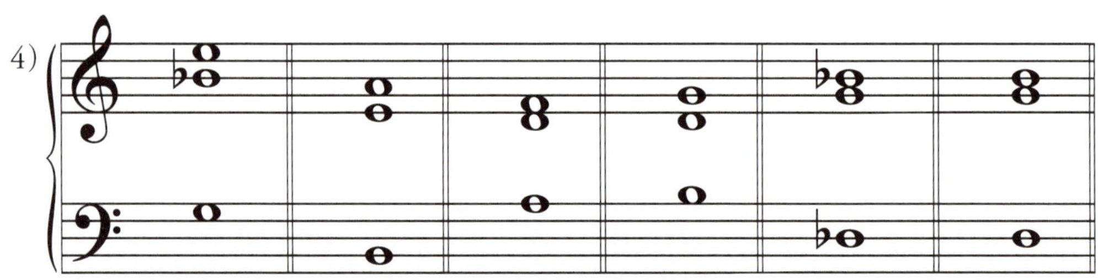

4)

1)   A/E   B♭m/F   Gsus4/C   Faug/C♯   A♯/E♯   D/F♯

2)   Bsus4/F♯   Asus4/E   Gm/B♭   Cdim/E♭   Dsus4/G   Cm/E♭

3)   Em/G   Aaug/C♯   F♯/C♯   Asus4/E   Esus4/B   Fdim/C♭

4)   Faug/A   Ddim/F   A/E   C/E   B♭/F   G♯dim/B

1. 코드 이름을 구해보세요.

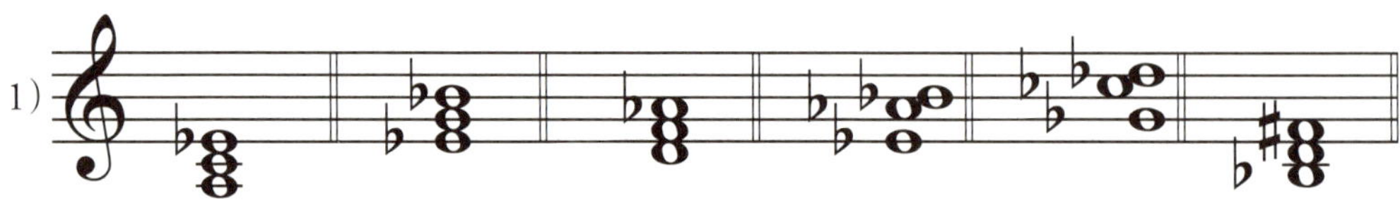

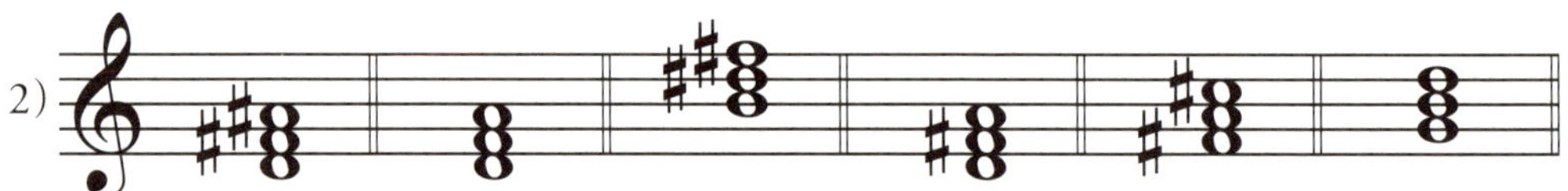

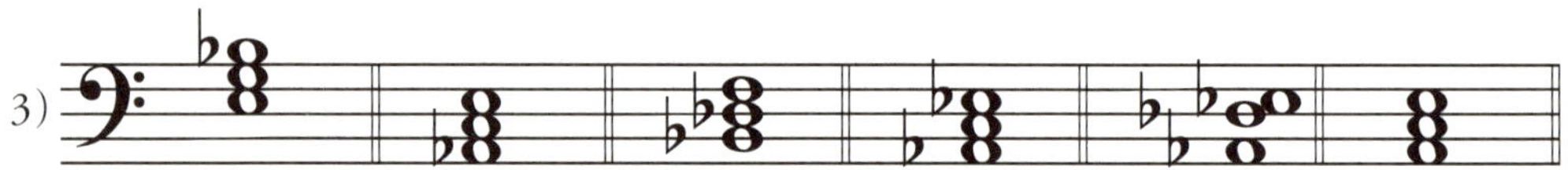

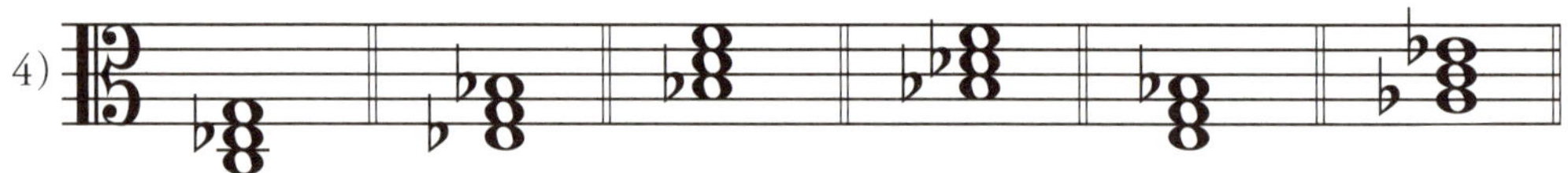

2. 코드의 성질이 다른 하나를 고르세요.

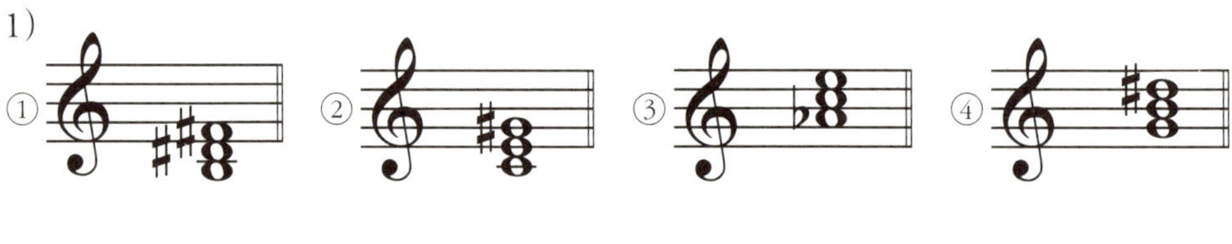

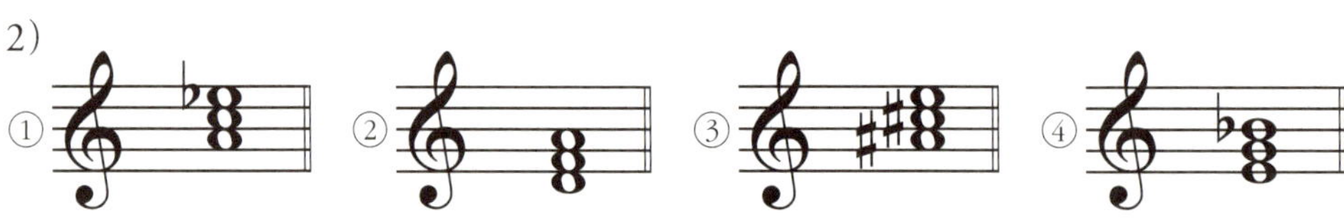

3. 코드를 그려보세요.

1)   Fsus4   D♭sus4   G♯dim   B   Am   C♯aug

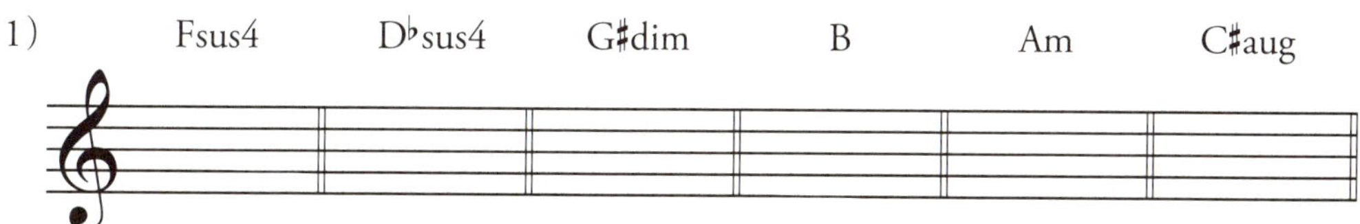

2)   Ddim   A   A♭dim   E♭aug   Gm   B♭dim

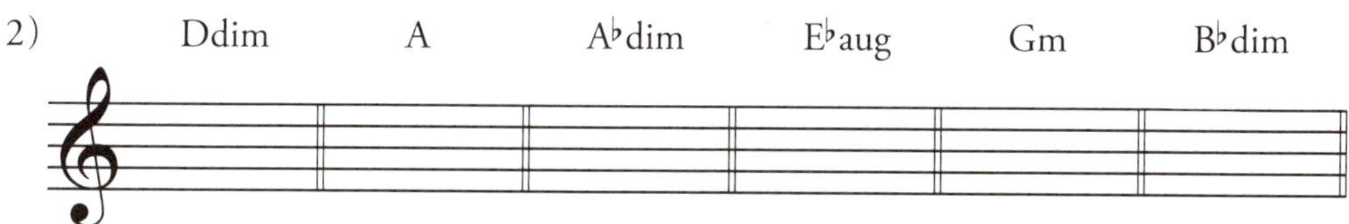

3)   D   Bdim   Caug   F♭sus4   E♭sus4   A♭aug

4)   Csus4   A♭sus4   Faug   D♭aug   Edim   A♭aug

4. 코드의 성질이 같은 것끼리 연결하세요.

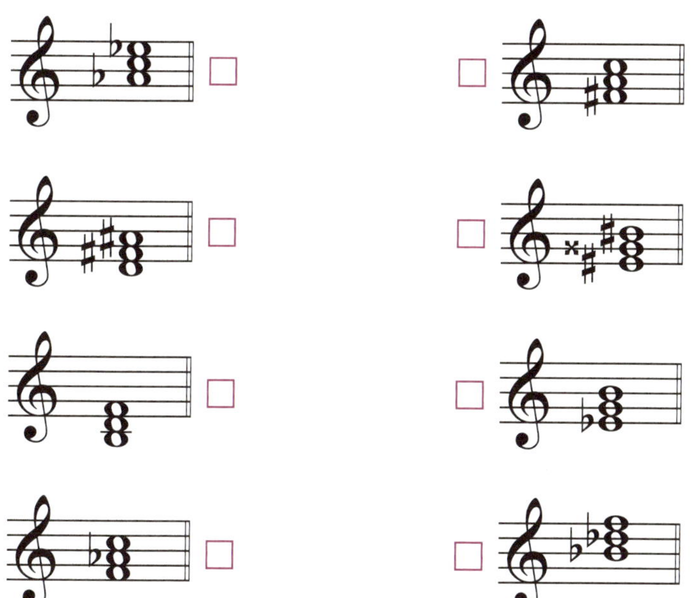

5. 주어진 음과 조건을 보고 코드를 완성해 보세요.

근음 Major   3음 minor   5음 dim   5음 aug   4음 sus4

1)

3음 Major   5음 minor   5음 dim   근음 aug   4음 sus4

2)

5음 Major   5음 minor   근음 dim   3음 aug   4음 sus4

3)

6. 자리바꿈 코드를 그려보세요.

1)

기본   1전위   2전위

2)

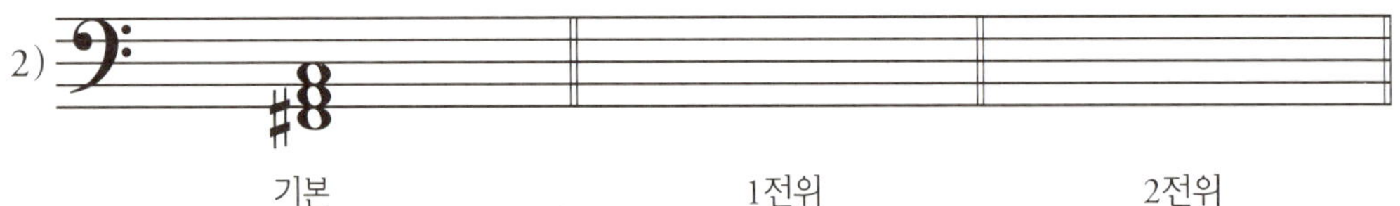

기본   1전위   2전위

3)

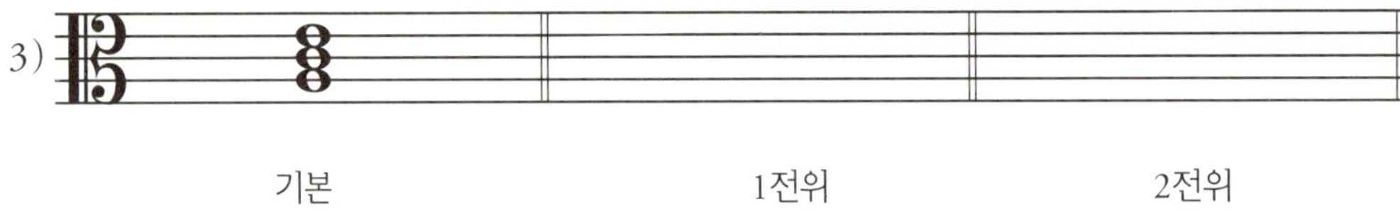

기본   1전위   2전위

7. 코드 이름을 구해보세요.

1)

2)

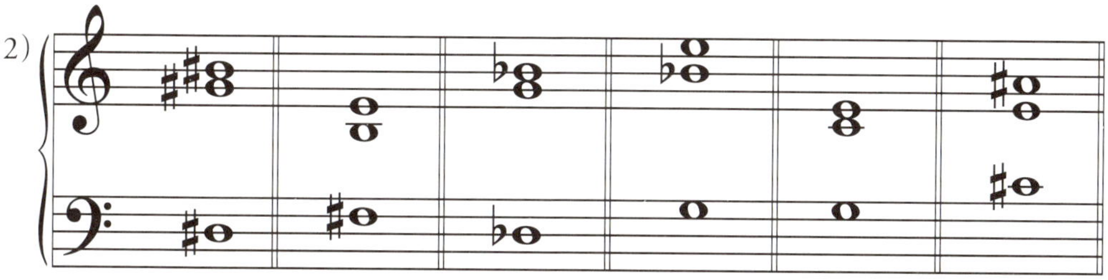

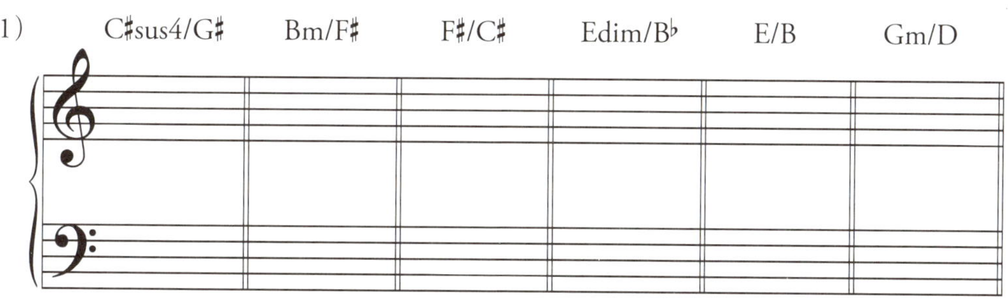

8. 코드를 그려보세요.

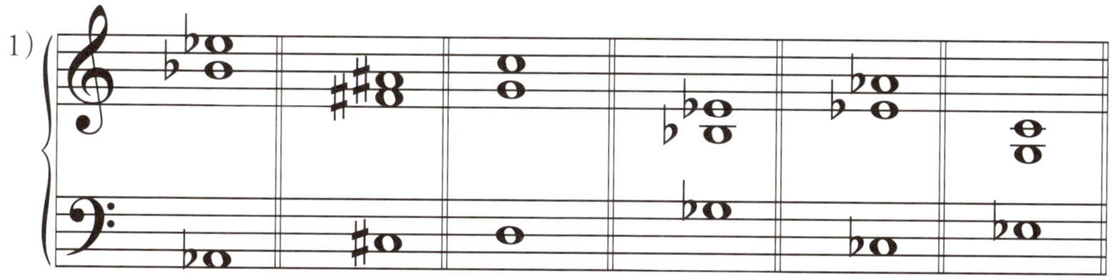

1) C♯sus4/G♯ Bm/F♯ F♯/C♯ Edim/B♭ E/B Gm/D

2) Gaug/D♯ B/F♯ E/G♯ Am/C Esus4/A F♯m/A

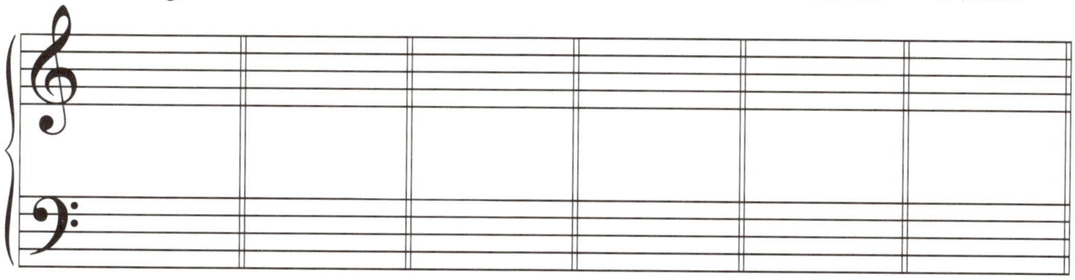

조성

1. 조표 붙는 순서는 다음과 같습니다.

1) ♯조 붙는 순서 (파-도-솔-레-라-미-시)

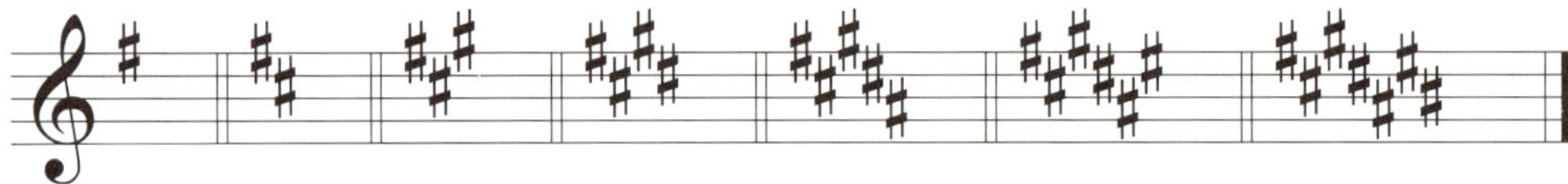

2) ♭조 붙는 순서 (시-미-라-레-솔-도-파)

2. 조표별 장조의 으뜸음은 다음과 같습니다.

1) ♯조

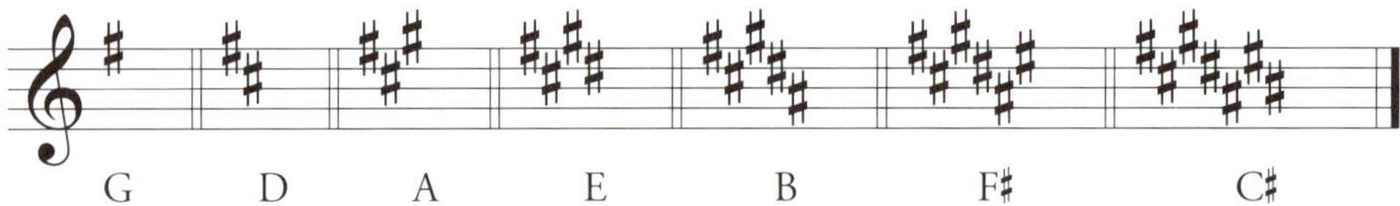

2) ♭조

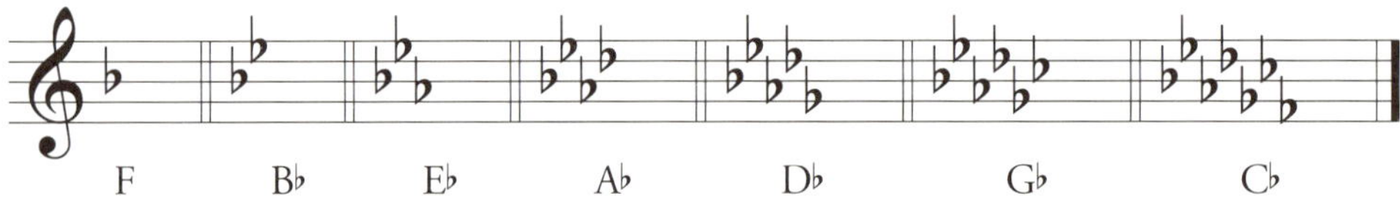

3. 조이름에 따라 ♯조와 ♭조는 아래와 같이 구분됩니다. (Major key 기준)

♯조	C, G, D, A, E, B, F♯,C♯
♭조	F, B♭, E♭, A♭, D♭, G♭, C♭

4. 단조의 으뜸음은 장조의 으뜸음에서 단3도 내려서 구합니다.

C	G	D	A	E	B	F♯	C♯	F	B♭	E♭	A♭	D♭	G♭	C♭
a	e	b	f♯	c♯	g♯	d♯	a♯	d	g	c	f	b♭	e♭	a♭

5. 30개의 모든 key를 5도 간격으로 정리해 놓은 표를 5도권이라고 합니다.

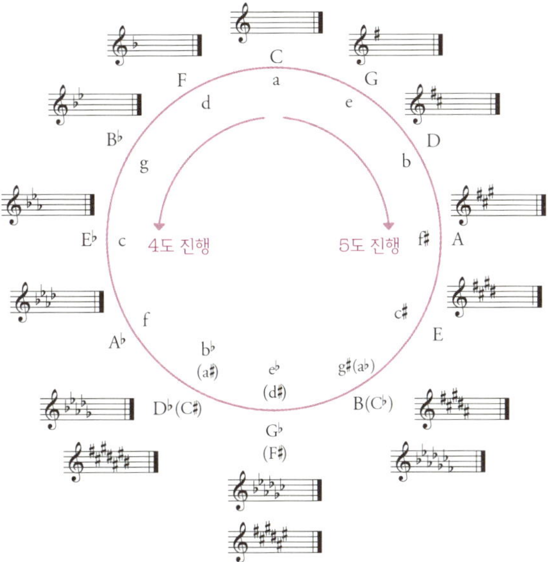

6. 조이름은 다르지만 으뜸음이 같은 소리인 조를 이명동음조라고 합니다.

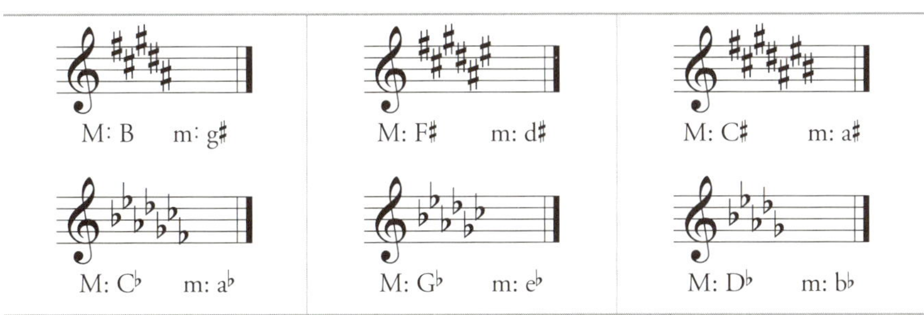

7. 같은 조표를 사용하는 장조와 단조의 관계를 나란한조라고 부릅니다.

8. 같은 으뜸음을 사용하는 장조와 단조의 관계를 동주조라고 부릅니다.

9. 완전5도 위의 조를 도미넌트키(딸림조)라고 부릅니다.

10. 완전5도 아래의 조를 서브도미넌트키(버금딸림조)라고 부릅니다.

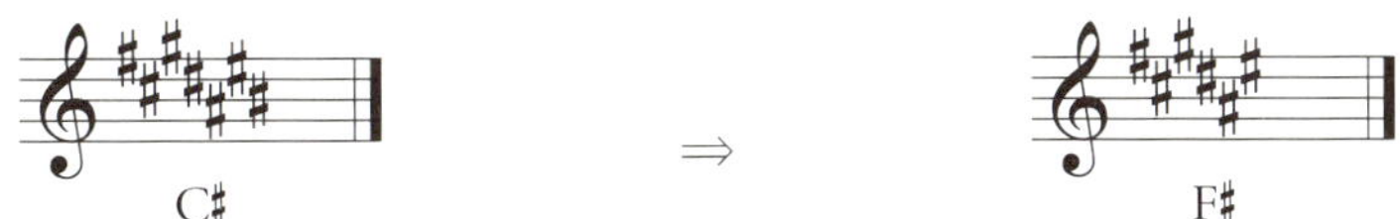

1. 음자리표에 맞춰 조표를 순서대로 그려보세요.

1) ♯을 순서대로 모두 그려보세요.

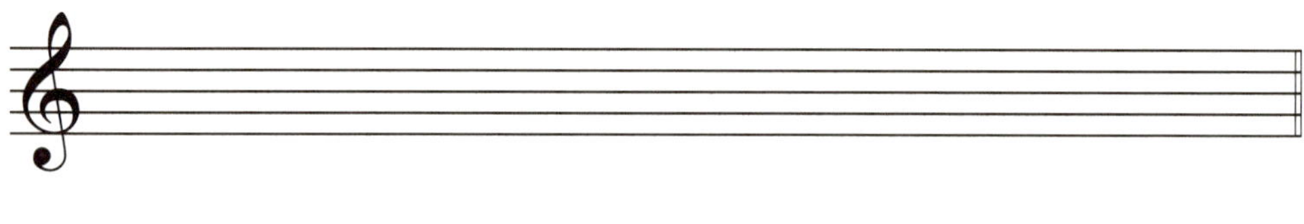

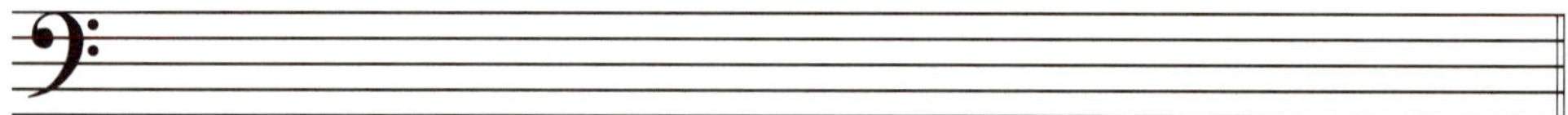

2) ♭을 순서대로 모두 그려보세요.

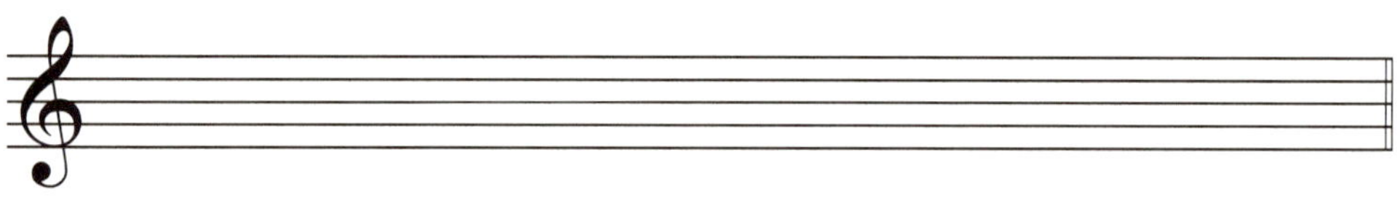

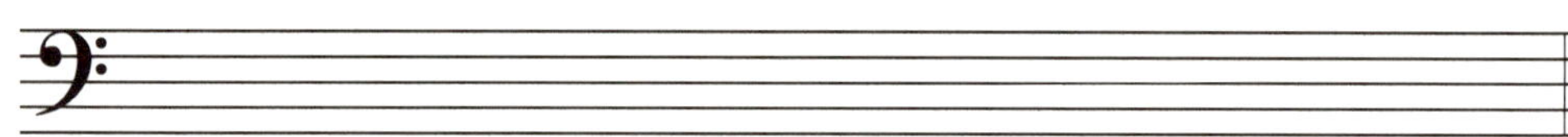

2. 다음 중 조표에 ♯이 붙지 않는 key는?

① A key ② E key ③ G key ④ F key

3. 다음 중 붙는 조표의 종류가 다른 하나는?

① D♭ key ② F key ③ D key ④ G♭ key

4. 조표를 보고 으뜸음을 그려보세요.

1) Major key

2) minor key

5. 다음 key의 으뜸음과 조표를 구해보세요.

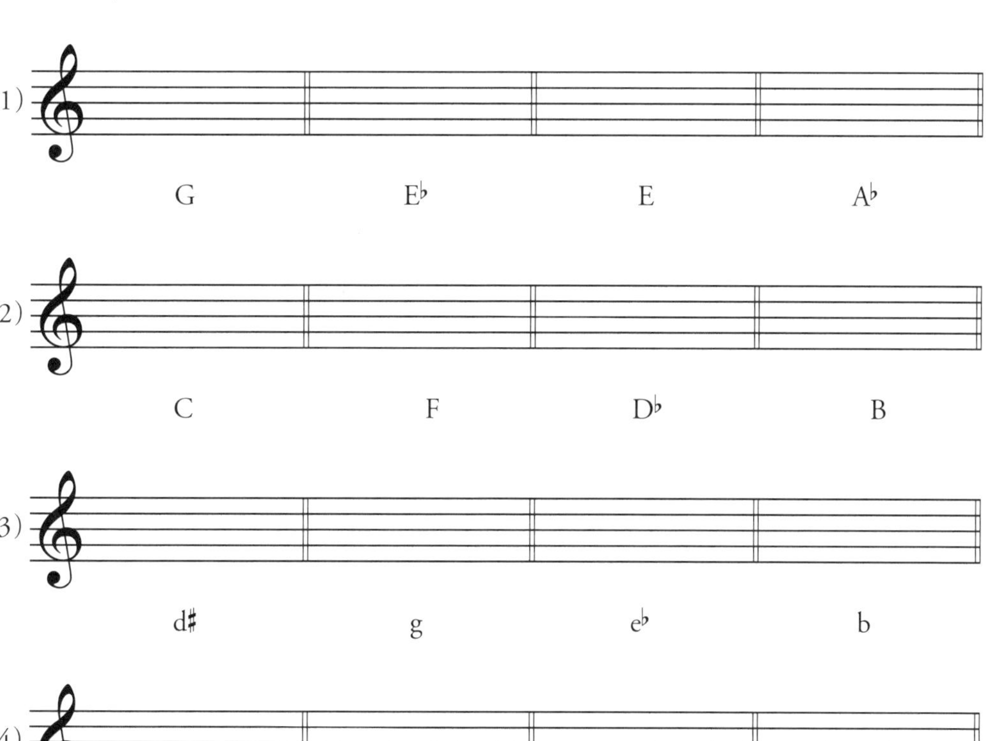

6. 주어진 조의 나란한조를 그리고, 조이름을 적어보세요.

1)

2)

7. 주어진 조의 동주조(같은으뜸음조)를 그리고, 조이름을 적어보세요.

1)

2)

8. 다음 중 서브 도미넌트키(버금딸림조)의 연결이 바른 것은?

9. 다음 중 도미넌트키(딸림조)의 연결이 바른 것은?

10. 보기 중 정답을 고르세요.

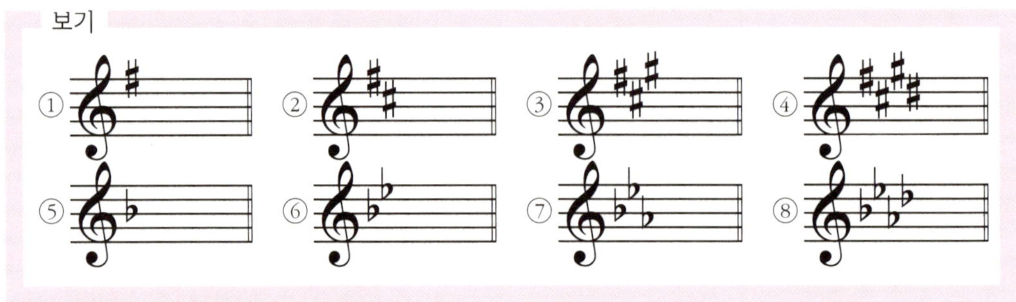

1) E Major key의 버금딸림조는?

2) d minor key의 동주조는?

3) A♭ Major key의 딸림조는?

4) C Major key의 버금딸림조는?

5) g minor key의 동주조는?

6) c♯ minor key의 나란한조는?

7) d minor key의 버금딸림조는?

8) A♭ Major key의 나란한조는?

11. 5도권의 빈칸을 완성해 보세요.

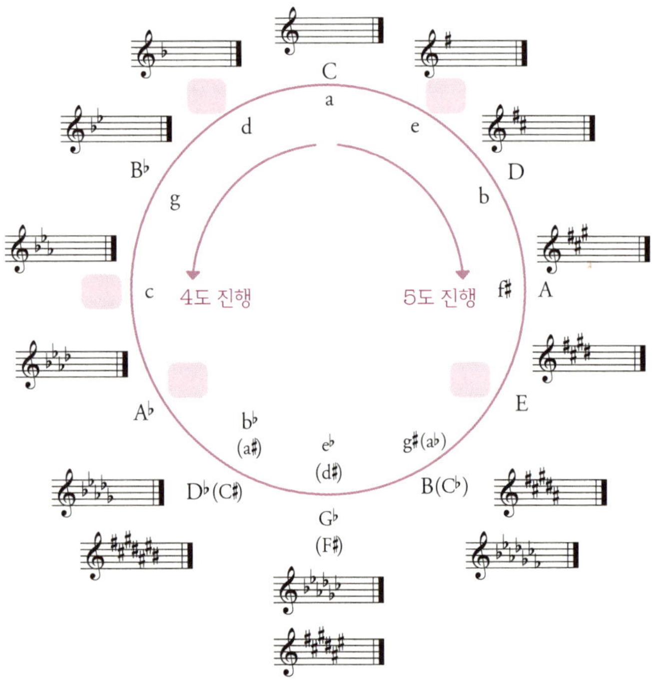

12. 주어진 조건에 맞춰 멜로디를 조옮김 하세요. (조표 사용)

1) 장2도 아래로 조옮김 하세요.

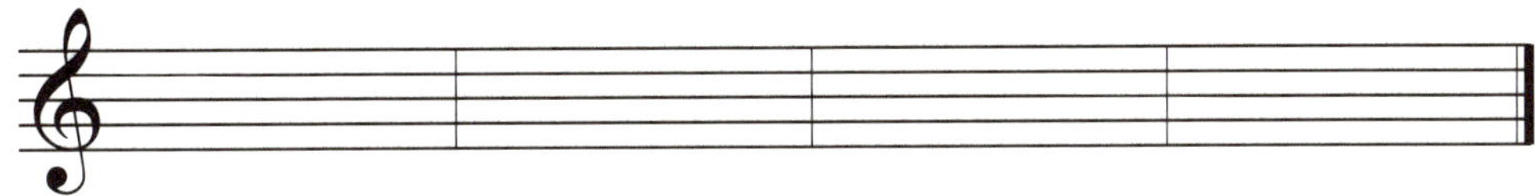

2) 완전4도 위로 조옮김 하세요.

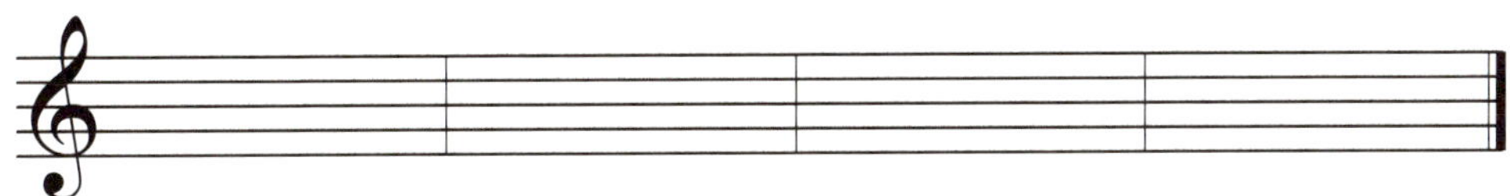

3) D key로 조옮김 하세요.

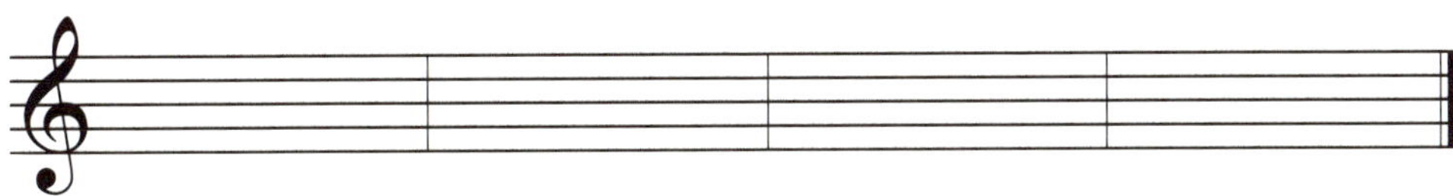

4) E key로 조옮김 하세요

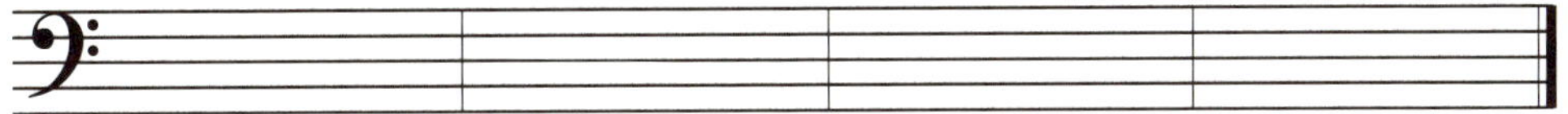

1. 조표를 보고 장조와 단조를 구해보세요.

2. 장조를 보고 조표와 단조를 구해보세요.

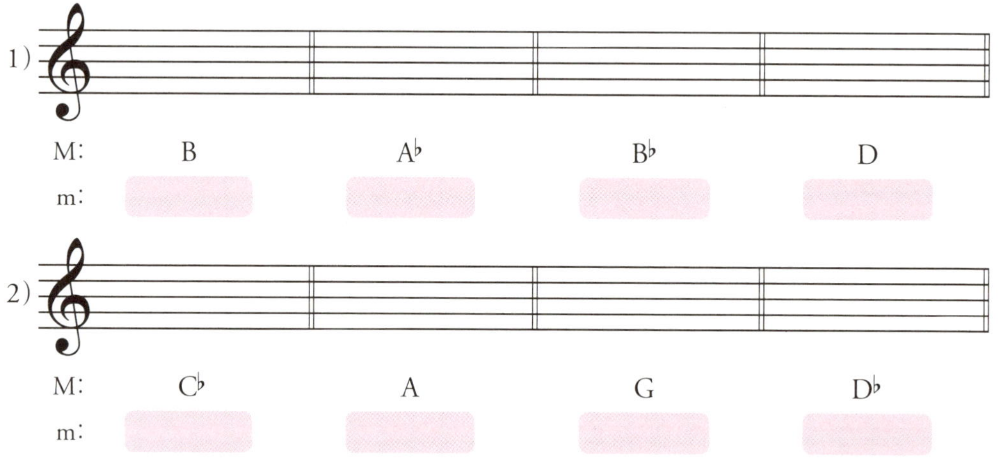

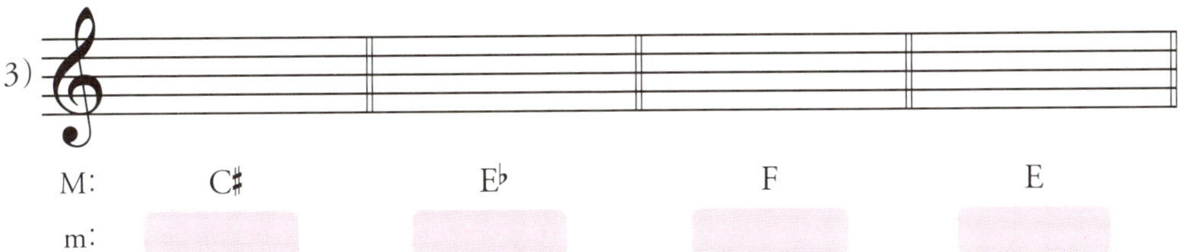

3. 단조를 보고 조표와 장조를 구해보세요.

4. a♭ key의 이명동음조를 고르세요.

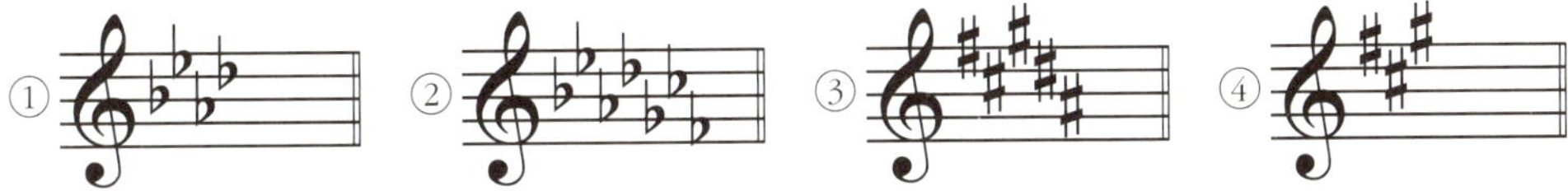

5. F♯ key의 이명동음조를 고르세요.

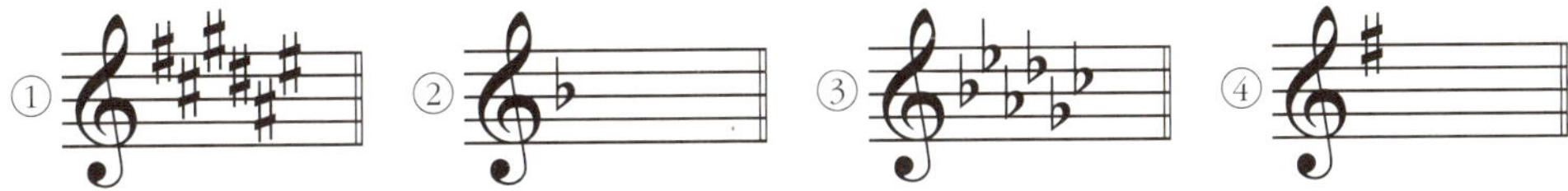

6. b♭ key의 이명동음조를 고르세요.

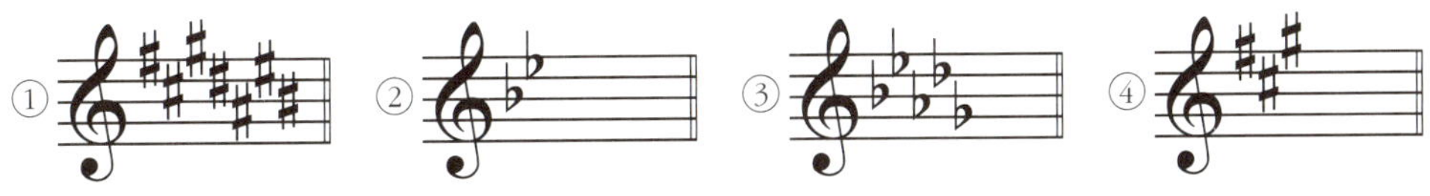

7. 주어진 key의 조표를 그리고, 관계조의 조표와 으뜸음을 구해보세요.

8. 주어진 음에서 장3도 위의 음이 토닉이 되는 단조를 그려보세요. (조표, 으뜸음)

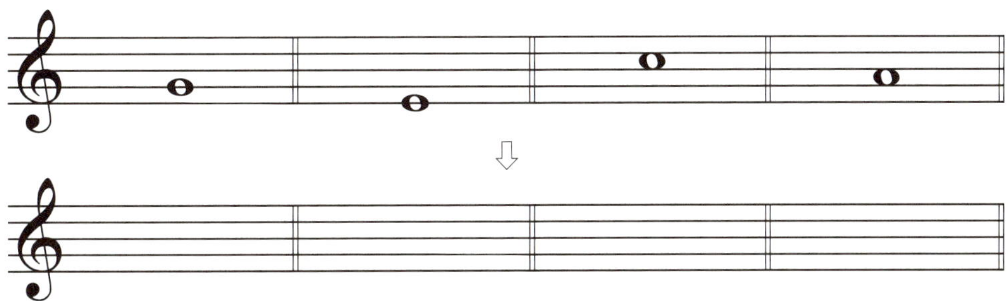

9. 주어진 음에서 장6도 위의 음이 토닉이 되는 단조를 그려보세요. (조표, 으뜸음)

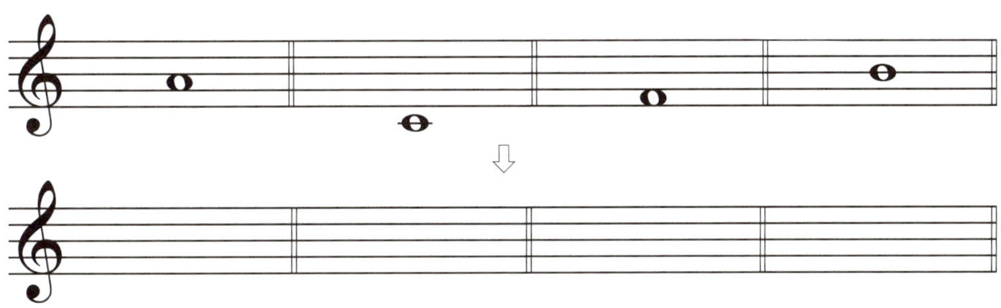

10. 주어진 음에서 증4도 아래의 음이 토닉이 되는 장조를 그려보세요. (조표, 으뜸음)

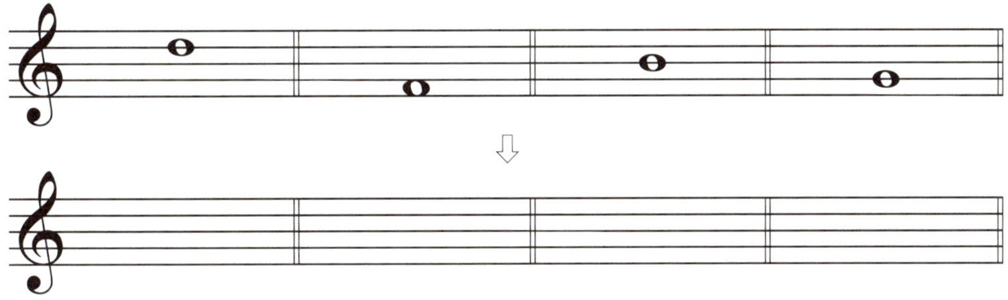

11. 조건에 따라 보기의 멜로디를 조옮김 하세요. (조표 사용)

1)

① 증4도 위로 조옮김

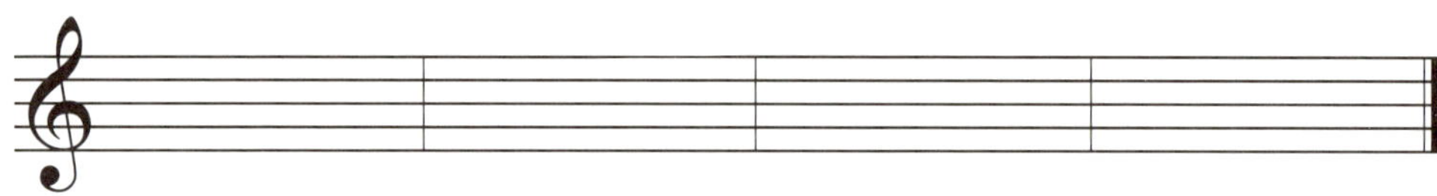

② 장3도 아래로 조옮김

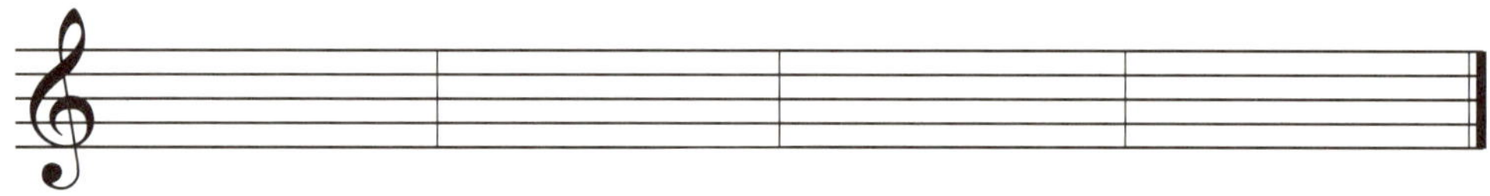

2)

① 완전4도 위로 조옮김

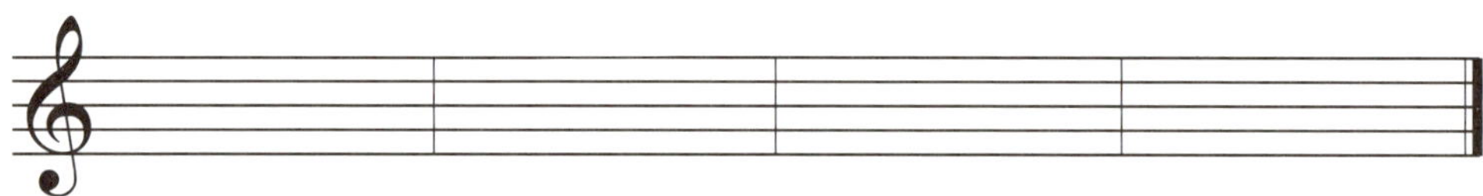

② 단6도 아래로 조옮김

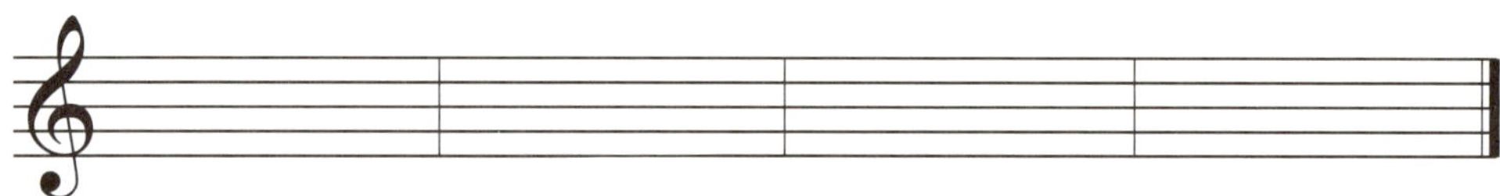

12. 다음 조표를 사용하는 장조의 으뜸음이 근음, 3음, 5음이 되는 Major 코드를 그려보세요.

13. 다음 조표를 사용하는 단조의 으뜸음이 근음, 3음, 5음이 되는 minor 코드를 그려보세요.

1. 조표를 보고 장조의 으뜸음을 그려보세요.

2. 조표를 보고 단조의 으뜸음을 그려보세요.

3. g♯ key의 이명동음조를 고르세요.

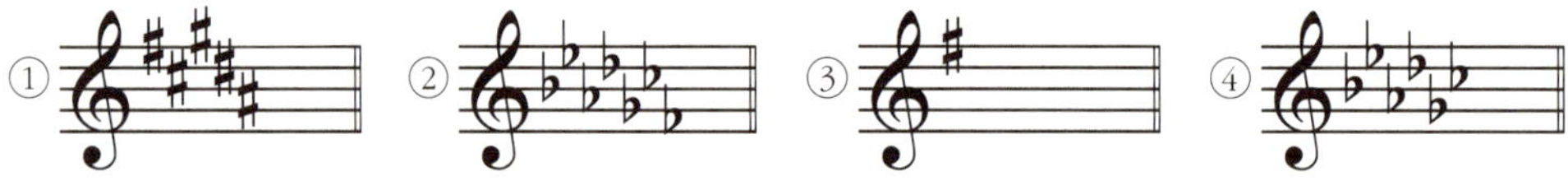

4. 주어진 단조를 보고 조표와 장조를 구해보세요.

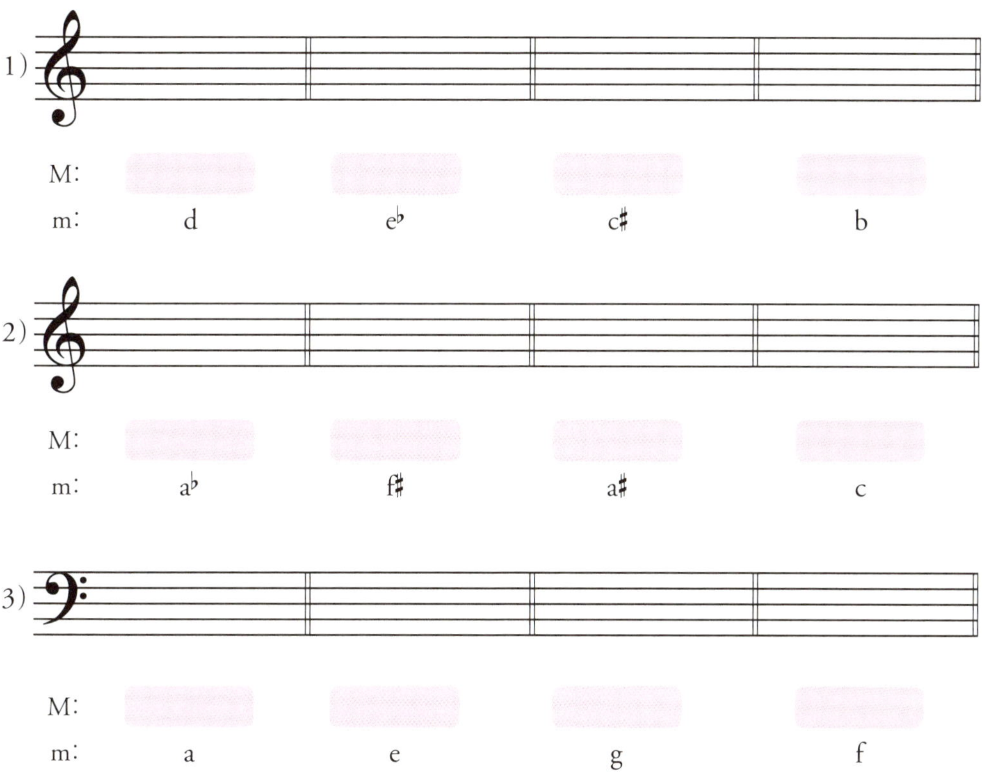

5. 조건에 따라 주어진 멜로디를 조옮김 하세요. (조표 사용)

1) 증4도 아래로 조옮김

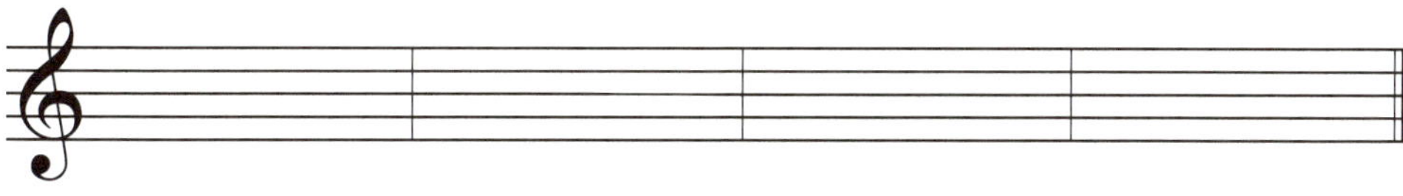

2) C key로 조옮김

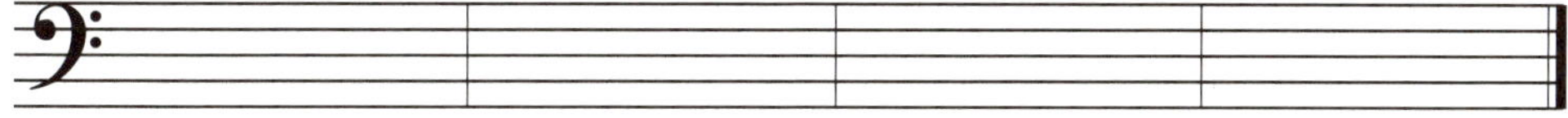

6. 그려진 key를 바탕으로 나머지 조를 그려보세요.

7. 이명동음조끼리 연결하세요.

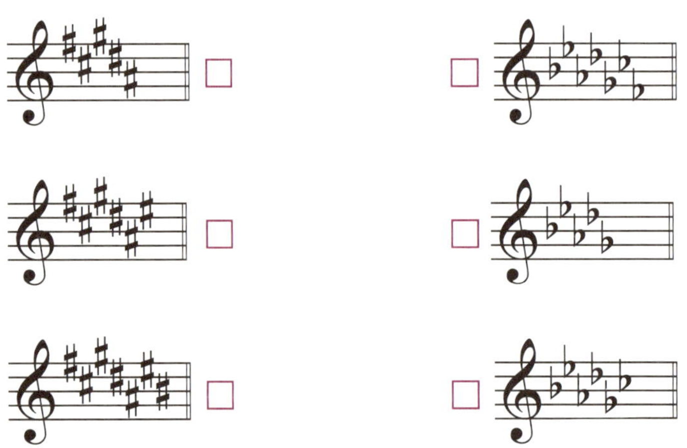

8. 주어진 음을 보고 조건에 맞는 key를 조표로 그려보세요.

1) 단3도 아래의 음을 으뜸음으로 하는 장조와 단조

장조   단조

2) 완전4도 위의 음을 으뜸음으로 하는 장조와 단조

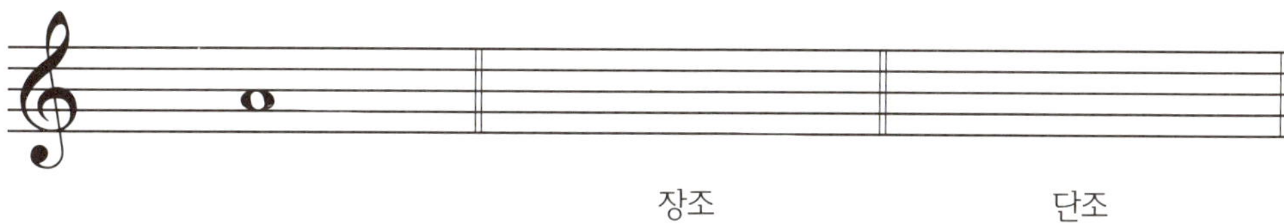

장조   단조

3) 단3도 위의 음을 으뜸으로 하는 장조와 단조

장조   단조

9. 주어진 조표를 보고 조건에 맞는 음을 구해보세요.

1) 장조의 으뜸음에서 단6도 위의 음으로 시작하는 Major 3화음을 그려보세요.

2) 단조의 으뜸음에서 장2도 아래의 음으로 시작하는 minor 3화음을 그려보세요.

3) 단조의 으뜸음에서 완전5도 아래의 음으로 시작하는 diminished 3화음을 그려보세요.

PART

5

스케일

1. 조(Key) 안에 들어 있는 음들을 으뜸음부터 나열해 놓은 것을 음계(Scale)라고 합니다. 실용음악은 기본적으로 7음계를 사용합니다.

2. 장조(Major Key)의 음계를 장음계(Major scale)라고 합니다.

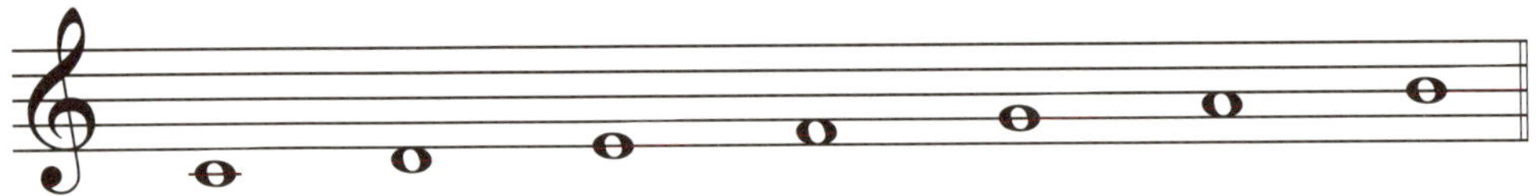

C Major scale

3. 단조(minor key)의 음계를 단음계(minor scale)라고 합니다. 단음계는 자연단음계, 화성단음계, 가락단음계 3가지로 나누어집니다.

4. 자연단음계(Natural minor scale)는 단조의 으뜸음에서 순서대로 7개의 음을 쌓아줍니다.

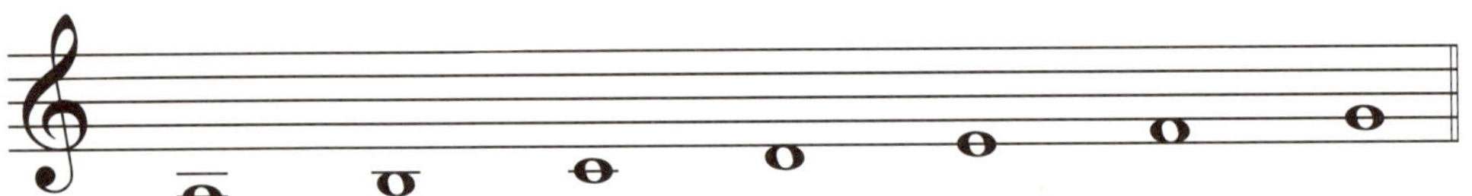

a natural minor scale

5. 화성단음계(Harmonic minor scale)는 자연단음계에서 7음을 반음 높여줍니다.

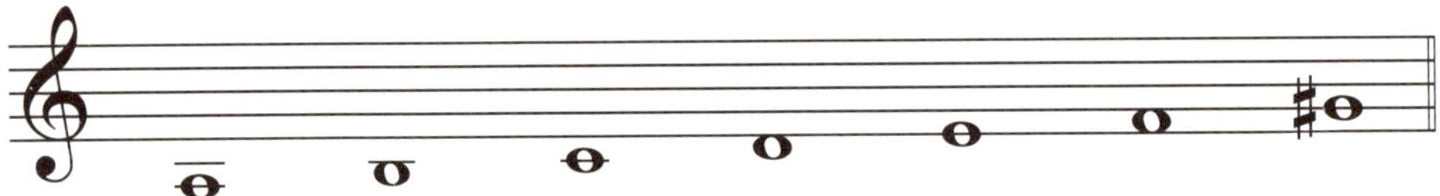

a harmonic minor scale

**6. 가락단음계(Melodic minor scale)는 상행 시 자연단음계에서 6, 7음을 반음 높이고,
하행 시 6, 7음을 다시 반음 내려줍니다.**

a melodic minor scale

7. 반음을 올려주고 다시 내릴 때 붙이는 임시표를 주의해야 합니다.

* 반음을 올렸다가 내릴 때

음에 ♭이 있을 때   임시표가 없을 때   음에 ♯이 있을 때

8. 온음계의 각 음들은 고유한 이름을 가지고 있습니다.

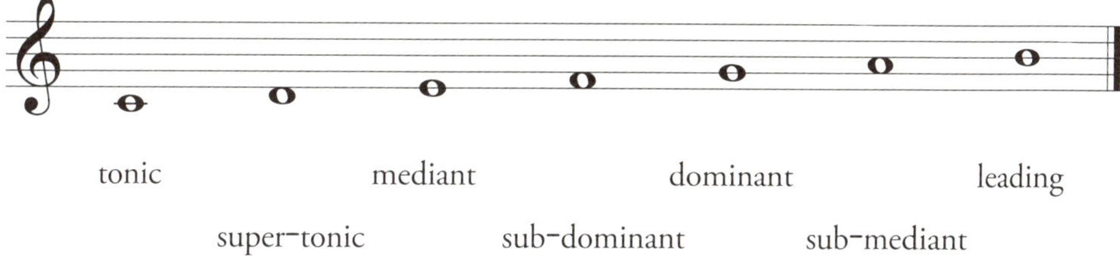

tonic   mediant   dominant   leading

super-tonic   sub-dominant   sub-mediant

1. 빈칸에 알맞은 음이름을 적어보세요.

2. 다음 장조의 도미넌트 음을 그려보세요.

3. 다음 장조의 서브도미넌트 음을 그려보세요.

4. 조표를 이용해서 다음 조의 장음계를 그려보세요.

1) B♭

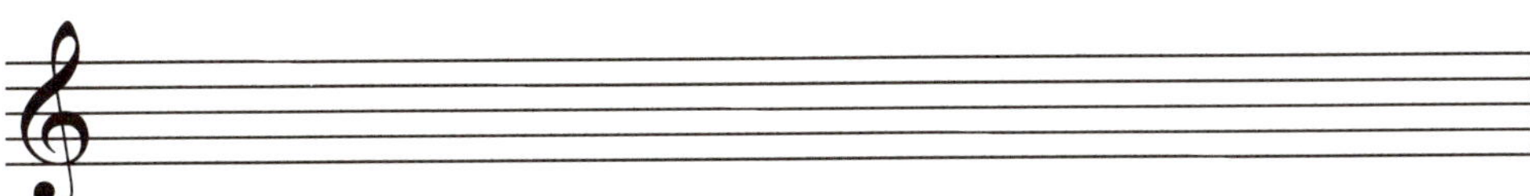

2) E

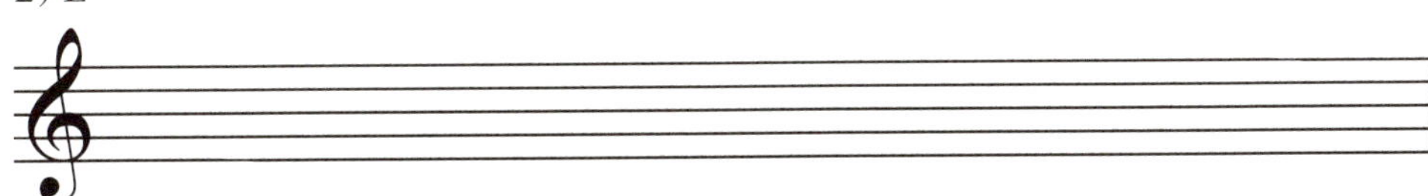

3) A♭

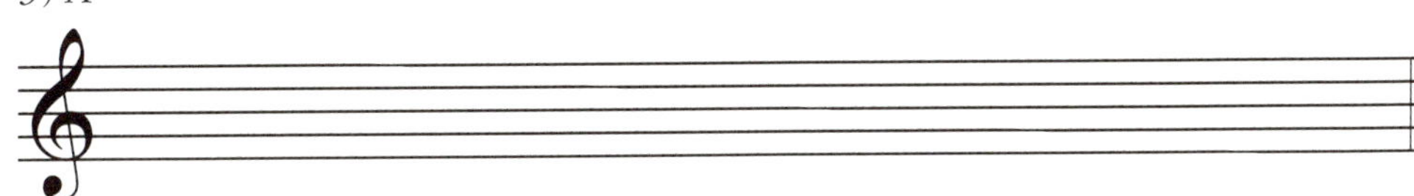

5. 조표를 이용해서 다음 조의 자연단음계를 그려보세요.

1) c

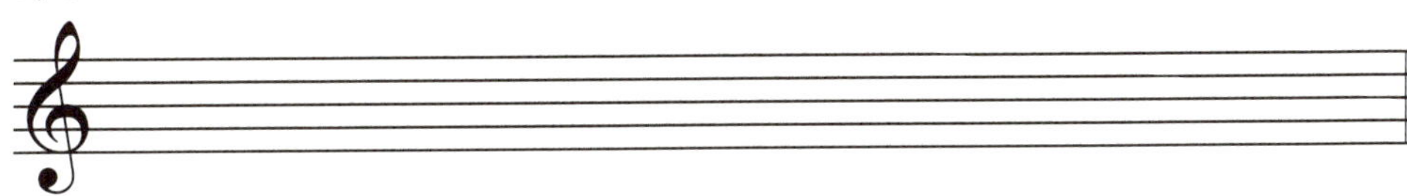

2) b

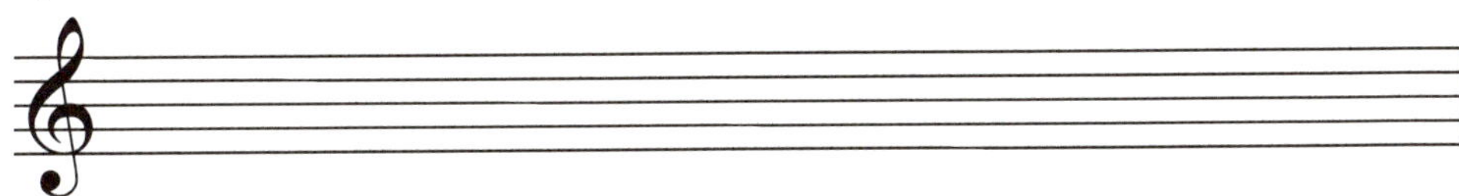

3) f♯

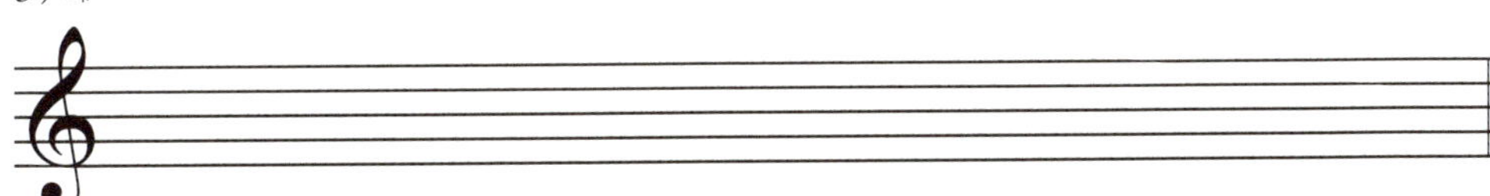

6. 조표를 이용해서 다음 조의 화성단음계를 그려보세요.

1) d

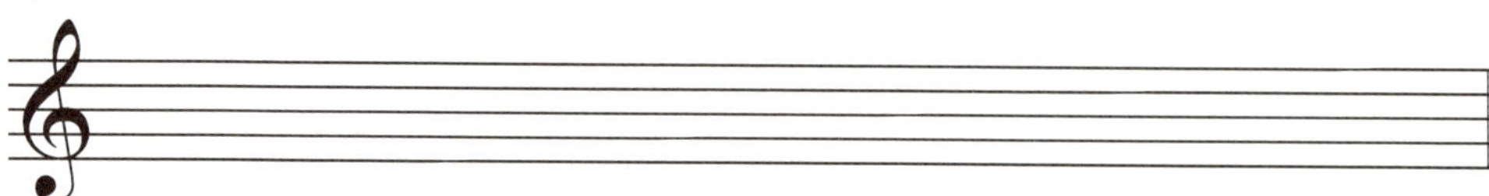

2) g#

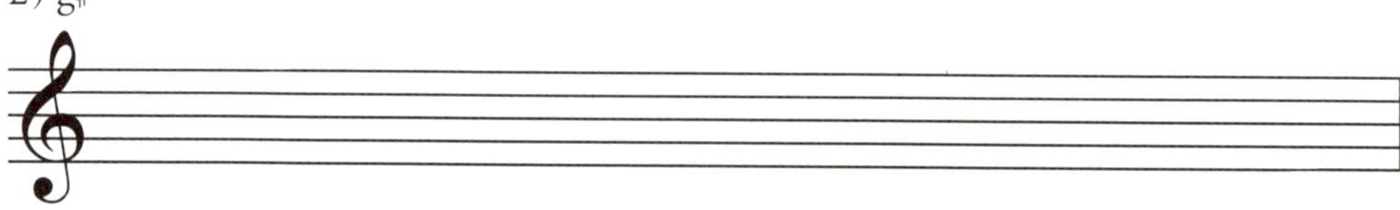

3) e♭

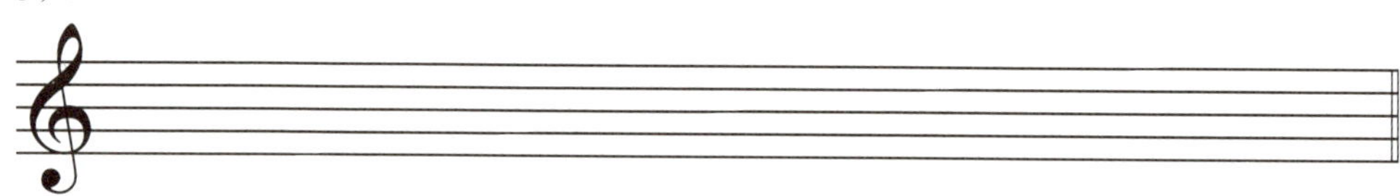

7. 조표를 이용해서 다음 조의 가락단음계를 그려보세요.

1) e

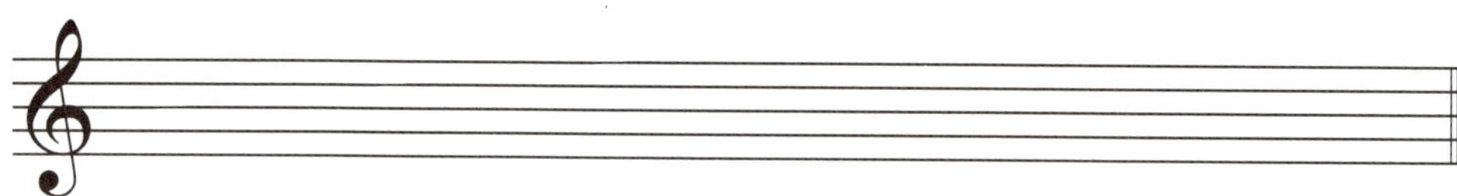

2) b♭

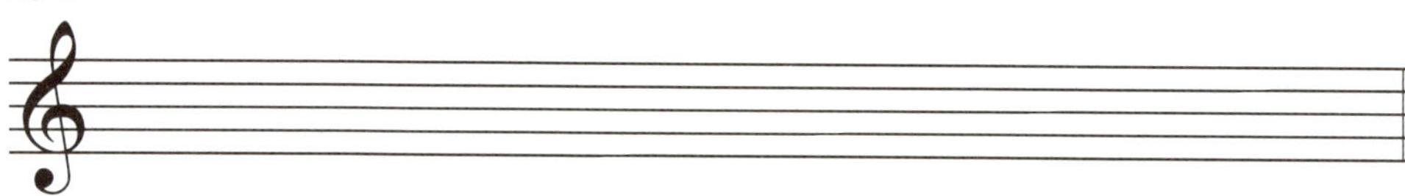

3) a

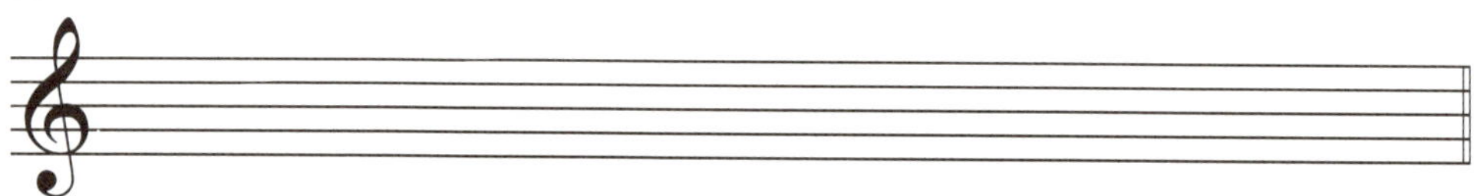

8. 다음 보기와 같이 조건에 맞는 scale을 그려보세요. (조표 사용)

보기) G를 도미넌트로 하는 장음계

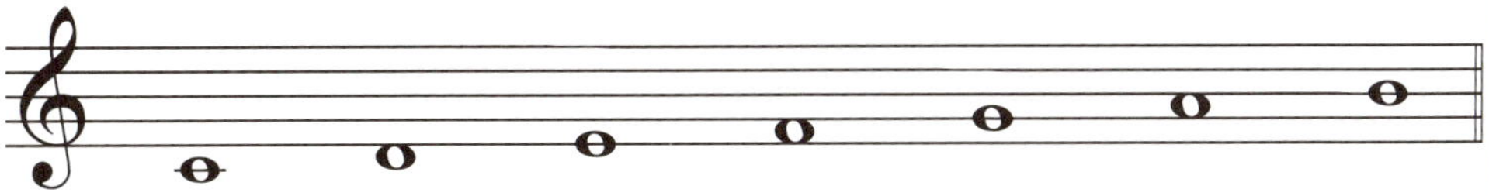

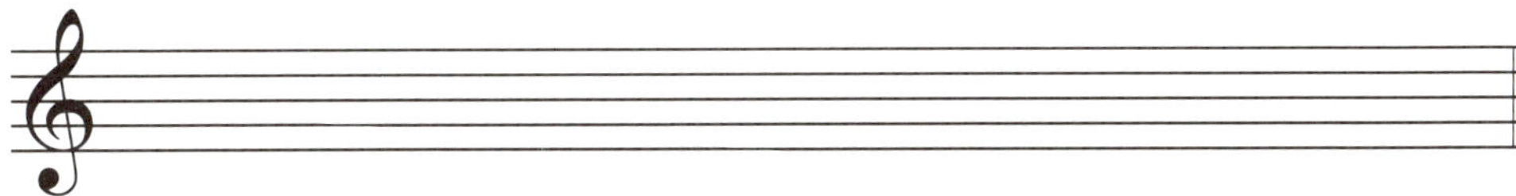

1) F를 토닉으로 하는 장음계

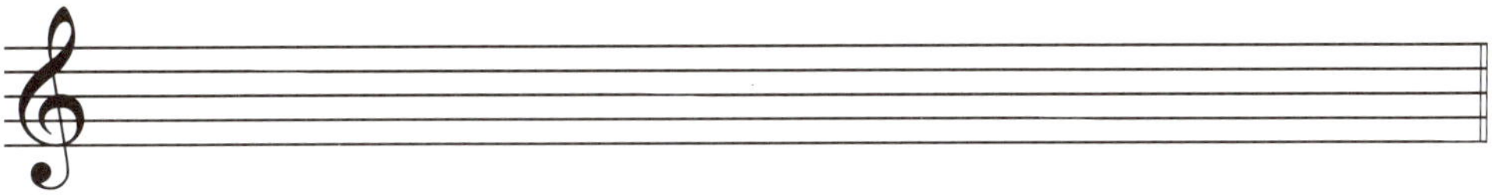

2) B를 도미넌트로 하는 자연단음계

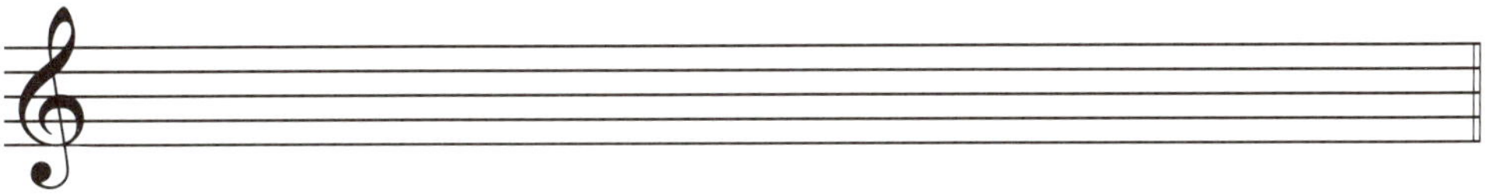

3) F#을 리딩으로 하는 화성단음계

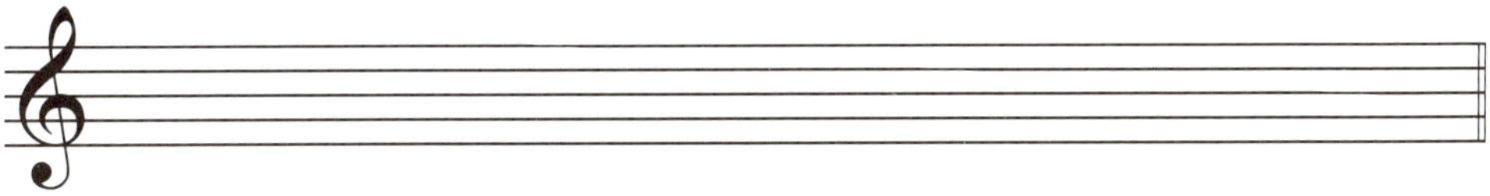

4) F#을 서브도미넌트로 하는 가락단음계

5) Eb을 서브도미넌트로 하는 장음계

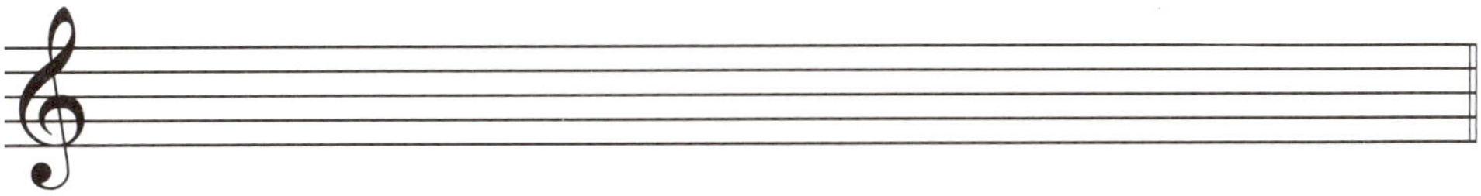

스케일 - 심화문제

1. 다음 scale을 임시표를 이용해서 그려보세요.

1) D♭

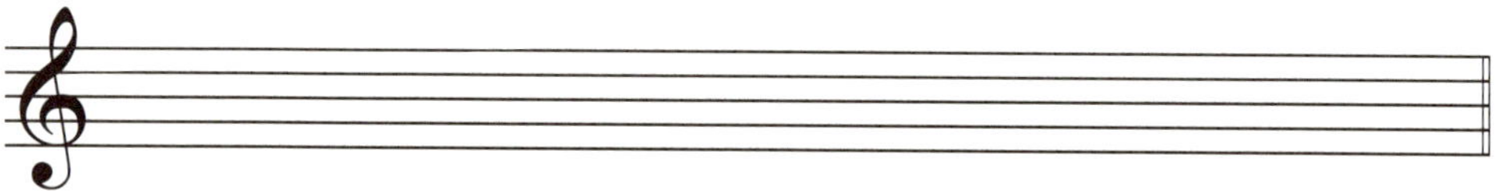

2) B♭

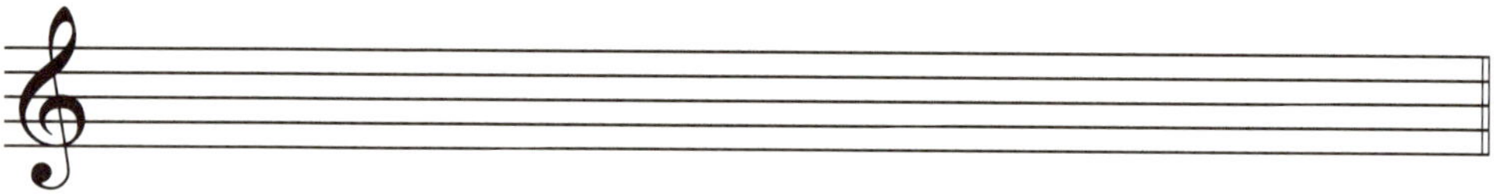

3) F

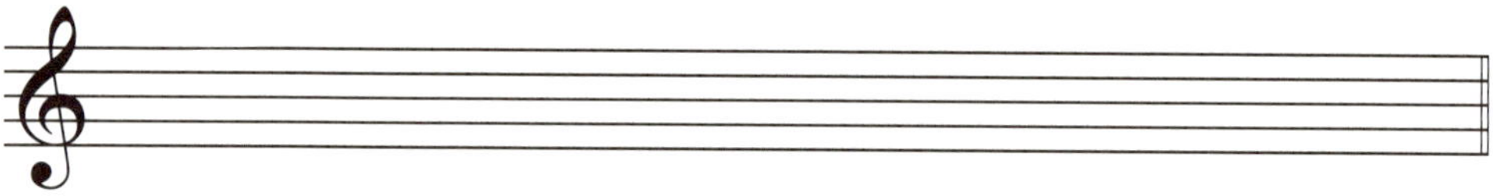

4) c# 자연단음계

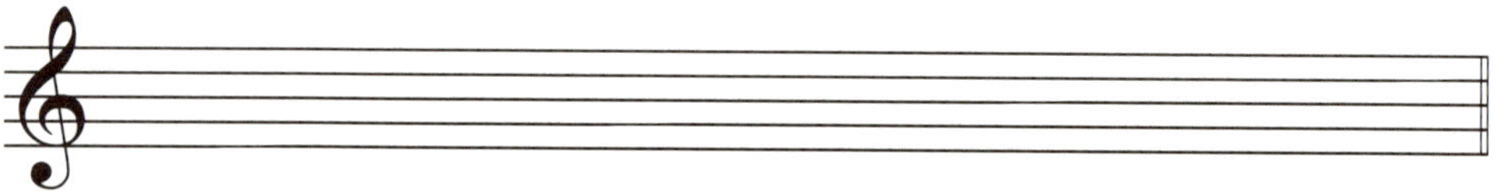

5) e♭ 화성단음계

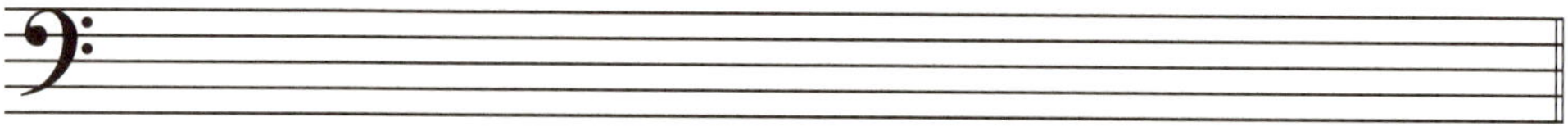

6) d 가락단음계

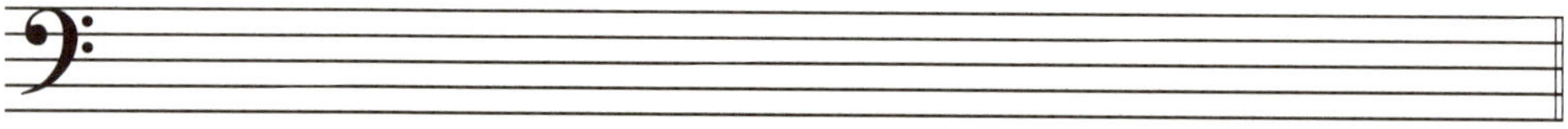

2. 조건에 맞는 scale을 임시표를 이용해서 그려보세요.

보기

1) 보기 음이 딸림음인 장음계

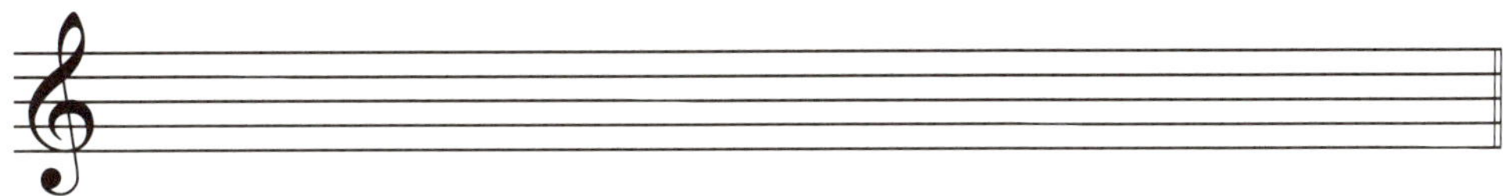

2) 보기 음에서 단3도 아래 음으로 시작하는 자연단음계

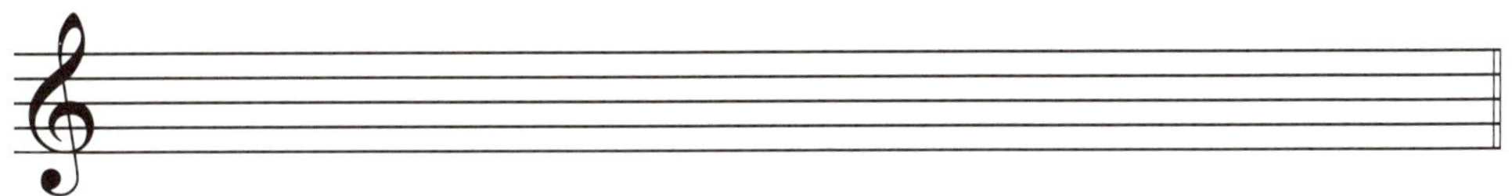

3) 보기 음이 버금딸림음인 화성단음계

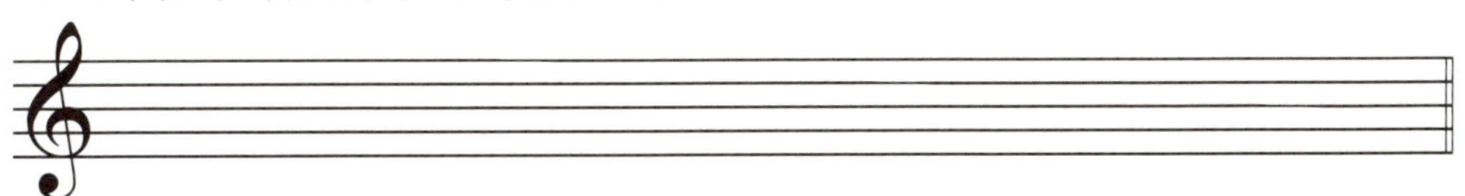

4) 보기 음에서 증4도 위의 음이 도미넌트인 장음계

5) 보기 음에서 단2도 아래 음이 토닉인 가락단음계

3. 다음 scale을 조표를 사용해서 그려보세요.

1) D

2) E♭

3) G

4) a♭ 자연단음계

5) b♭ 화성단음계

6) f♯ 가락단음계

4. 조건에 맞는 scale을 조표를 이용해 그려보세요.

보기

1) 보기(장조)의 으뜸음이 도미넌트인 장음계

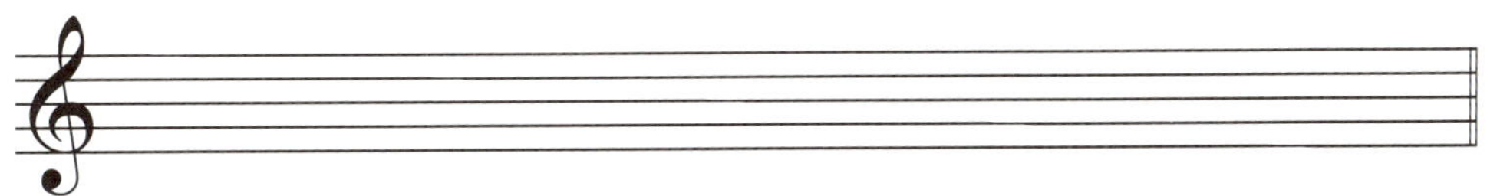

2) 보기(단조)의 으뜸음이 서브도미넌트인 자연단음계

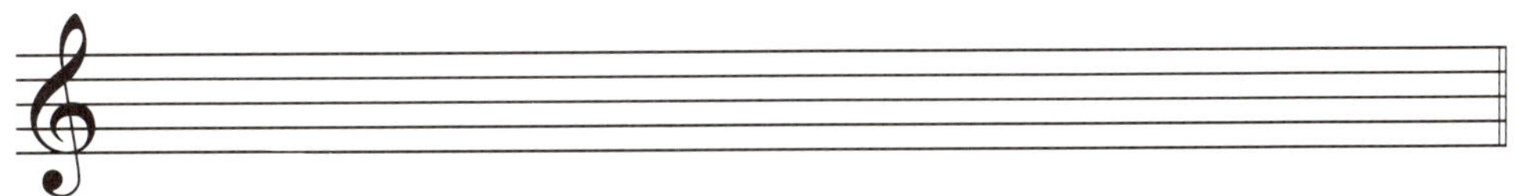

3) 보기(단조)의 으뜸음이 미디언트인 화성단음계

5. 질문에 알맞은 정답을 적어보세요.

1) F Major key의 도미넌트가 으뜸음인 장조는?

2) G Major key의 리딩이 으뜸음인 단조는?

3) E Major key의 으뜸음에서 단3도 위의 음이 리딩인 화성단음계는?

4) g minor key의 서브도미넌트에서 증4도 위의 음이 서브미디언트인 가락단음계는?

1. 다음 빈칸에 알맞은 음이름을 적어보세요.

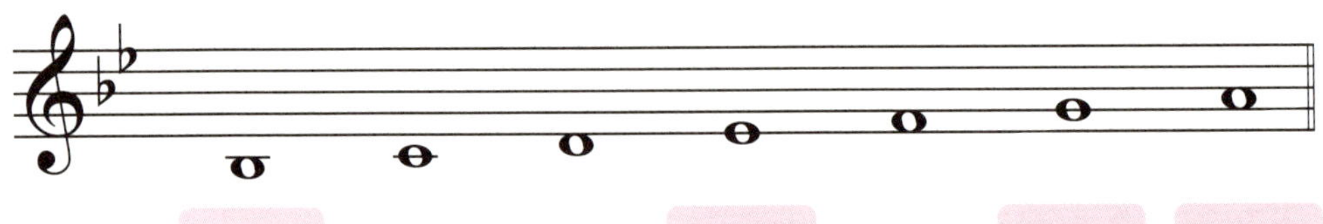

2. 다음 scale을 조표를 이용해 그려보세요.

1) F

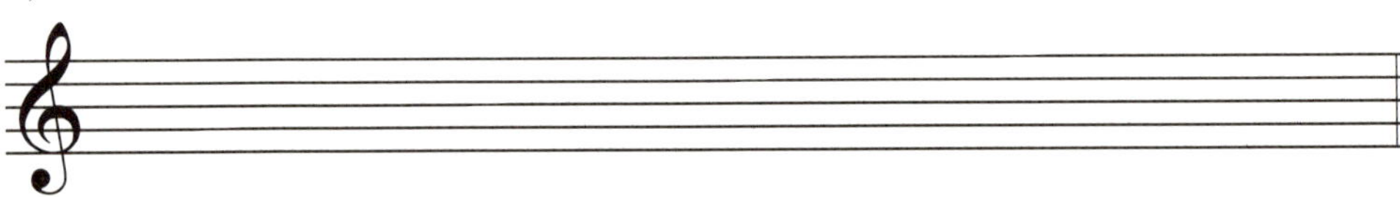

2) A

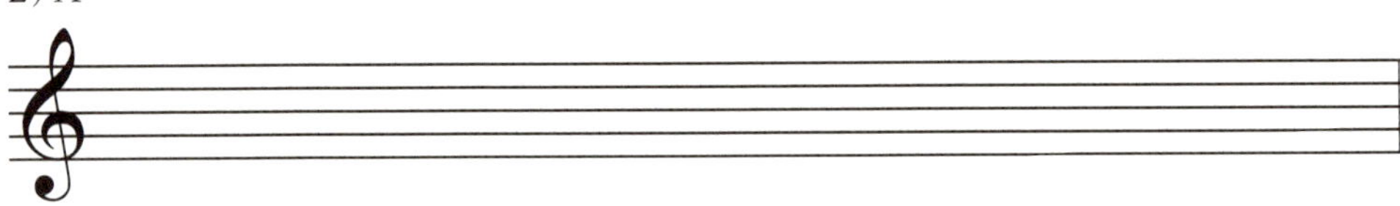

3) f 자연단음계

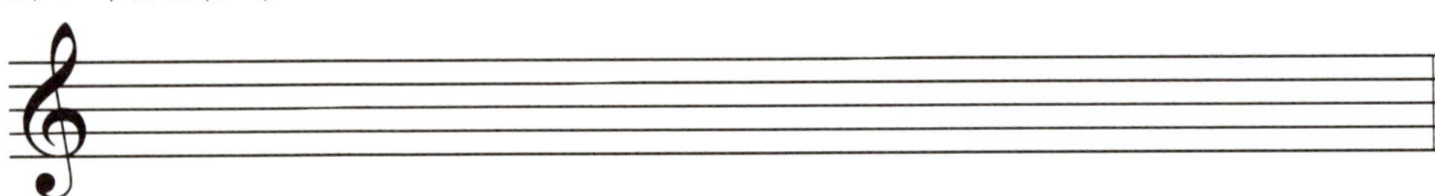

4) g# 화성단음계

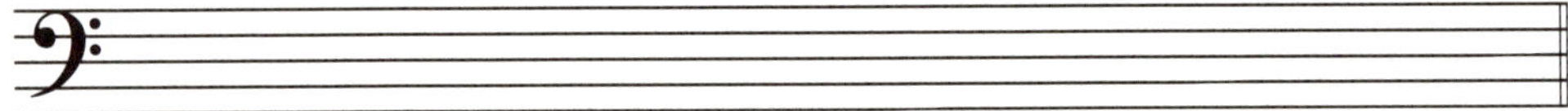

5) e♭ 가락단음계

3. 다음 scale을 임시표를 이용해서 그려보세요.

1) E♭

2) B

3) e♭ 자연단음계

4) b 화성단음계

5) d♯ 화성단음계

6) f 가락단음계

4. D key의 으뜸음에서 완전5도 위의 음으로 시작하는 화성단음계를 그려보세요.

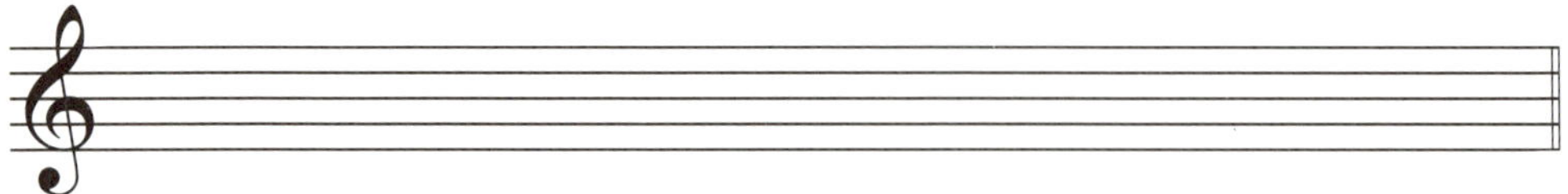

5. A♭ key의 으뜸음에서 단3도 아래의 음으로 시작하는 장음계를 그려보세요.

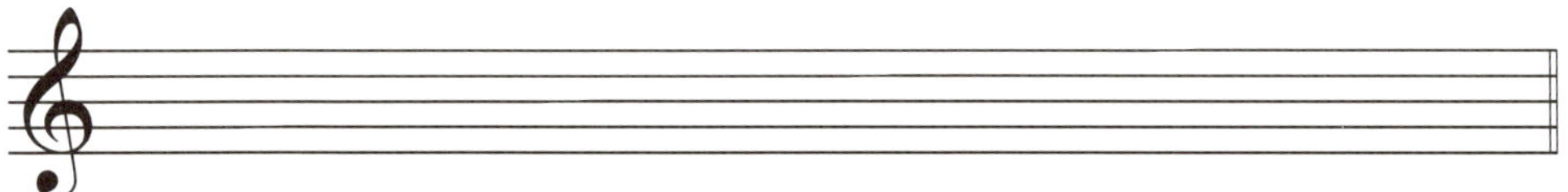

6. 아래 질문에 맞는 정답을 보기 중에서 고르세요.

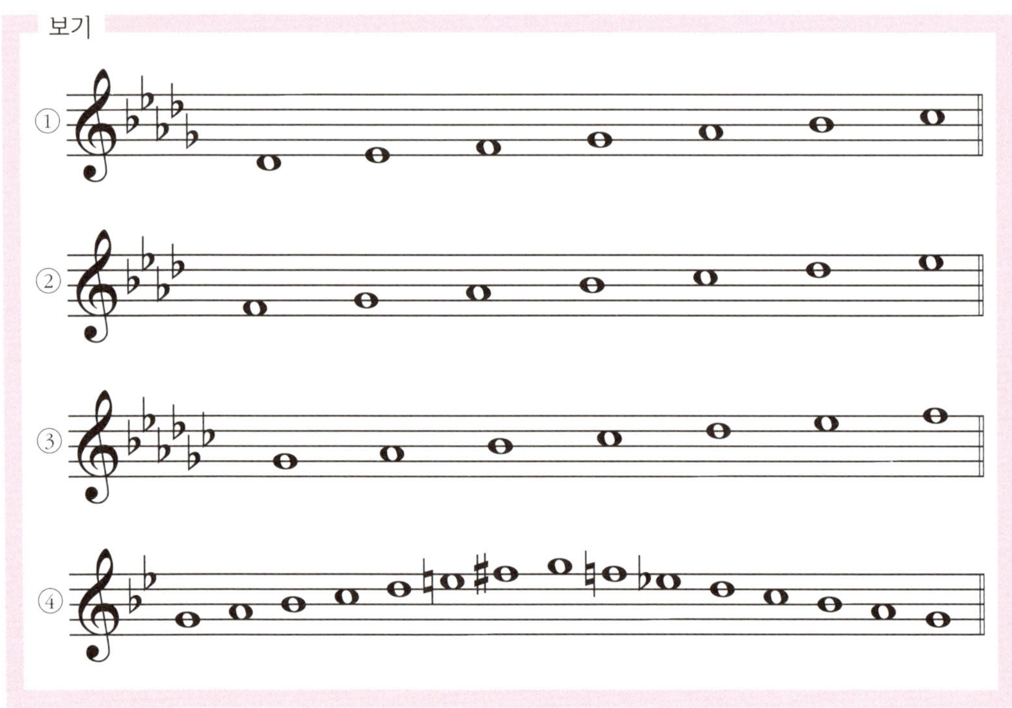

1) Cdim의 5음이 으뜸음인 Major scale은?

2) '라'음에서 장2도 아래음으로 시작하는 melodic minor scale은?

3) C key의 서브도미넌트가 으뜸음인 natural minor scale은?

4) G♭ Major scale의 도미넌트가 으뜸음인 Major scale은?

7. 조건에 맞는 scale을 임시표를 이용해서 그려보세요.

보기

1) 보기의 음이 미디언트인 장음계

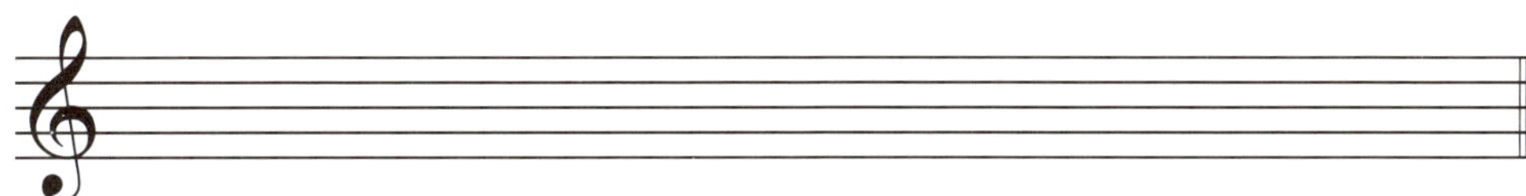

2) 보기의 음에서 장3도 위의 음으로 시작하는 가락단음계

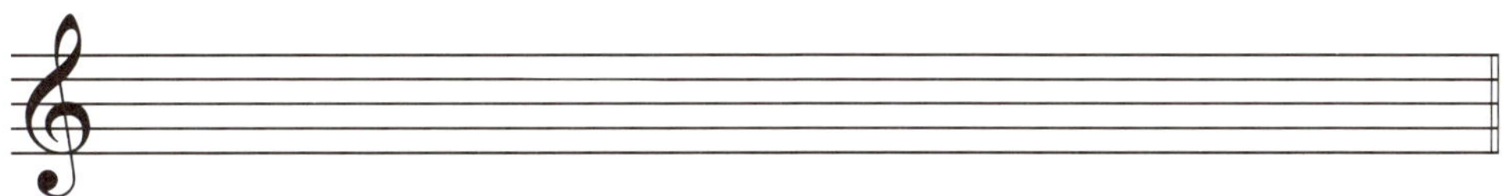

8. 조건에 맞는 scale을 조표를 이용해 그려보세요.

보기

1) 보기(장조)의 으뜸음이 서브미디언트인 자연단음계

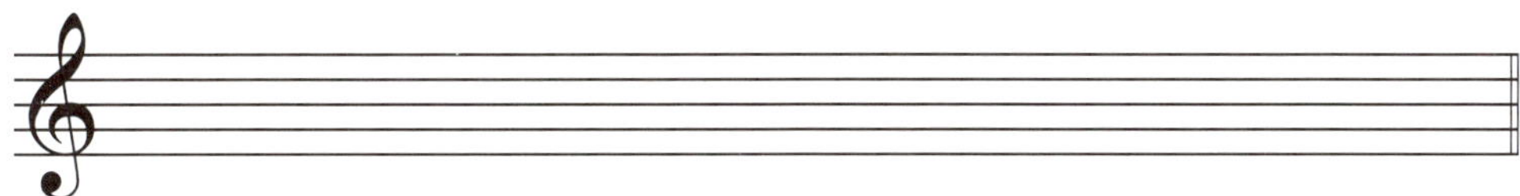

2) 보기(단조)의 으뜸음이 리딩인 화성단음계

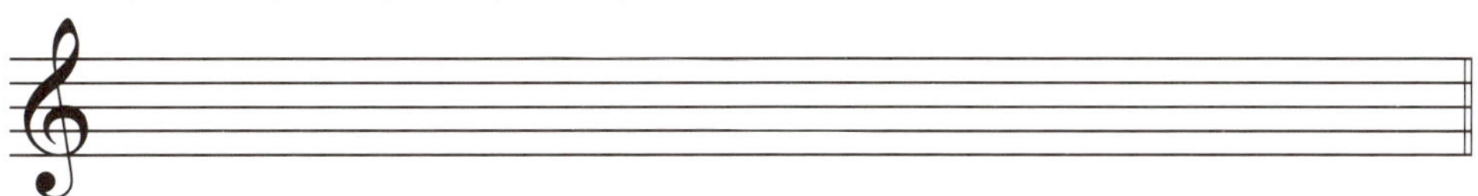

PART

6

7화음

1. 7화음은 3화음 위로 근음에서 7도 떨어진 7음을 더해서 만든 화음입니다. 7화음은 근음, 3음, 5음, 7음으로 구성되어 있습니다. (4화음이라고도 부릅니다.)

2. 7화음에 쓰이는 7음은 3종류입니다. 근음으로부터 위로 장7도(M7), 단7도(7), 감7도(dim7) 떨어져 있는 7음입니다.

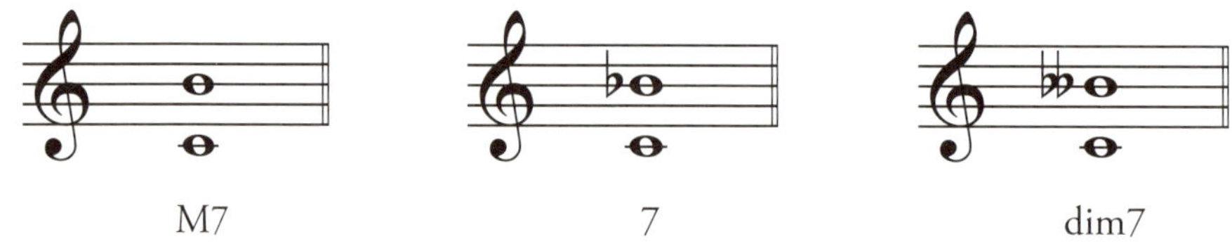

3. 7화음은 코드 성질을 나타내는 기호와 함께 표기 할 수 있습니다.

3화음 \ 7음	장7도(M7)	단7도(7)	감7도(dim7)
CMajor	CM7, C△7	C7	X
Cminor	CmM7, C-△7	Cm7, C-7	X
Caugmented	CaugM7, C+△7	Caug7, C+7	X
Cdiminished	CdimM7, C°△7 CmM7(♭5), C-△7(♭5)	Cm7(♭5) Cø7	Cdim7 C°7

4. Major, minor, augmented 코드는 M7과 7이 붙어서 7화음을 만듭니다.

dim7은 화음으로 사용하지 않습니다.

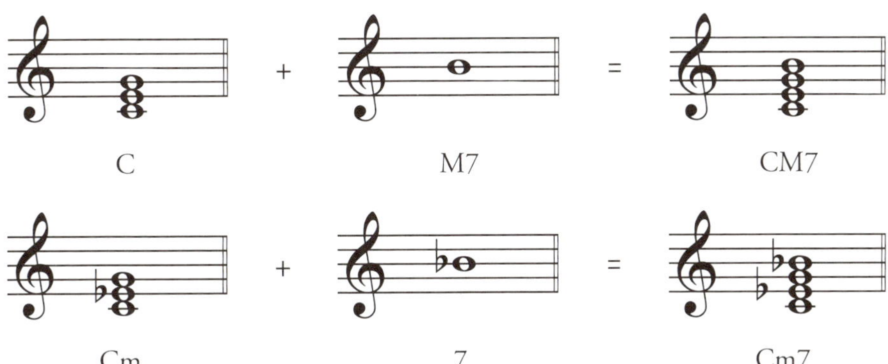

5. diminished 코드는 다른 3화음과 다르게 dim7도 화음으로 사용됩니다.

특별히 dim + 7과 dim + dim7의 표기를 주의해야 합니다.

1) Cdim + 7 = Cm7($\flat$5)

2) Cdim + dim7 = Cdim7

6. 7화음은 구성음이 4개이므로 세 번째 자리바꿈(3전위)까지 가능합니다.

1. 주어진 근음에 따라 3종류의 7음을 구해보세요.

2. 보기와 같이 다음 7th 코드를 3화음과 7음으로 분리하고 각각의 이름을 적어보세요.

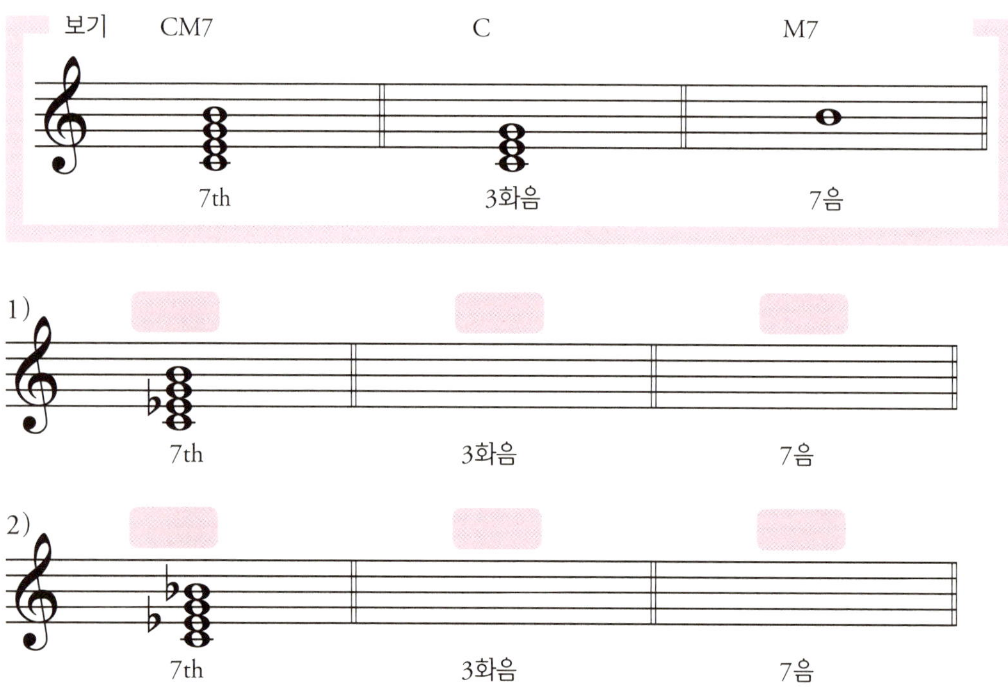

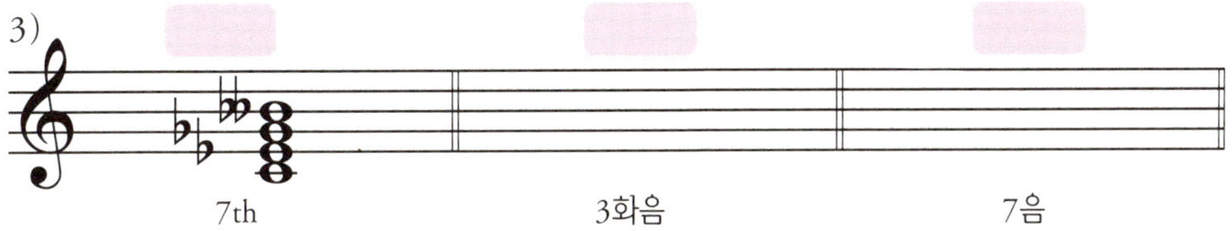

3. 알맞은 코드 이름을 고르세요.

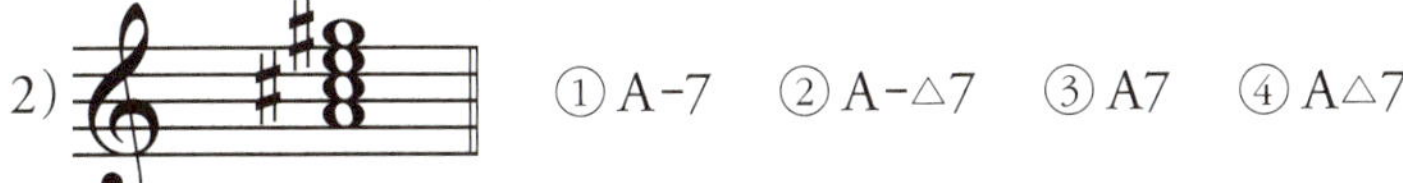

4. B°7 코드를 고르세요.

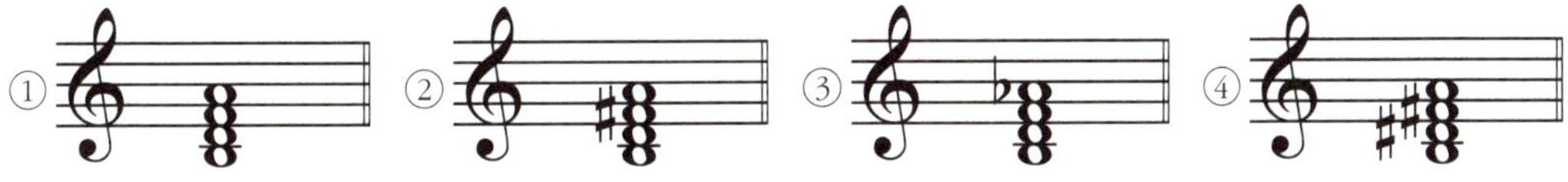

5. F♯-7 코드를 고르세요.

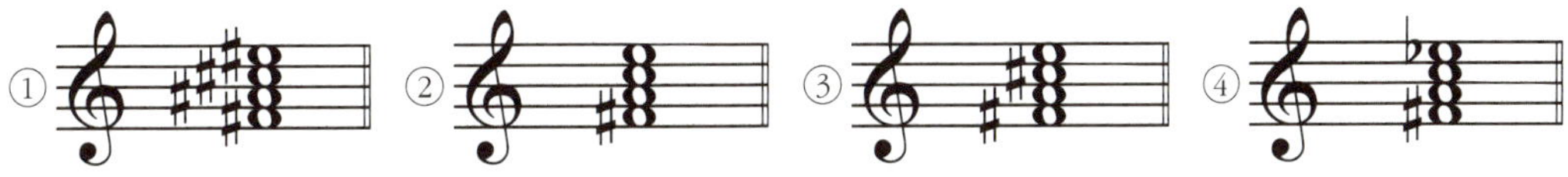

6. 코드의 이름을 구해보세요.

7. 다음 질문에 알맞은 정답을 고르세요.

1) 7음이 M7인 코드는?

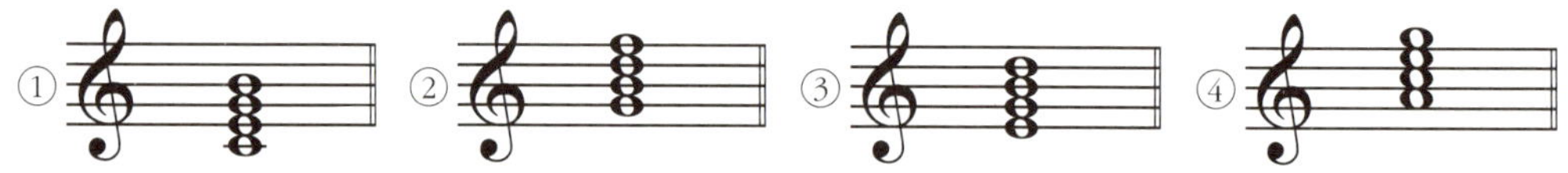

2) 7음의 종류가 다른 하나는?

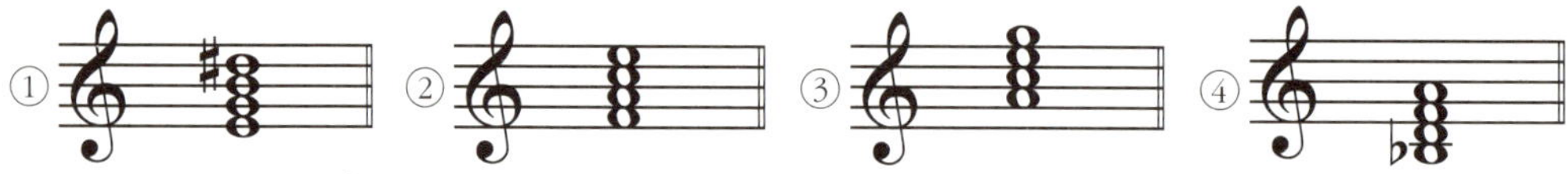

8. 주어진 코드를 그려보세요.

1)   E♭7   F♯m7   C♯dim7   D♭augM7   Am7(♭5)   E♭M7

2)   Dm7   Gdim7   AM7   Cm7   Bm7(♭5)   D♯m7(♭5)

3)   D♭M7   E♯dim7   E♭7sus4   F7sus4   A♯dim7   Gm7

4)   CmM7   B♭dim7   F♯7   DmM7   Adim7   G♭M7

9. 주어진 3화음에 6음을 추가하여 6코드를 만들어 보세요.

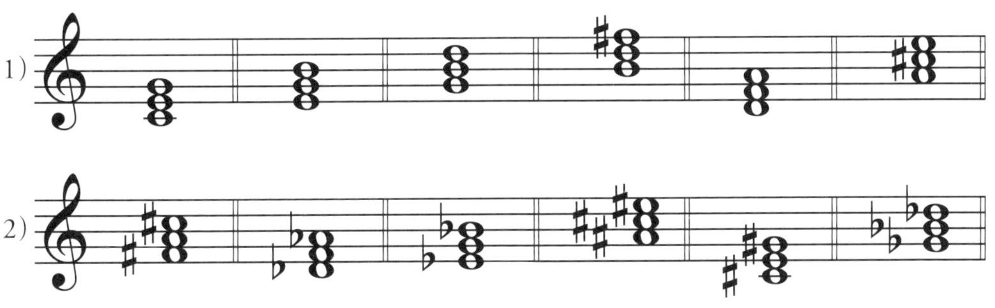

10. 주어진 자리바꿈 코드를 그려보세요.

1)   BM7/A♯   F7sus4/B♭   B7/F♯   CM7/E   DmM7/C♯   CM7/E

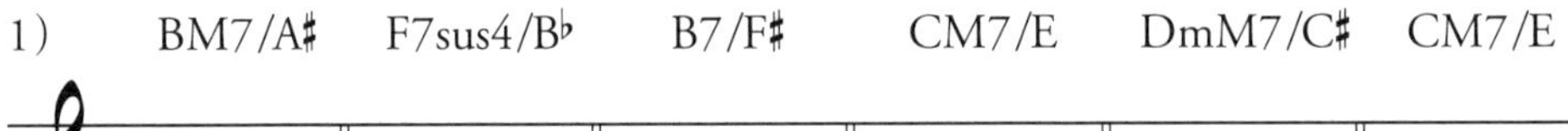

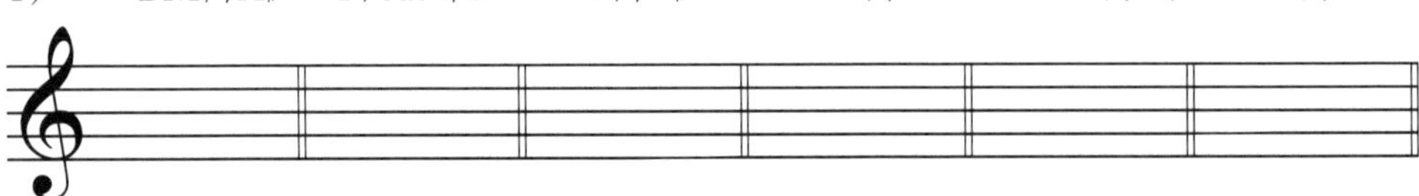

2)   D7sus4/C   Em7(♭5)/G   Gm7(♭5)/F   Cm7/B♭   A7sus/G   Fm7/C

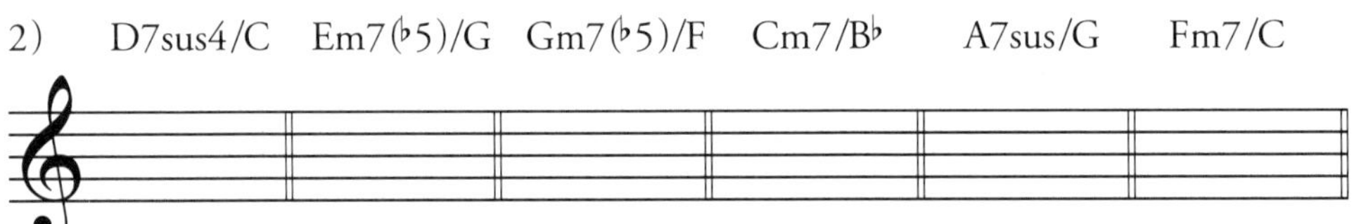

3)   G7/F   C7/E   GmM7/D   B7/F♯   DM7/F♯   Edim7/G

4)   Am7/E   Bdim7/A♭   Dm7(♭5)/F   E7/B   F7sus4/E♭   A7sus4/E

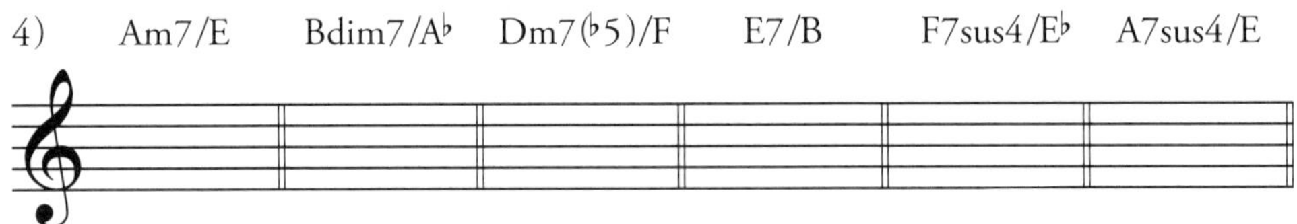

5)   Em7/D   Adim7/C   Cm7/G   F7/C   Ddim7/C♭   B7sus4/E

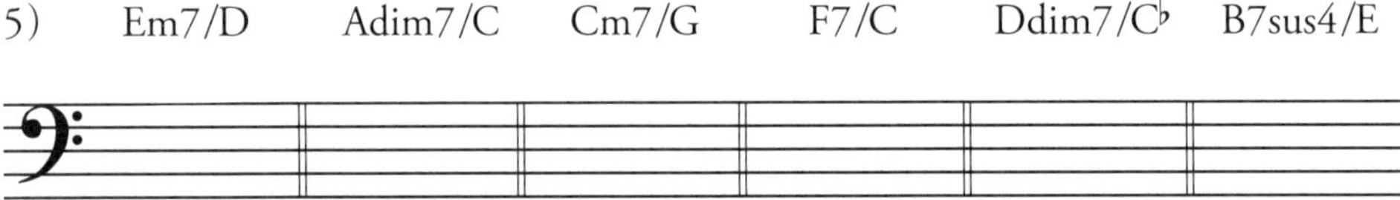

6)   Am7(♭5)/G   FM7/A   FmM7/C   GmM7/B♭   Dm7(♭5)/A♭   Cdim7/B♭♭

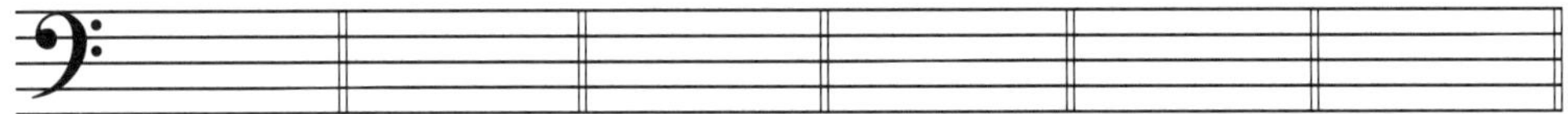

11. 자리바꿈 코드의 이름을 구해보세요.

1. 코드의 이름을 구해보세요.

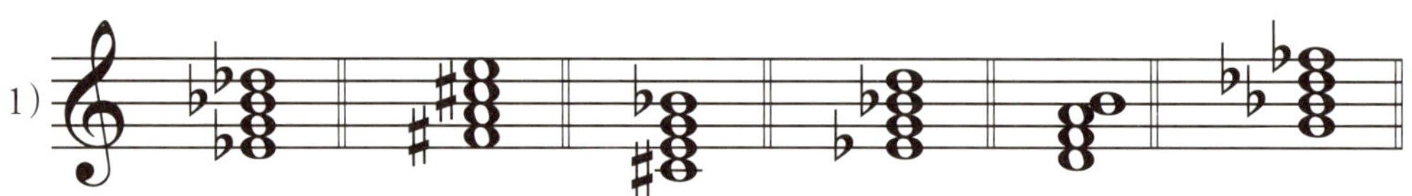

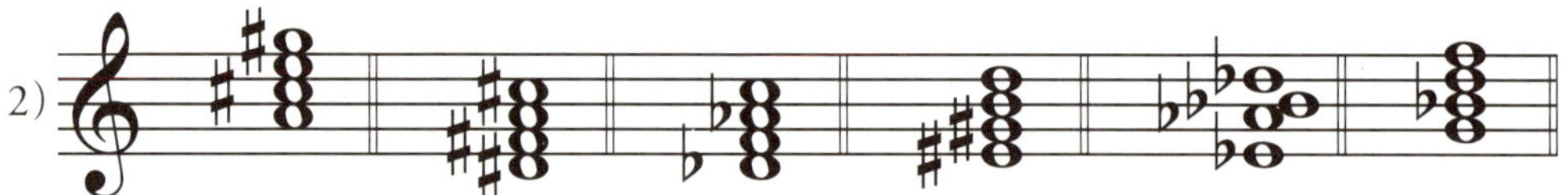

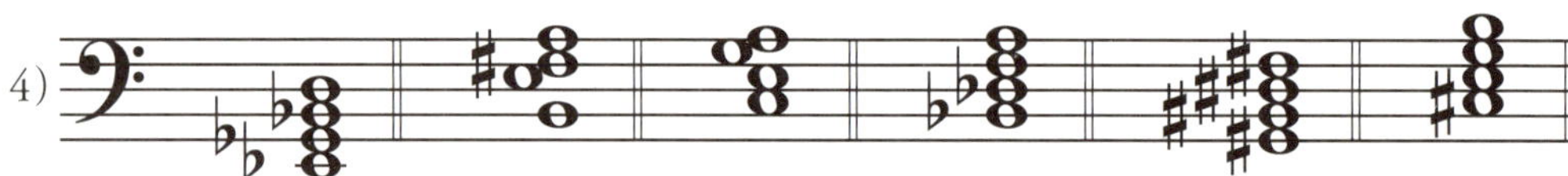

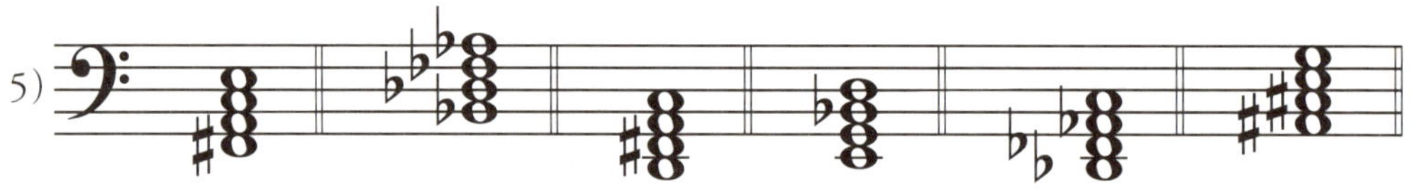

2. 7음의 종류가 다른 하나를 고르세요.

1)

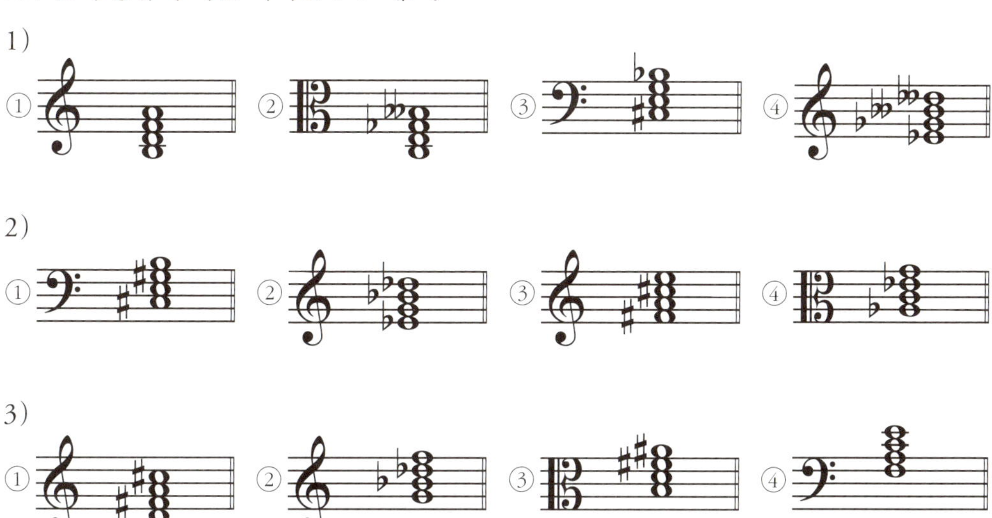

2)

3)

3. 주어진 코드를 그려보세요.

1)　　　D♭M7　　　　F♭mM7　　　　C#m7(♭5)　　　　B♭m7　　　　GM7　　　　E♭7sus4

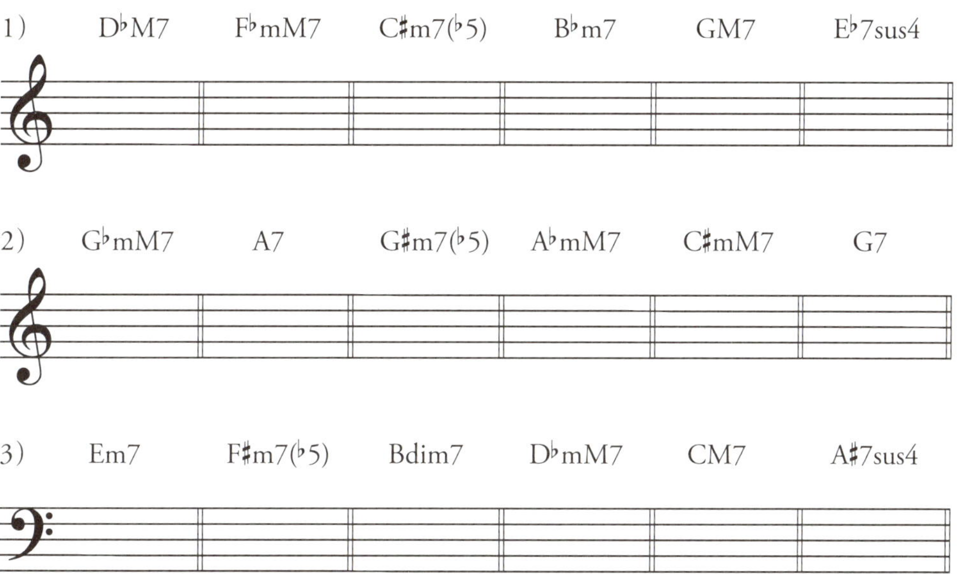

2)　　　G♭mM7　　　　A7　　　　G#m7(♭5)　　　　A♭mM7　　　　C#mM7　　　　G7

3)　　　Em7　　　　F#m7(♭5)　　　　Bdim7　　　　D♭mM7　　　　CM7　　　　A#7sus4

1)　　F7/E♭　　D♭m7/F♭　G♯M7/D♯　C♯m7(♭5)/G　A7sus4/G　　B7/A

2)　　E7/G♯　　G♯dim7/D　CmM7/G　AM7/G♯　　D7sus4　　F♭m7

3)　　G♯mM7/F𝄪　Em7(♭5)/B♭　BM7/A♯　C♯m7/E　　D♭7/A♭　　E♭7sus4

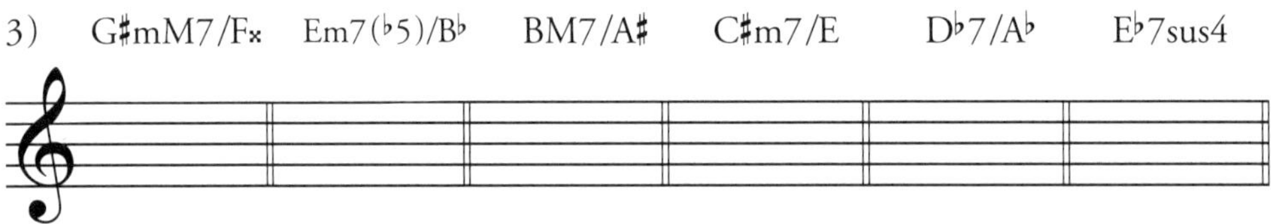

4)　　C7/E　　EM7/D♯　　B♭m7/A♭　　Gm7/B♭　A♯m7(♭5)/E　Dm7(♭5)/C

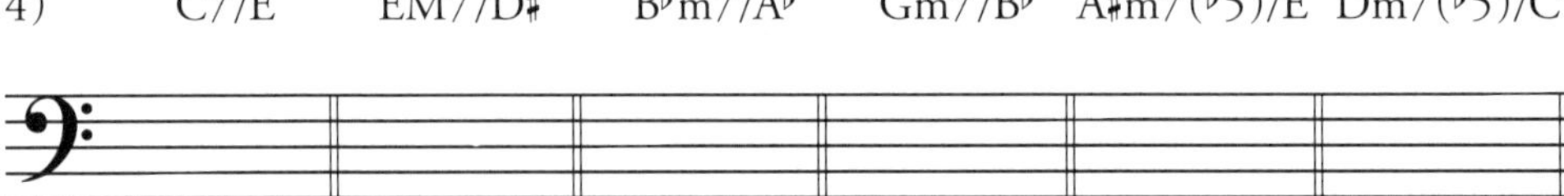

5)　Fm7(♭5)/A♭　B♭mM7/A　Edim7/D♭　C♭7sus4/F♭　D♭M7/C　　A7/E

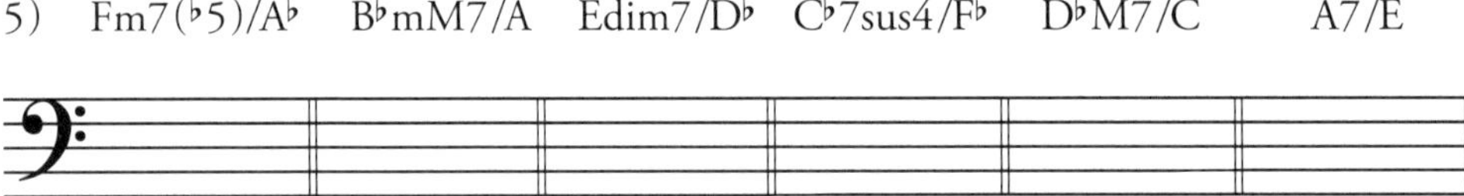

6)　Gm7(♭5)/D♭　F♯mM7/A　EmM7/D♯　B♭dim7/A♭♭　F♯M7/A♯　Adim7/E♭

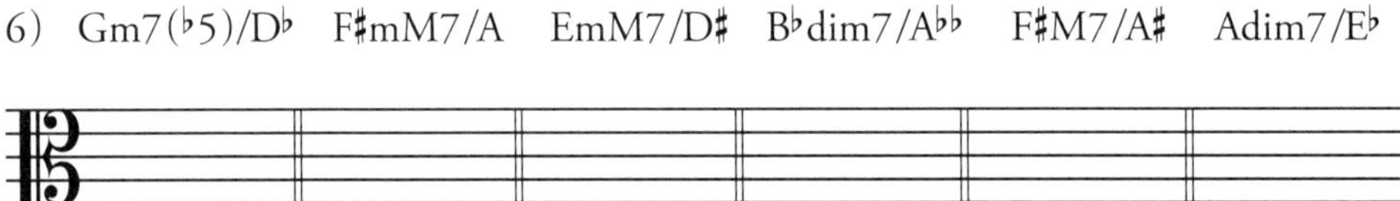

5. 주어진 음을 근음으로 하여 조건에 맞는 코드를 그려보세요.

1) mM7

GmM7

2) 7의 3전위

A7/G

3) m7의 2전위

Bm7/F♯

4) m7(♭5)의 1전위

D♯m7(♭5)/F♯

5) 6

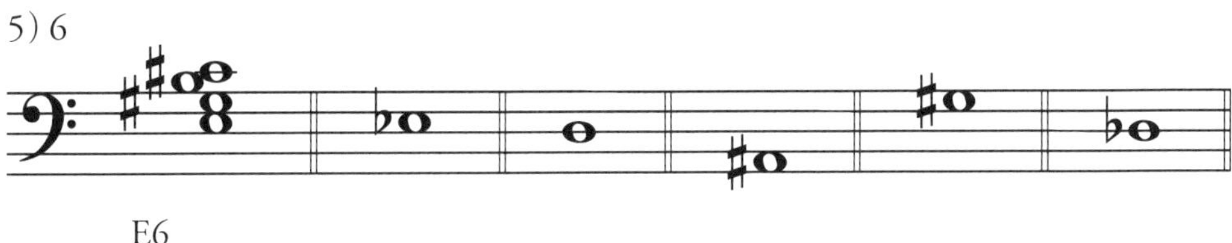

E6

6) M7의 3전위

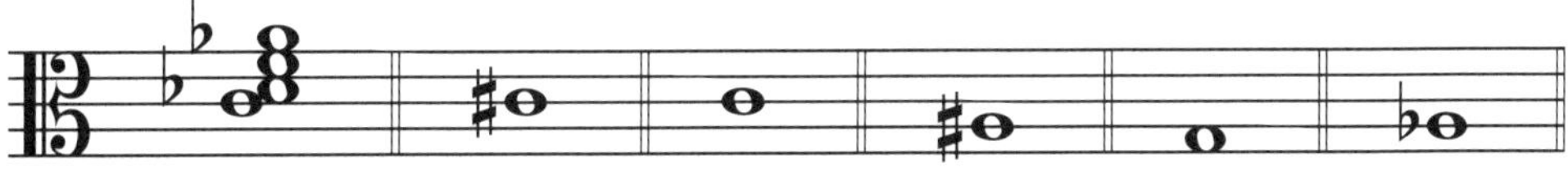

D♭M7/C

6. 자리바꿈 코드의 이름을 구해보세요.

1) 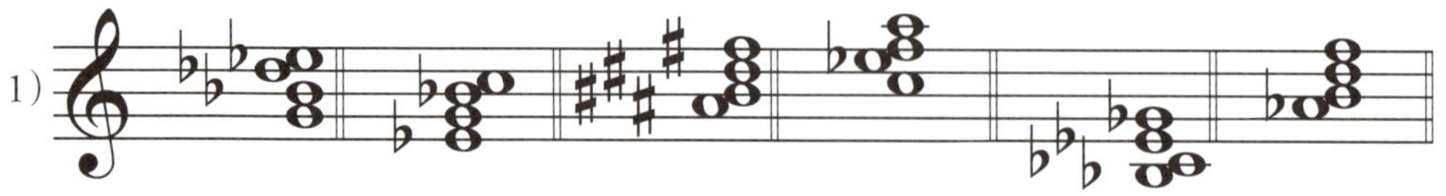

2) 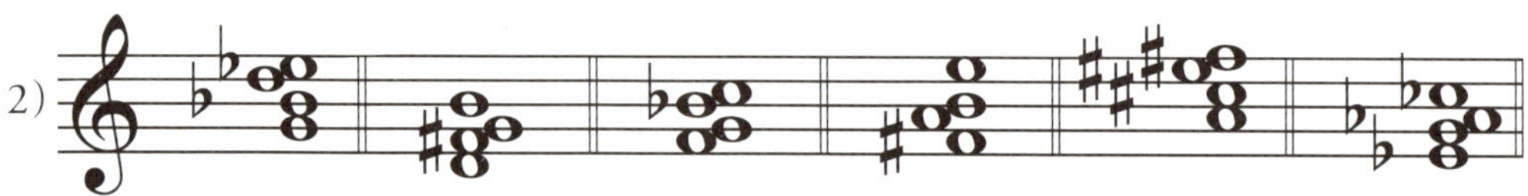

3) 

4) 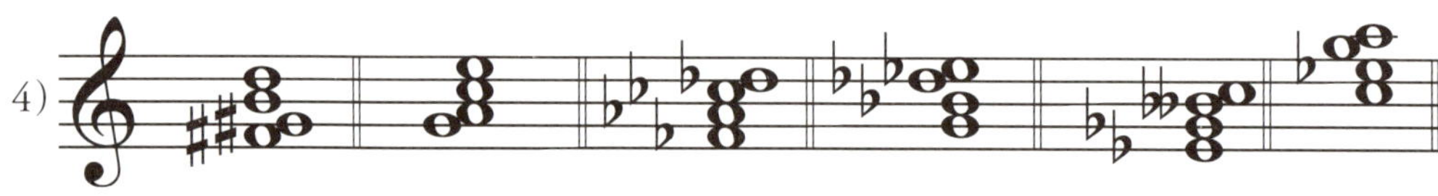

5) 

6) 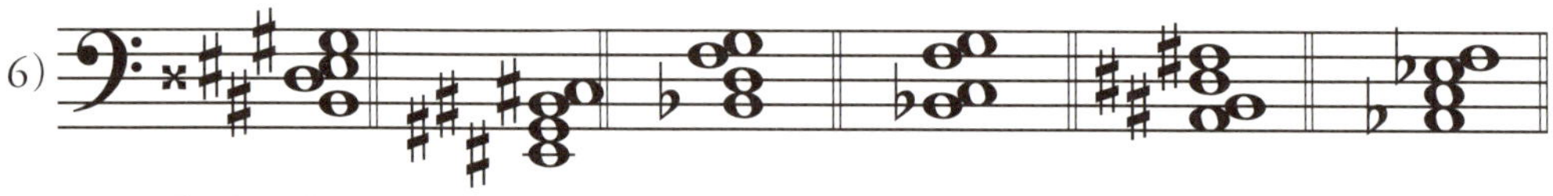

7. 자리바꿈 코드의 이름을 구해보세요.

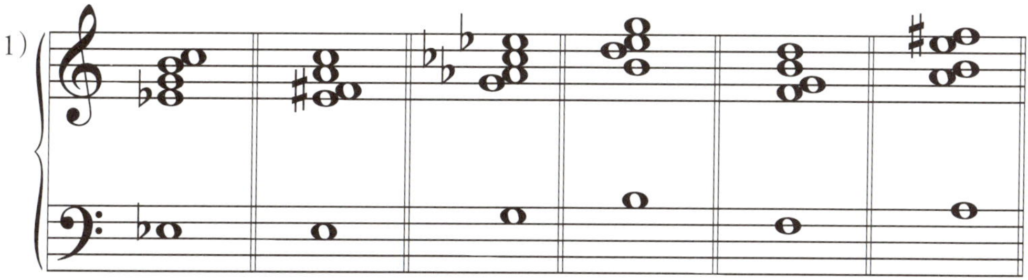

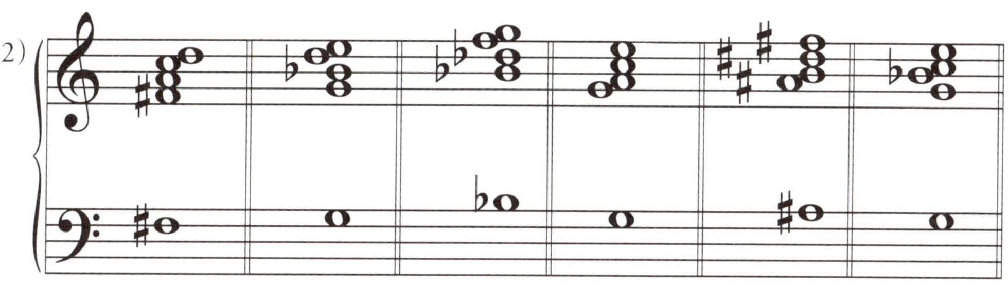

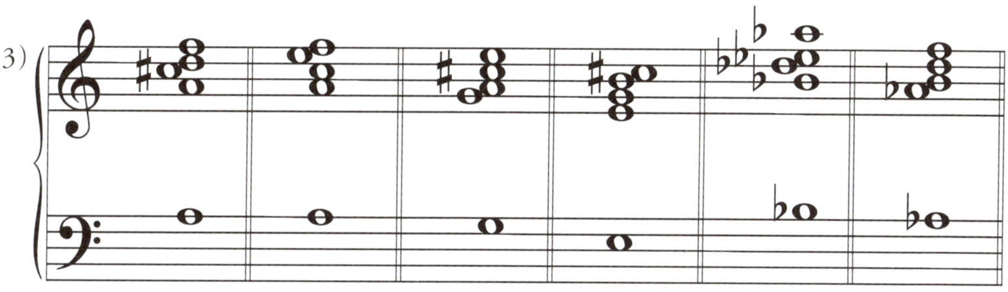

1. 코드의 이름을 구해보세요.

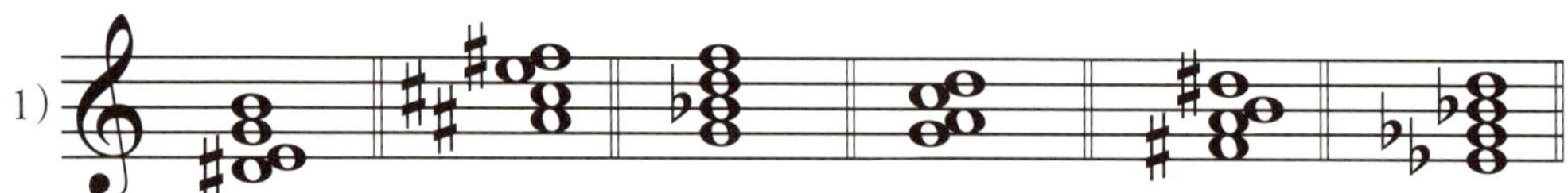

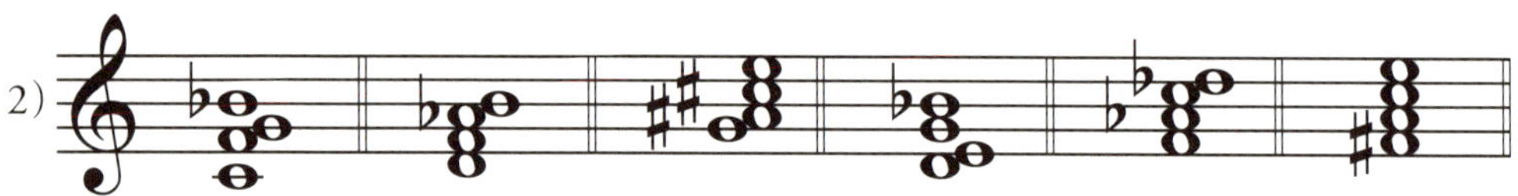

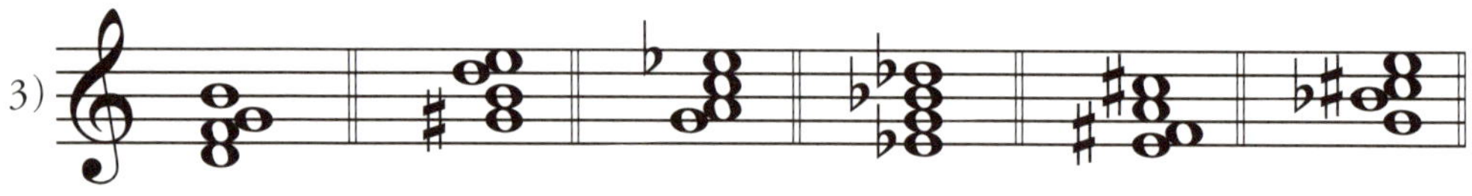

2. 주어진 7화음을 3화음과 7음으로 분리하고 각각의 이름을 구해보세요.

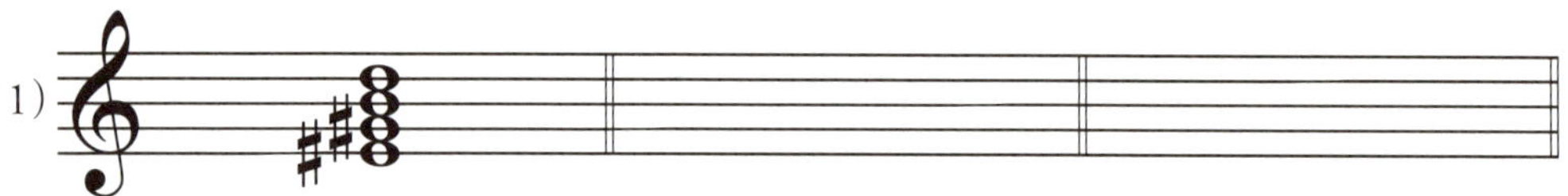

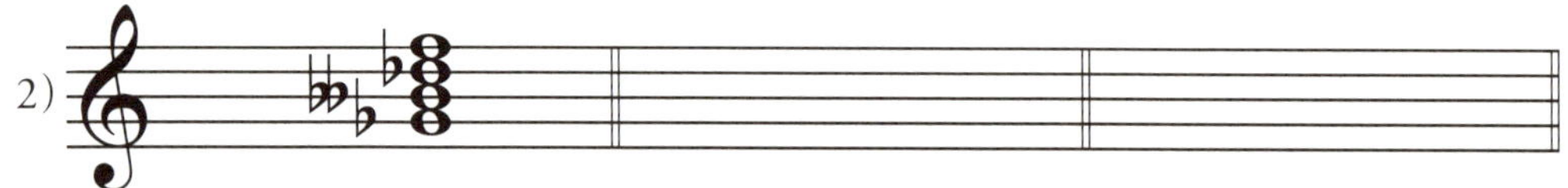

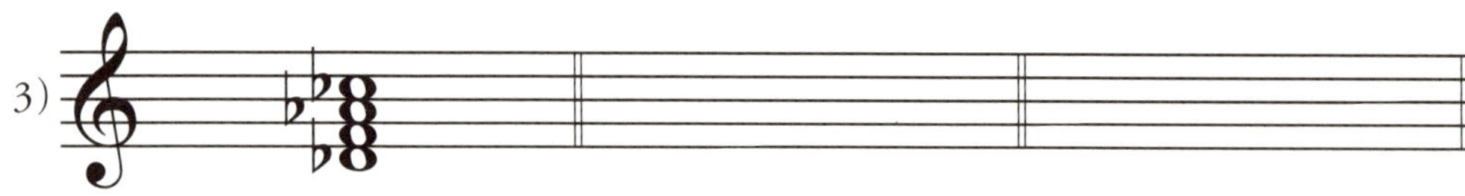

3. 다음 질문에 알맞은 코드를 그리고, 이름을 적어보세요.

1) '솔' 음에서 단3도 위의 음이 5음인 mM7 코드

2) D♭aug 코드의 5음이 근음인 m7 코드

3) Gm 코드의 3음이 5음인 dim7 코드

4. 주어진 코드를 그려보세요.

1)   DM7/C♯   F♭mM7/A♭♭   A♯dim7/E   F♯7sus4/B   Cm7(♭5)/E♭   B♭m7/F

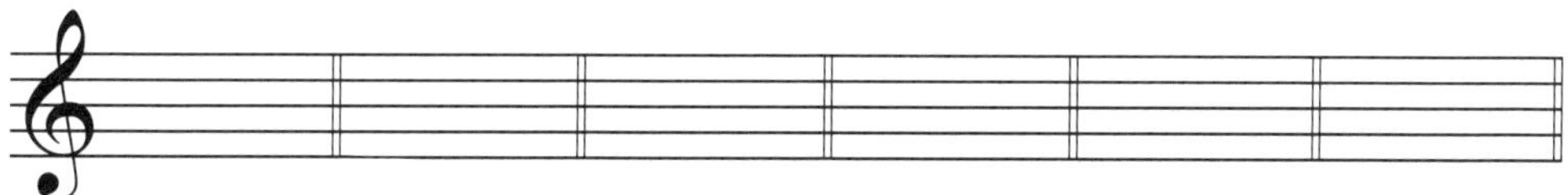

2)   GM7/B   Ddim7/C♭   E♭mM7/B♭   C♯dim7/E   A7sus4/G   D♭7/F

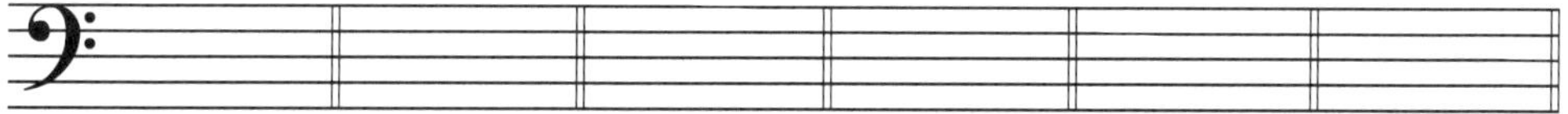

3)   BmM7/F♯   G♯m7/B   D♭mM7/A♭   Am7(♭5)/G   Cm7/E♭   F♯M7/C♯

5. 같은 코드끼리 연결하세요.

B7　　　□　　　　　　□

C#mM7/G#　□　　　　　□

G♭7sus4　□　　　　　□

A7/G　　　□　　　　　□

6. 주어진 코드를 그려보세요.

1)　　E#dim7　　Gdim7/F♭　　F#7/A#　　C♭7sus4/G♭　　B#7/A#　　GmM7/B♭

2)　　E7/D　　A♭M7/G　B#m7(♭5)/F#　Dm7/F　Fm7(♭5)/E♭　G♭7/B♭

3)　　A♭7/E♭　　C#mM7/E　　EM7/G#　　B♭7sus4/A♭　　F#m7/E　　Dm7(♭5)/A♭

7. 화성 진행에 맞춰 7화음의 이름을 적어보세요.

PART

7

다이아토닉

1. 온음계 위로 3도씩 쌓은 3화음을 Diatonic triad, 7화음을 Diatonic 7th 라고 합니다.

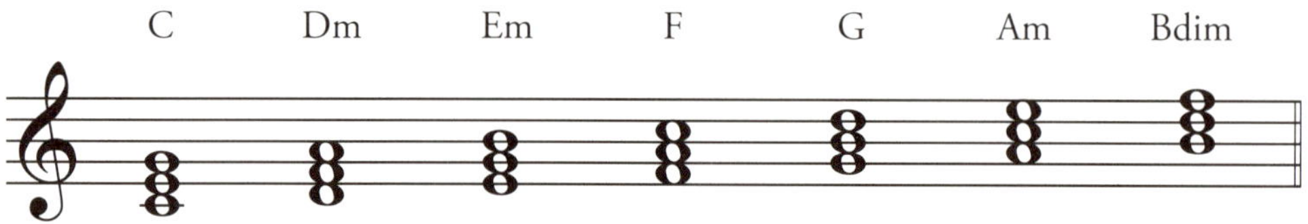

C Diatonic triad

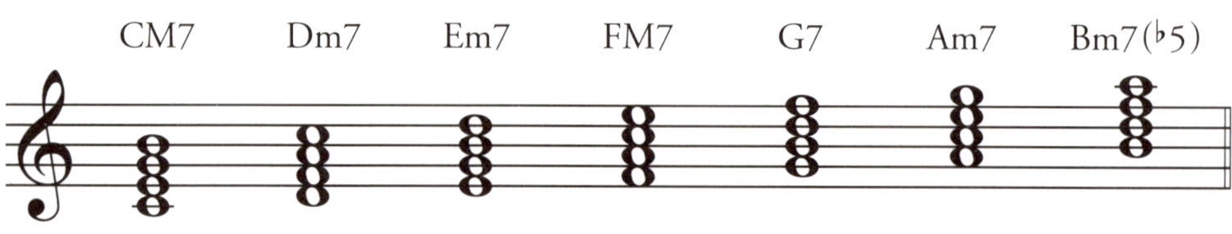

C Diatonic 7th

2. Diatonic 코드는 일정한 규칙을 가지고 만들어집니다. 이것을 로마숫자로 표기한 것을 도수라고 부릅니다.

구분	1도	2도	3도	4도	5도	6도	7도
Triad	I	IIm	IIIm	IV	V	VIm	VII°
7음	M7	7	7	M7	7	7	7
7th	IM7	IIm7	IIIm7	IVM7	V7	VIm7	VIIm7(♭5)

3. 단음계는 자연, 화성, 가락단음계 3가지이기 때문에, 단음계의 Diatonic 코드도 3가지로 나누어집니다.

1) 자연단음계의 Diatonic

구분	1도	2도	3도	4도	5도	6도	7도
Triad	Im	II°	III	IVm	Vm	VI	VII
7음	7	7	M7	7	7	M7	7
7th	Im7	IIm7(♭5)	IIIM7	IVm7	Vm7	VIM7	VII7

2) 화성단음계의 Diatonic

구분	1도	2도	3도	4도	5도	6도	7도
Triad	Im	II°	III+	IVm	V	VI	VII°
7음	M7	7	M7	7	7	M7	dim7
7th	ImM7	IIm7(♭5)	III+M7	IVm7	V7	VIM7	VII°7

3) 가락단음계의 Diatonic (상행 시)

구분	1도	2도	3도	4도	5도	6도	7도
Triad	Im	IIm	III+	IV	V	VI°	VII°
7음	M7	7	M7	7	7	7	7
7th	ImM7	IIm7	III+M7	IV7	V7	VIm7(♭5)	VIIm7(♭5)

1. 주어진 코드를 도수로 분석하세요.

1) CM7   Am   Dm7   G7   C

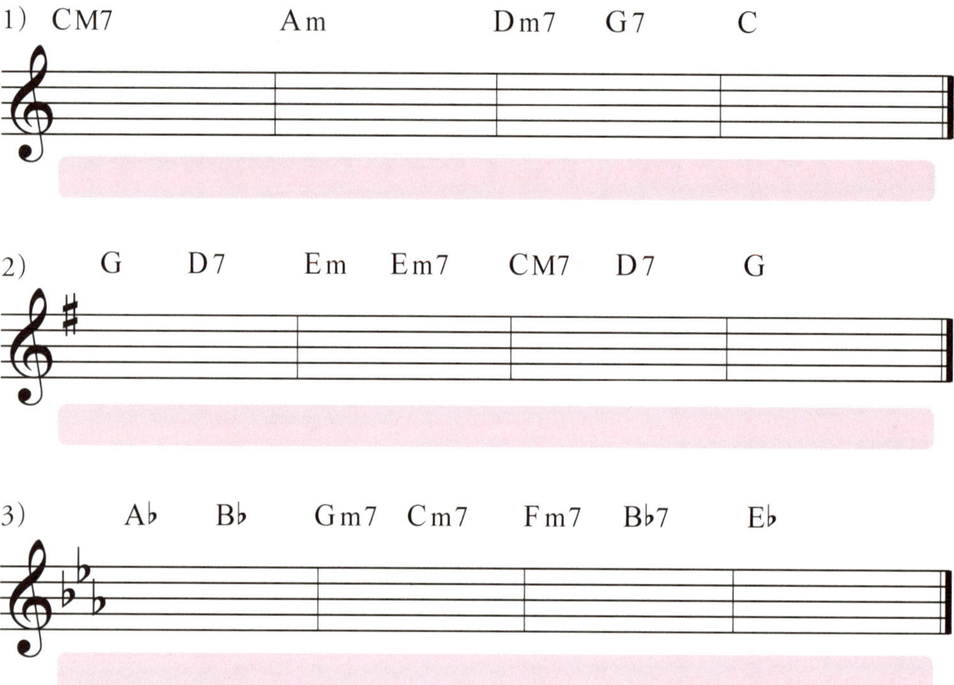

2)   G   D7   Em   Em7   CM7   D7   G

3)   Ab   Bb   Gm7 Cm7   Fm7   Bb7   Eb

2. 주어진 조와 도수를 보고 코드 이름을 적어보세요.

1)

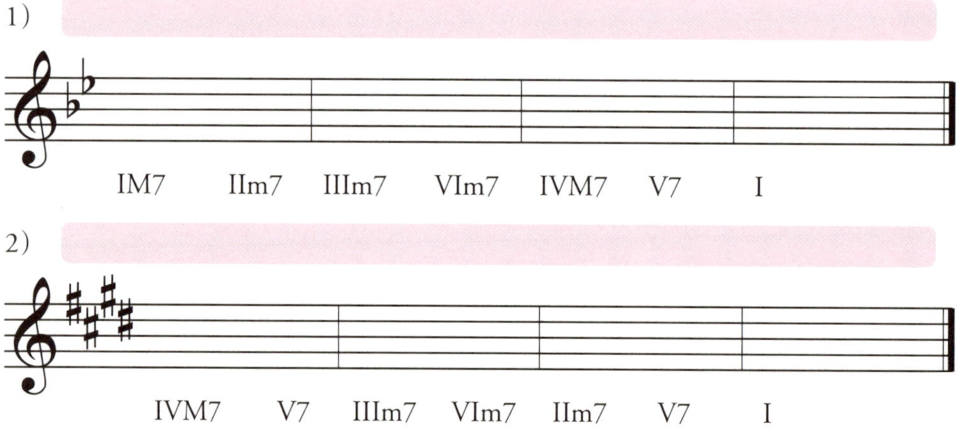

2)

3)

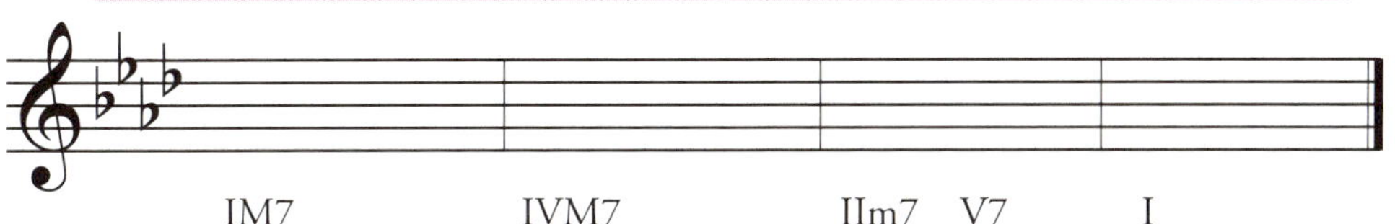

3. 괄호 안에 알맞은 말을 넣어보세요.

1) CM7은 C key의 (　　)도 화음, G key의 (　　)도 화음입니다.

2) Dm7은 C key의 (　　)도 화음, F key의 (　　)도 화음입니다.

3) E는 A key의 (　　)도 화음, B key의 (　　)도 화음입니다.

4) FM7은 (　　) key의 IM7도 화음, (　　) key의 IVM7도 화음입니다.

5) G는 (　　) key의 V도 화음, (　　) key의 I도 화음입니다.

6) Am7는 (　　) key의 IIm7도 화음, (　　) key의 VIm7도 화음입니다.

4. 질문에 알맞은 정답을 고르세요.

1) g key의 Im는?

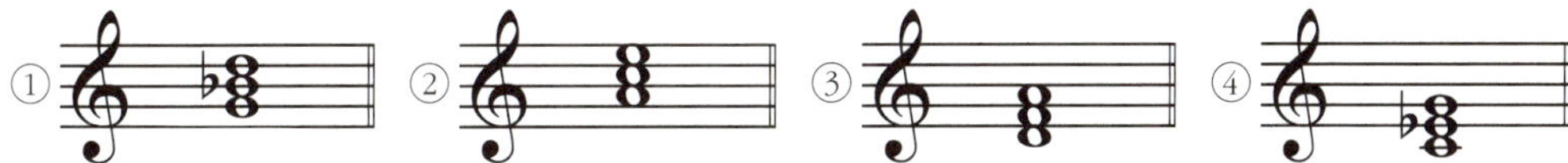

2) E key의 IVM7은?

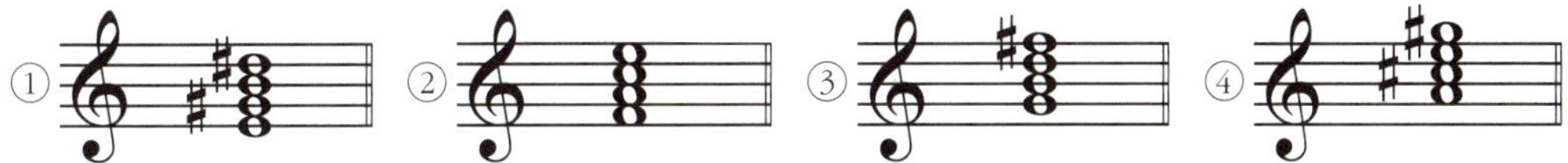

3) B♭ key의 IIIm7은?

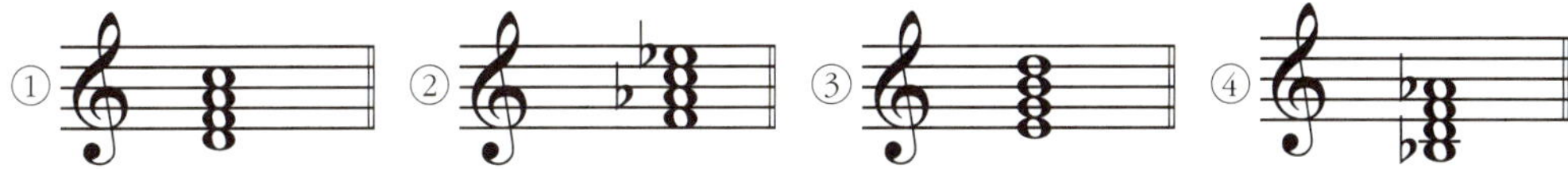

4) e key의 IIIM7은?

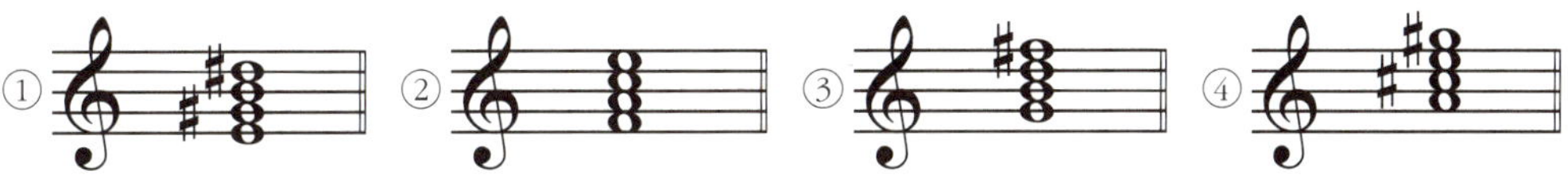

5. 주어진 조의 다이아아토닉 7th 코드를 그리고, 이름을 적어보세요. (조표 사용)

1) C key

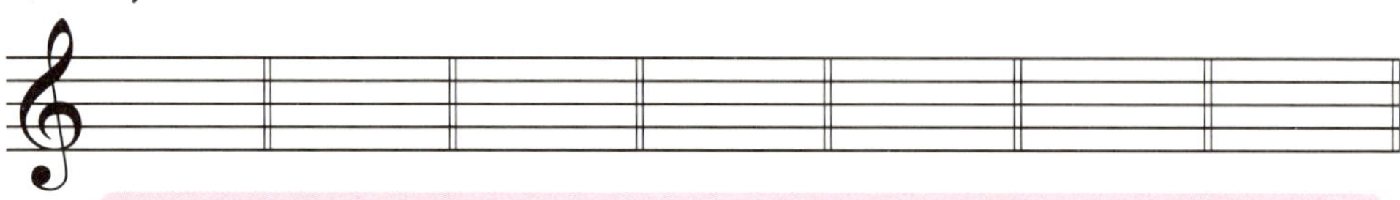

2) D key

3) a key (natural)

4) f♯ key (harmonic)

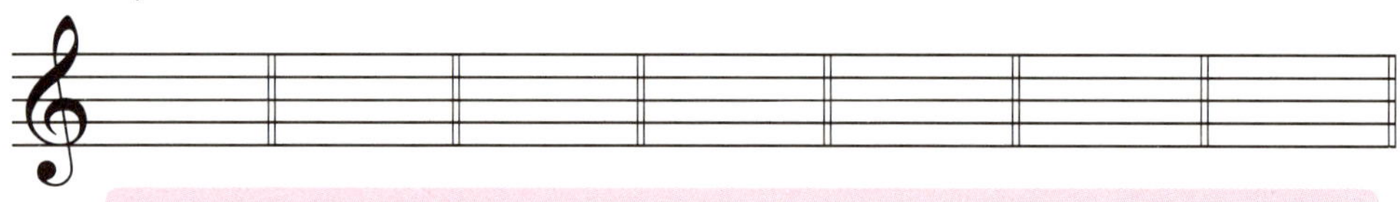

5) E♭ key

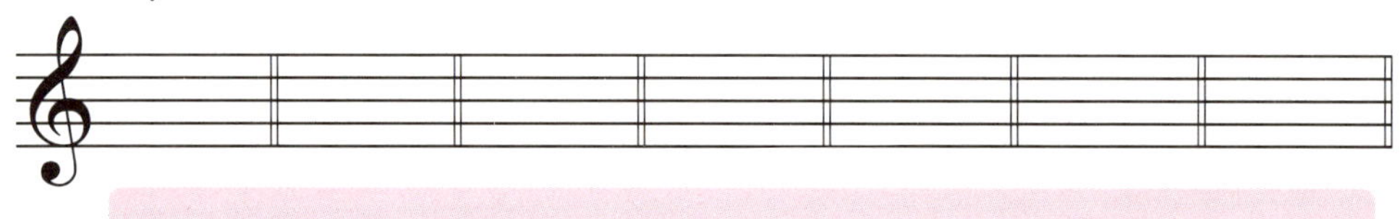

6) d key (melodic)

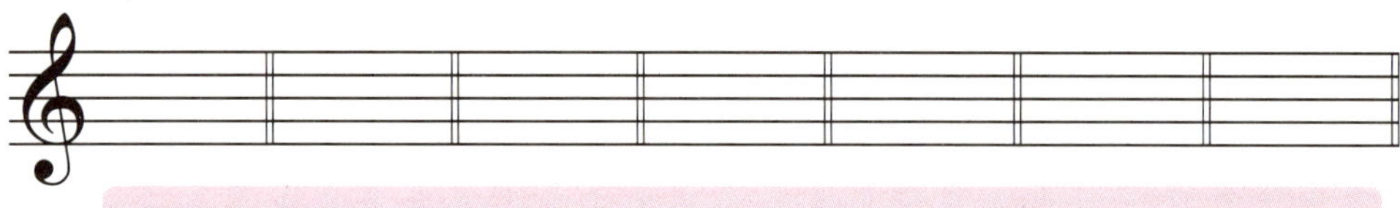

6. 주어진 조의 다이아토닉 triad를 적어보세요.

1) A key

2) e♭ key (natural)

3) g♯ key (harmonic)

4) c♯ key (melodic)

7. 보기의 악보를 주어진 조로 조옮김 하세요.

1) B♭ key

2) A key

3) E♭ key

1. 괄호에 알맞은 말을 넣어보세요.

1) D♭은 G♭ key의 (　　)도, b♭ key의 (　　)도 입니다.

2) E♭m7은 G♭ key의 (　　)도, a♭ key의 (　　)도 입니다.

3) F♯m7(♭5)은 g key의 (　　)도, a key의 (　　)도 입니다.

4) G♭은 (　　) key의 VII, (　　) key의 IV 입니다.

5) A♭m7은 (　　) key의 IVm7, (　　) key의 VIm7 입니다.

6) Bm7은 (　　) key의 IVm7, (　　) key의 IIm7 입니다.

2. 주어진 key에 맞는 다이아토닉 7th 코드를 그려보세요. (조표 사용)

1) A♭

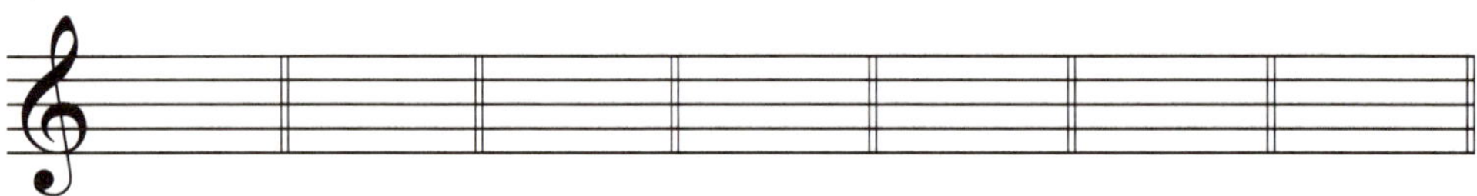

2) e♭ (natural)

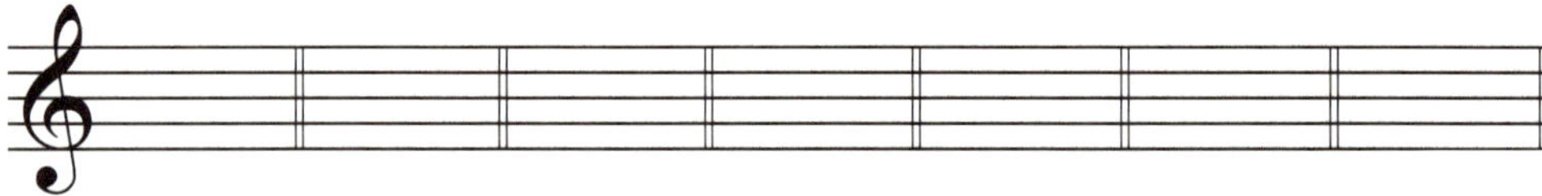

3) g♯ (harmonic)

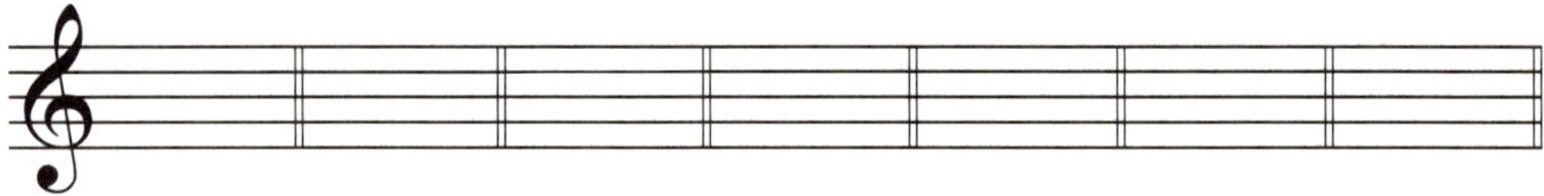

4) b♭ (melodic)

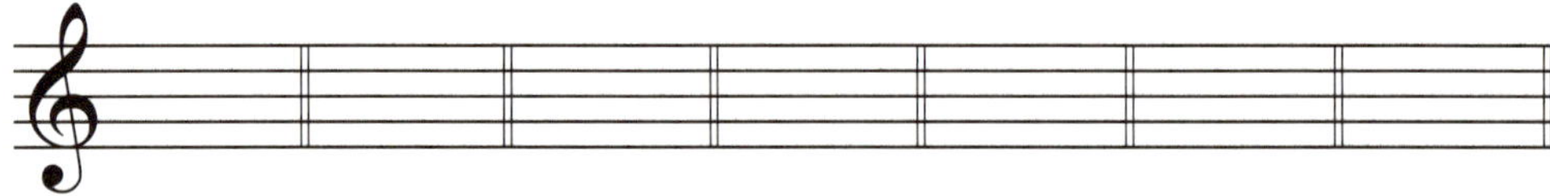

3. 주어진 조의 나란한조를 찾고 그에 따른 다이아토닉 7th 코드를 적어보세요.

1) D♭ key → (   ) key (natural)

2) e key → (   ) key

3) A key → (   ) key (harmonic)

4) D key → (   ) key (melodic)

4. 주어진 조의 서브도미넌트 key를 찾고 그에 따른 다이아토닉 7th 코드를 적어보세요.

1) E♭ key → (   ) key

2) e key → (   ) key (natural)

3) g♯ key → (   ) key (harmonic)

4) e♭ key → (   ) key (melodic)

5. 질문에 알맞은 정답을 고르세요.

1) G key의 다이아토닉 코드가 아닌 것은?

① Em7 ② GM7 ③ A7 ④ F#dim

2) E♭ key의 다이아토닉 코드인 것은?

① A♭7 ② FmM7 ③ Dm ④ Gm

3) b key (natural)의 다이아토닉 코드가 아닌 것은?

① Bm7 ② Em7 ③ A7 ④ Gm7

4) d key (harmonic)의 다이아토닉 코드인 것은?

① DmM7 ② Em7 ③ Am7 ④ C#m7(♭5)

5) A key의 다이아토닉 코드가 아닌 것은?

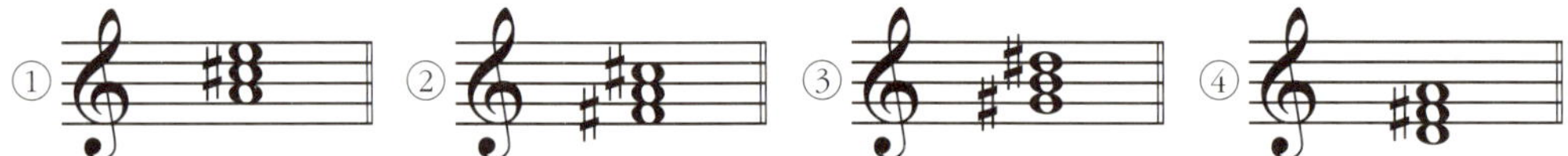

6) G♭ key의 다이아토닉 코드인 것은?

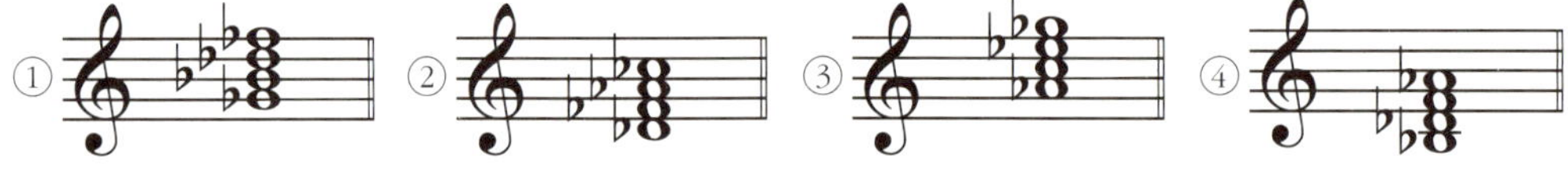

7) c# key (natural)의 다이아토닉 코드가 아닌 것은?

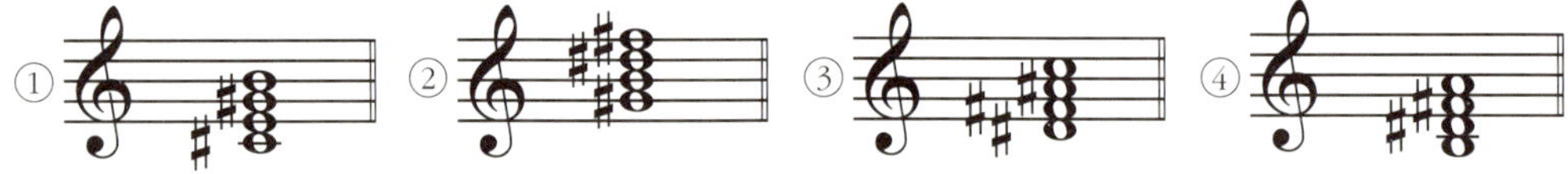

8) g key (melodic)의 다이아토닉 코드인 것은?

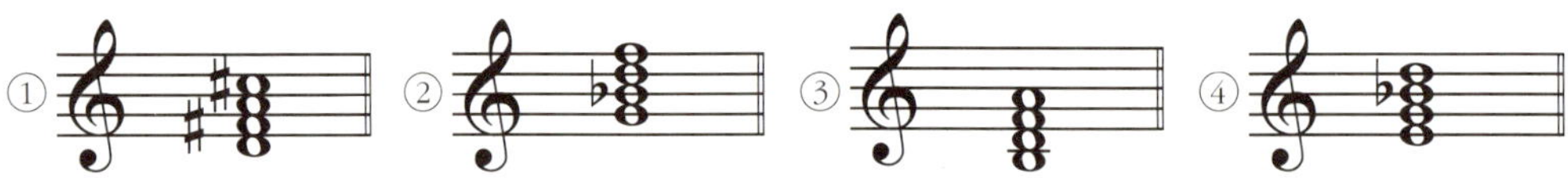

1)   A M7   D   F#m7 F#m7/E DM7   E7   A

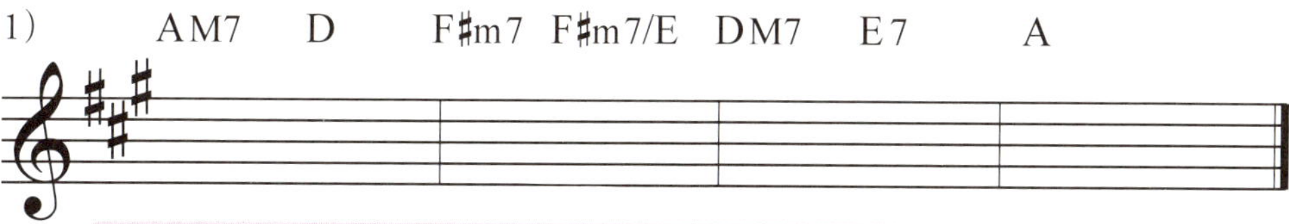

2)   Eb   Bb7/D Cm   Fm7   Bb7   Eb

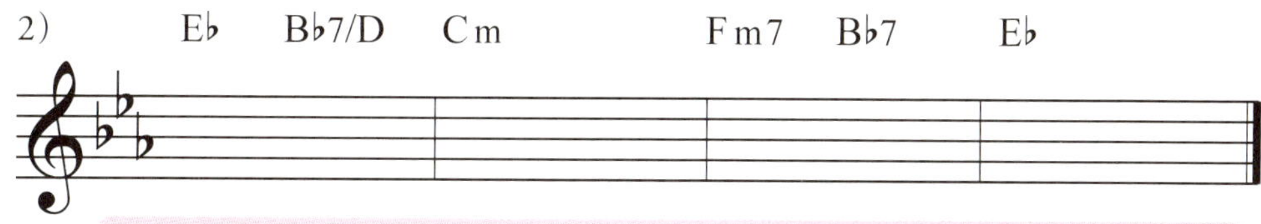

3)   CM7   D7/C Bm7 Em7   Am7   D7   G

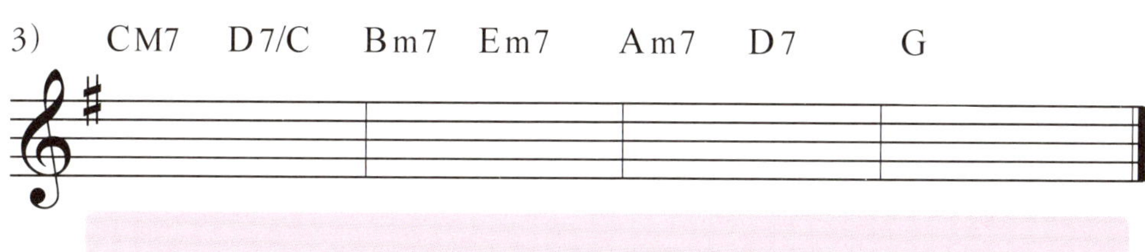

7. 주어진 조와 도수를 보고 코드 이름을 적어보세요.

1) G key

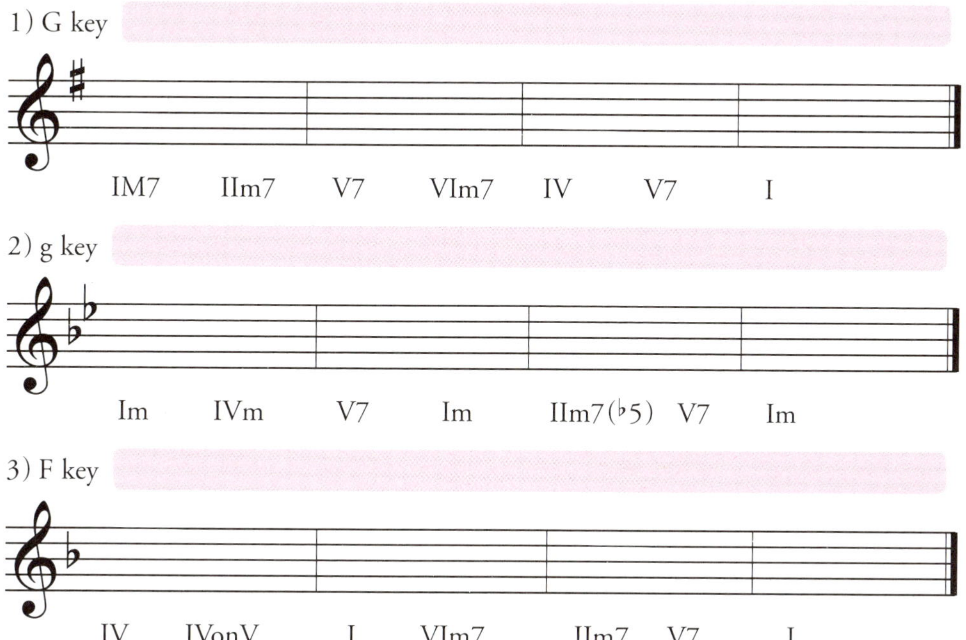

2) g key

3) F key

8. 보기의 코드를 주어진 조로 조옮김 하세요.

9. 조건을 보고 알맞은 코드를 그려보세요.

1) c key (harmonic)의 3도 화음 (triad)

2) D key의 4도 화음의 1전위 (triad)

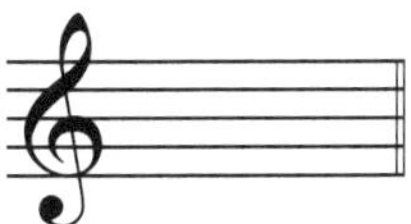

3) g key(melodic)의 7도 화음의 2전위 (7th)

4) E♭ key의 6도 화음의 3전위 (7th)

5) A♭ key의 2도 화음의 2전위 (7th)

6) E♭ key의 5도 화음의 1전위 (7th)

7) B♭ key의 7도 화음 (triad)

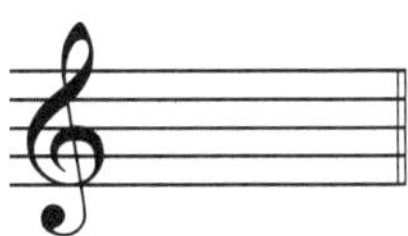

8) A♭ key의 3도 화음의 1전위 (7th)

9) F key의 2도 화음의 3전위 (7th)

10) B key의 2도 화음의 2전위 (7th)

11) E key의 6도 화음 (7th)

12) F key의 5도 화음의 3전위 (7th)

1. 다음 조의 다이아토닉 7th 코드를 그려보세요. (조표 사용)

1) G♭ key

2) c♯ (melodic 상행)

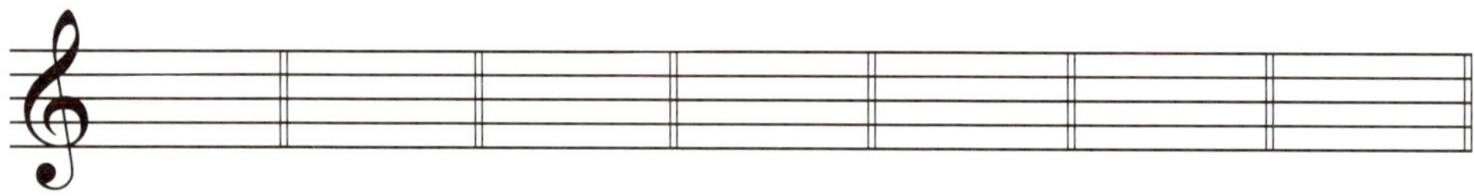

2. 조표를 보고 다이아토닉 triad를 그려보세요.

1) 장음계

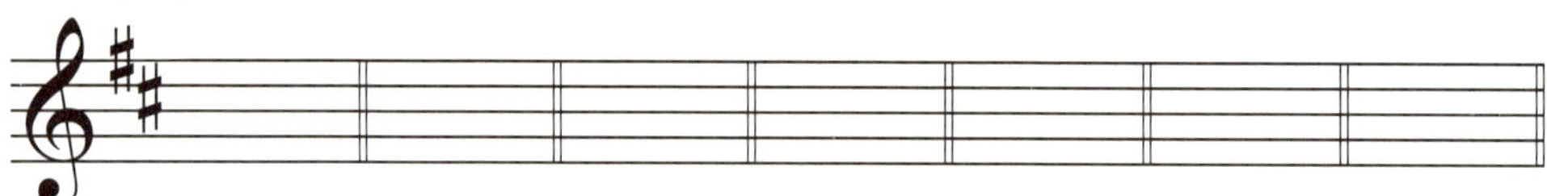

2) 자연단음계

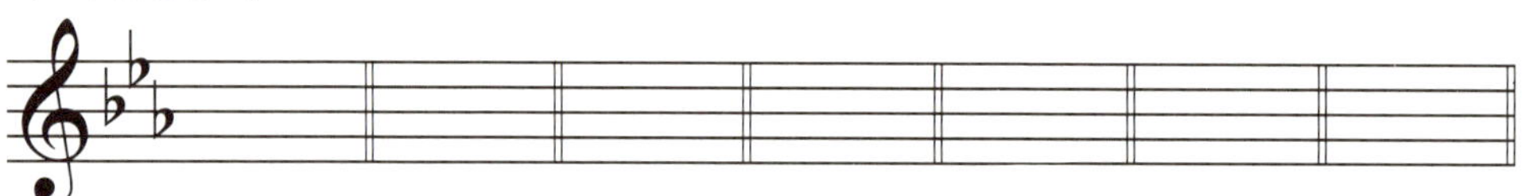

3. 다음 조의 다이아토닉 7th 코드를 적어보세요.

1) A♭ key

2) B♭ key

3) g♯ (harmonic)

4. 다음 악보를 주어진 조로 조옮김 하세요.

1) G key

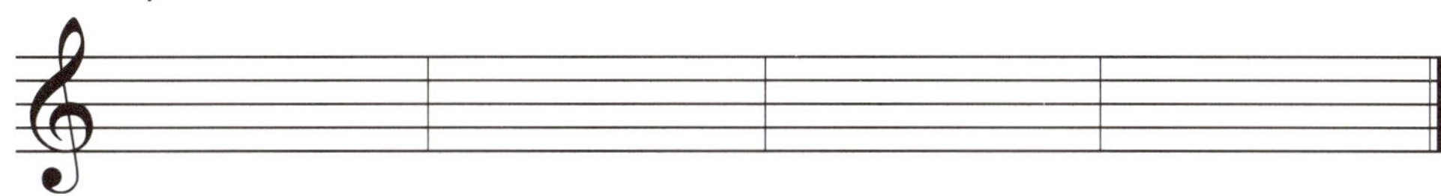

2) B♭ key

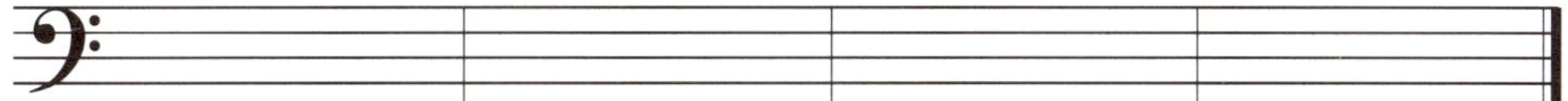

5. 다음 괄호에 알맞은 말을 적어보세요.

1) G key의 4도 7th 화음의 근음과 7음의 음정은 (　　)도 입니다.

2) f key (harmonic)의 2도 triad의 3음과 5음의 음정은 (　　)도 입니다.

6. 보기 중 같은 조의 다이아토닉 코드가 아닌 것을 고르세요.

1) ① FM7 ② Gm7 ③ A7 ④ Em7(♭5)

2) ① E♭M7 ② Bm7 ③ Cm7 ④ F7

3) ① BM7 ② C♯m7 ③ F7 ④ A♯m7(♭5)

PART

8

모드

1. 모드(mode)는 중세 교회 음악에서 주로 사용된 선법으로, Church mode(교회선법)라고
도 부릅니다. Ionian(아이오니안), Dorian(도리안), Phrygian(프리지안), Lydian(리디안),
Mixolydian(믹솔리디안), Aeolian(에올리안), Locrian(로크리안) 7가지가 있습니다.

2. 7가지 모드의 파생 원리와 순서는 아래와 같습니다.

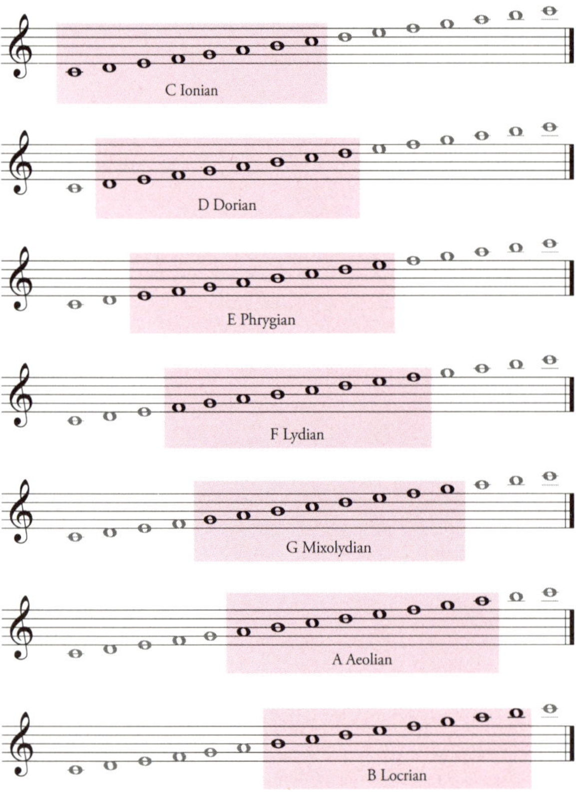

3. 모드별 음정 순서는 아래와 같습니다.

mode name	음정 순서(2도 간격)
Ionian	장-장-단-장-장-장-단
Dorian	장-단-장-장-장-단-장
Phrygian	단-장-장-장-단-장-장
Lydian	장-장-장-단-장-장-단
Mixolydian	장-장-단-장-장-단-장
Aeolian	장-단-장-장-단-장-장
Locrian	단-장-장-단-장-장-장

4. 그 밖의 스케일

1) 5개의 음으로 만들어진 5음계를 펜타토닉(Pentatonic)이라고 부릅니다. 메이저 펜타토닉과 마이너 펜타토닉이 있습니다.

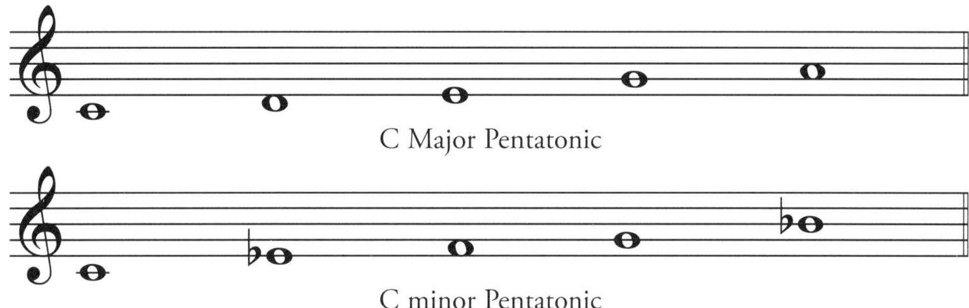

2) 블루스 음악에 주로 사용되는 6음계를 블루스 스케일(Blues scale)이라고 부릅니다.

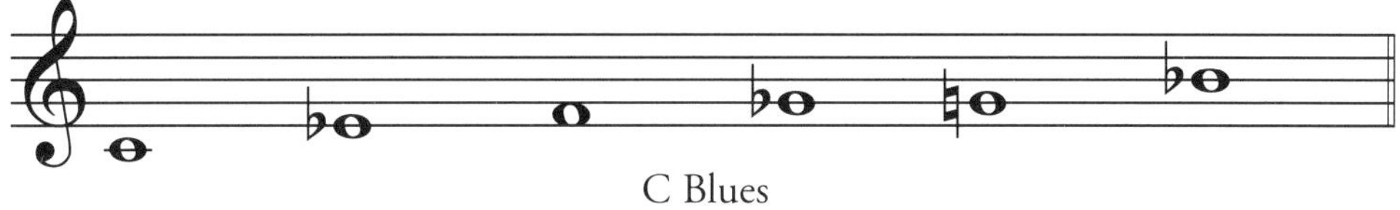

3) 모든 음이 온음 간격으로 이루어진 6음계를 홀톤 스케일(Whole tone)이라고 부릅니다.

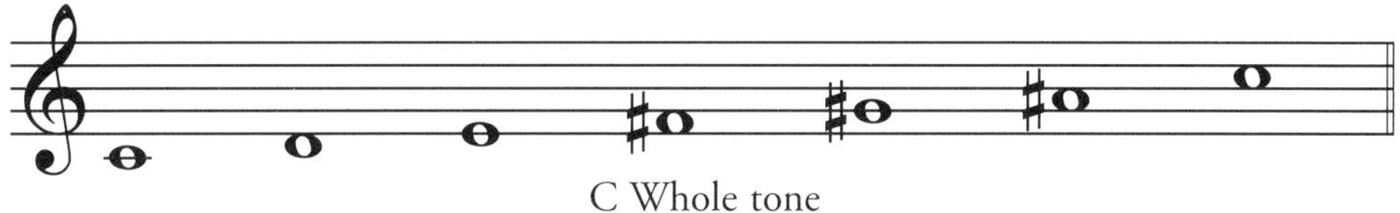

4) 두 음의 간격이 순차적으로 온음-반음 순서로 만들어진 8음계를 홀-하프 디미니시드 스케일(Whole-half Diminished scale)이라고 부르며, 반대로 반음-온음 순서로 만들어진 8음계는 하프-홀 디미니시드 스케일(Half-whole diminished scale)이라고 부릅니다.

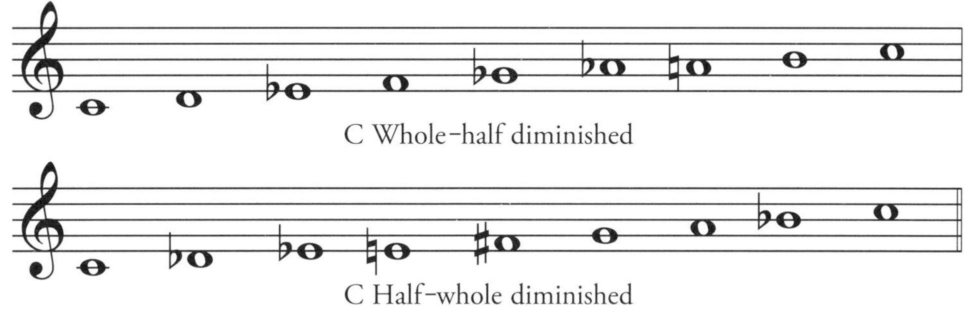

1. 모드의 이름을 구해보세요.

1)

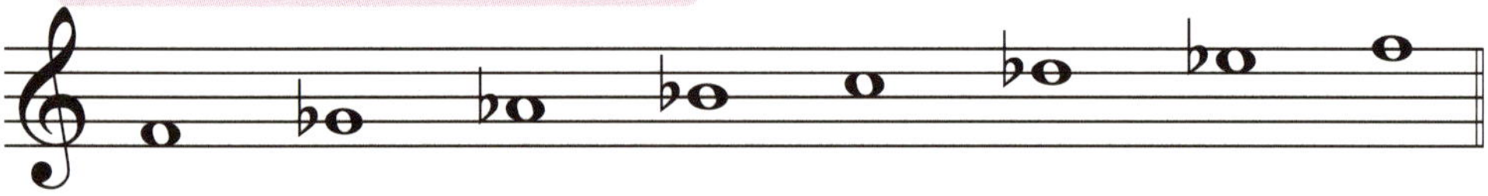

2)

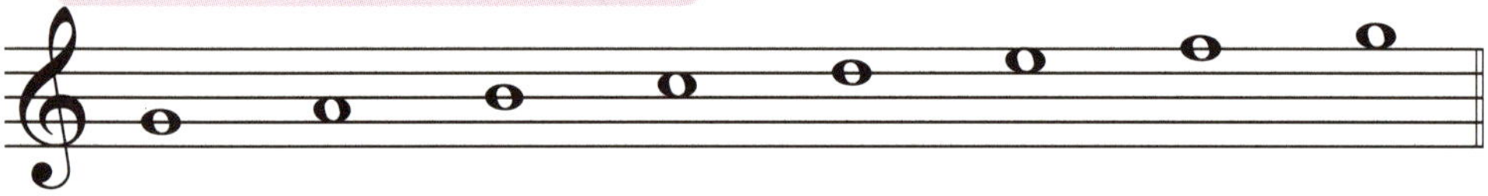

3)

4)

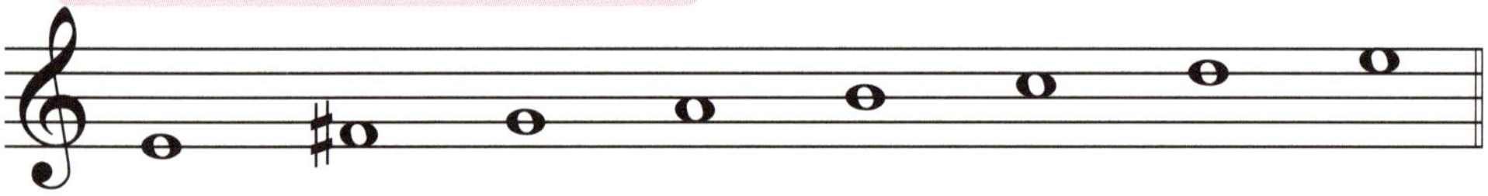

5)

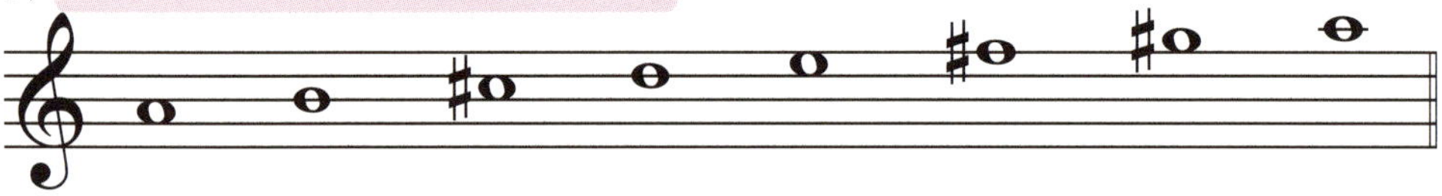

6)

1) F Dorian

2) F Mixolydian

3) E Ionian

4) G Locrian

5) B Aeolian

6) D Phrygian

3. 조건에 맞는 모드를 그려보세요.

1) E♭ key의 으뜸음으로 부터 단3도 위의 음으로 시작하는 Dorian

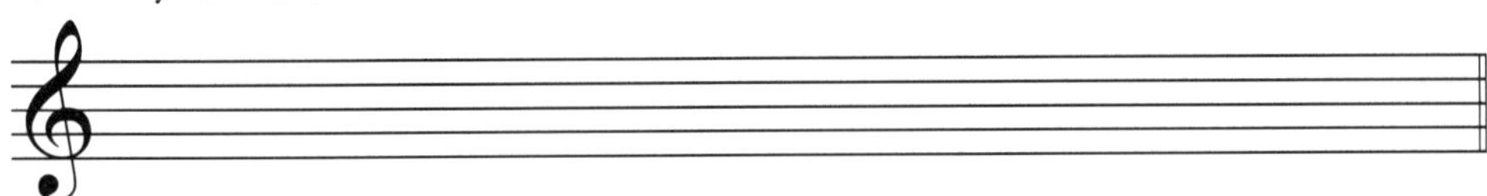

2) A key의 으뜸음으로 부터 장6도 위의 음으로 시작하는 Lydian

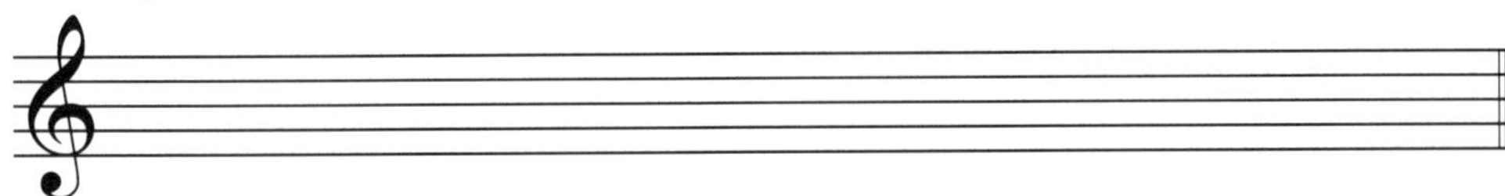

3) D♭ key의 으뜸음으로 부터 단3도 아래의 음으로 시작하는 Mixolydian

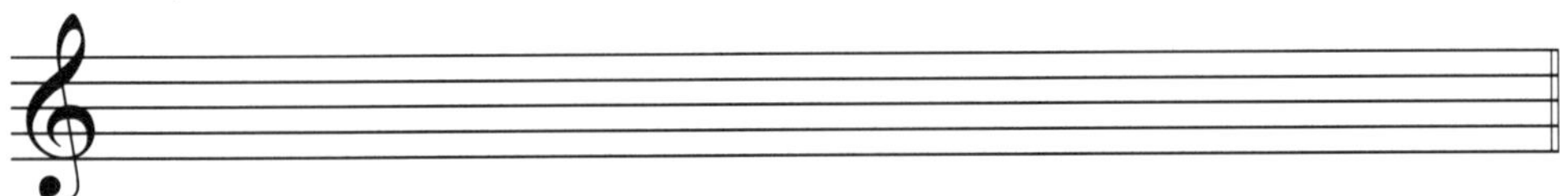

4) F Major scale의 도미넌트로 시작하는 Lydian

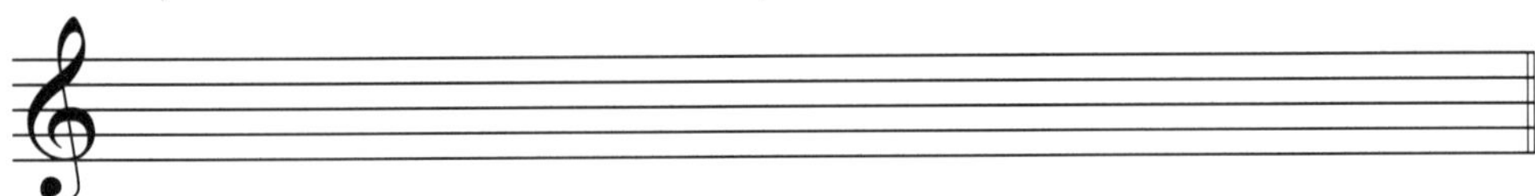

5) E Major scale의 서브도미넌트로 시작하는 Aeolian

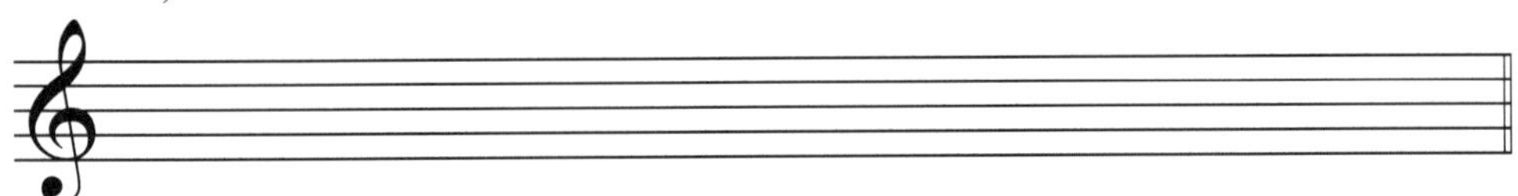

6) A♭ Major scale의 리딩으로 시작하는 Locrian

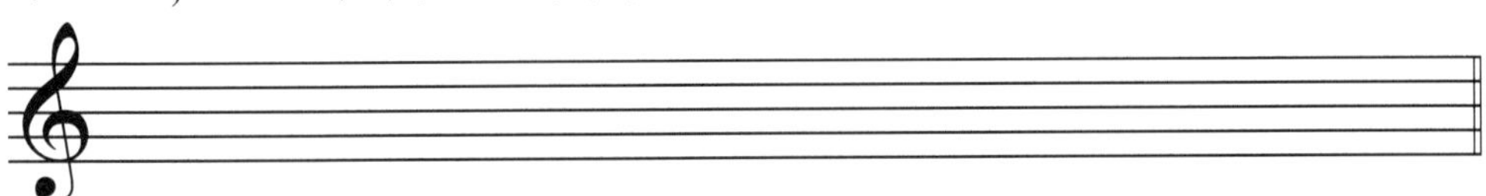

4. 보기의 음과 조표를 보고 알맞은 모드를 그려보세요.

1) 보기의 음에서 완전5도 위의 음으로 시작하는 Mixolydian

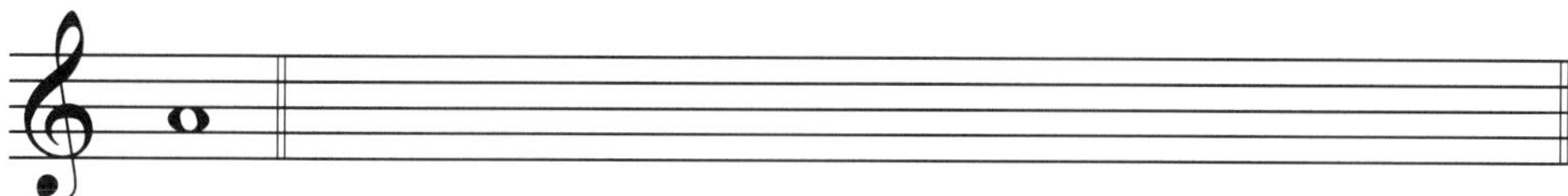

2) 보기의 음에서 장2도 위의 음으로 시작하는 Locrian

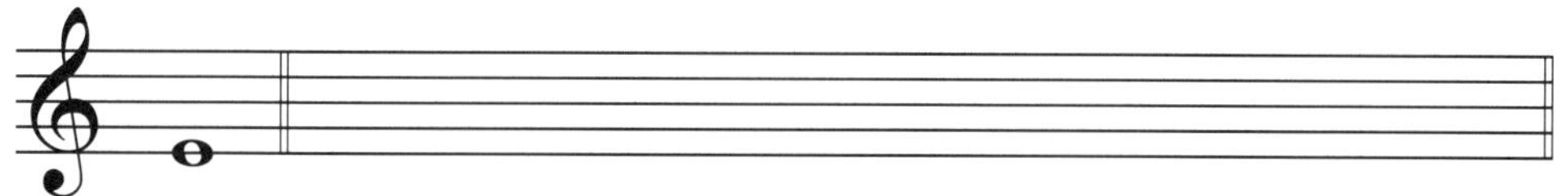

3) 보기의 음에서 단2도 아래의 음으로 시작하는 Lydian

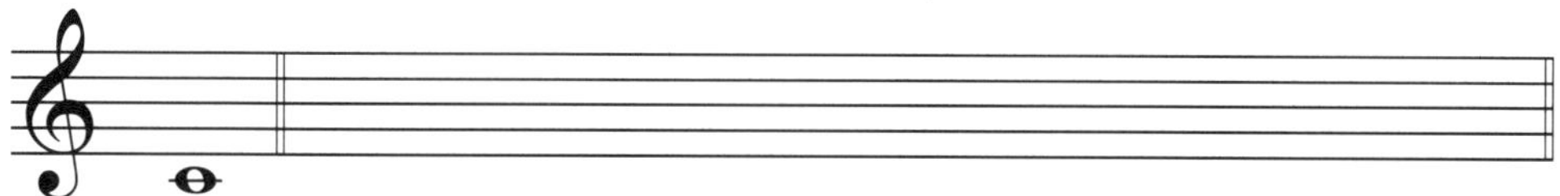

4) 조표(장조)의 으뜸음으로 시작하는 Dorian

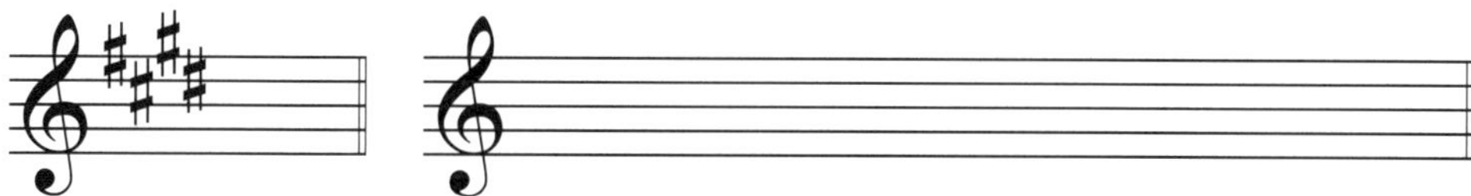

5) 조표(장조)의 으뜸음으로 시작하는 Locrian

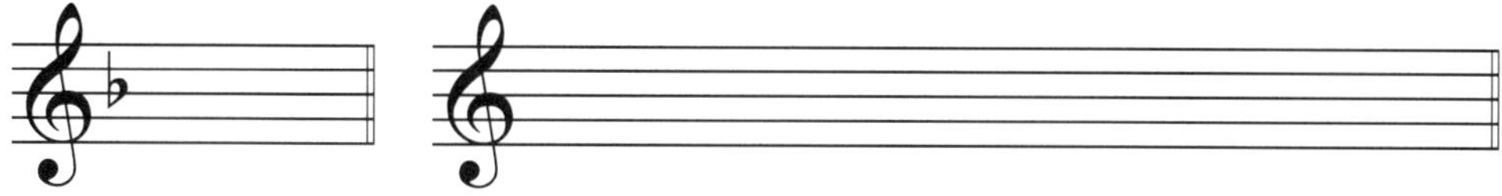

6) 조표(단조)의 으뜸음으로 시작하는 Ionian

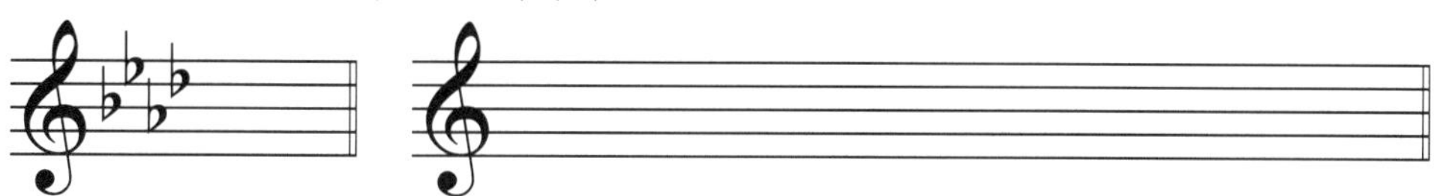

5. 다음 scale을 그려보세요.

1) D Major Pentatonic

2) G Major Pentatonic

3) E minor Pentatonic

4) A minor Pentatonic

5) B Blues

6) F Blues

7) G Whole tone

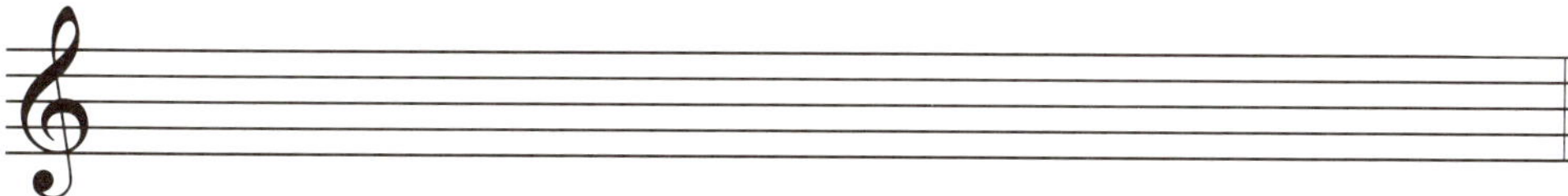

8) C Whole tone

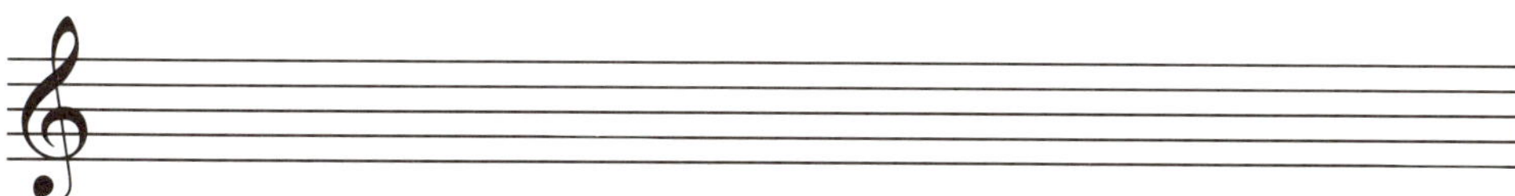

9) E Whole half diminished

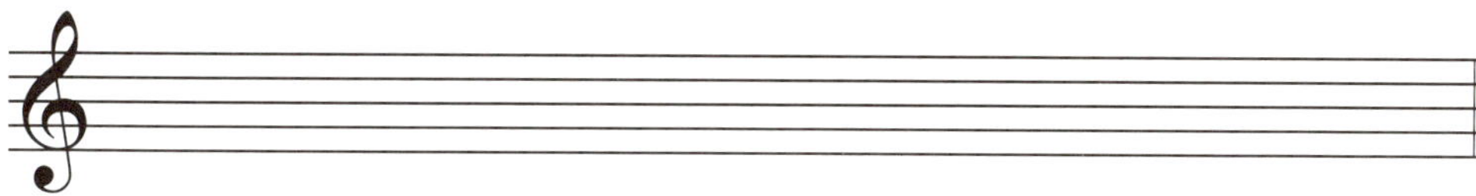

10) B Whole half diminished

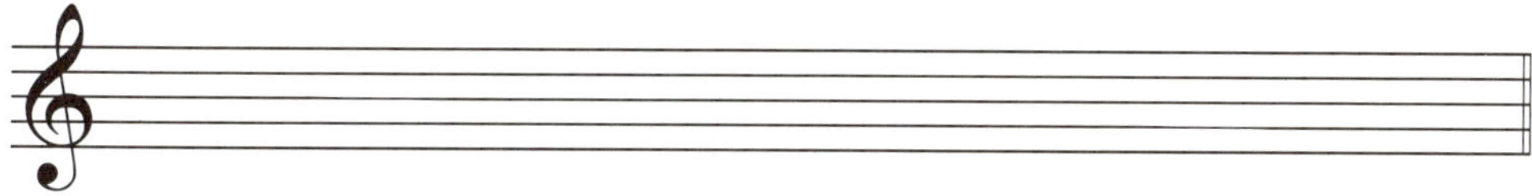

11) D Half whole diminished

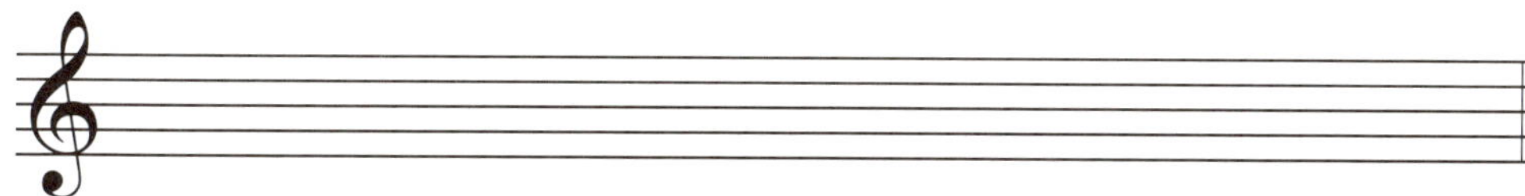

12) G Half whole diminished

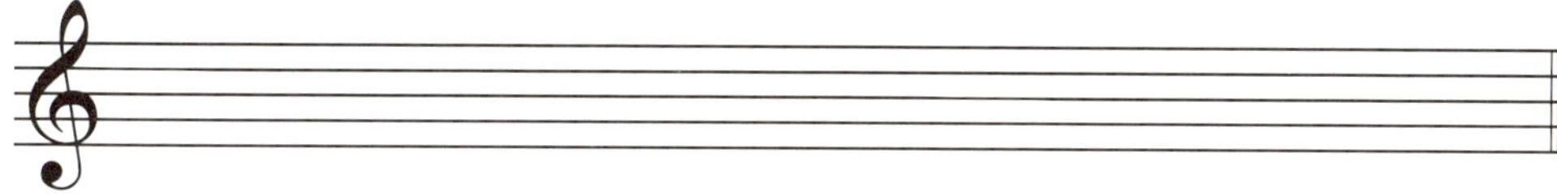

1. 모드의 이름을 구해보세요.

1)

2)

3)

2. 주어진 모드를 그려보세요.

1) A♭ Dorian

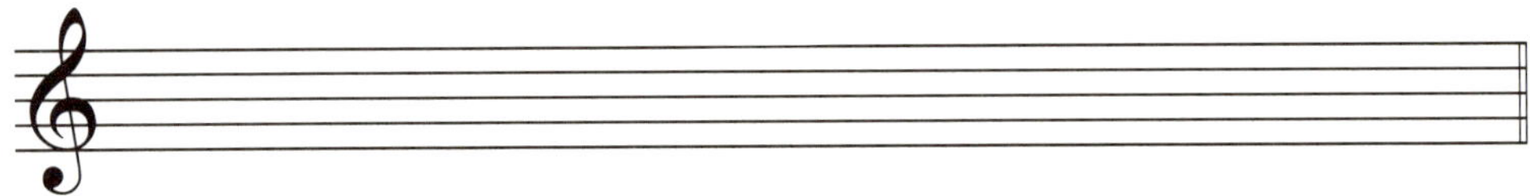

2) E♭ Mixolydian

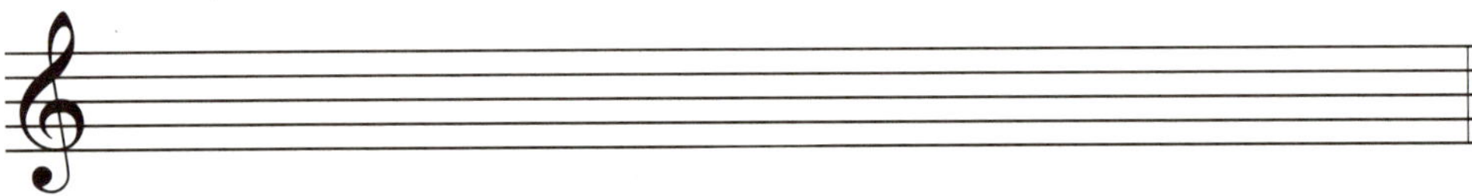

3) F♯ Locrian

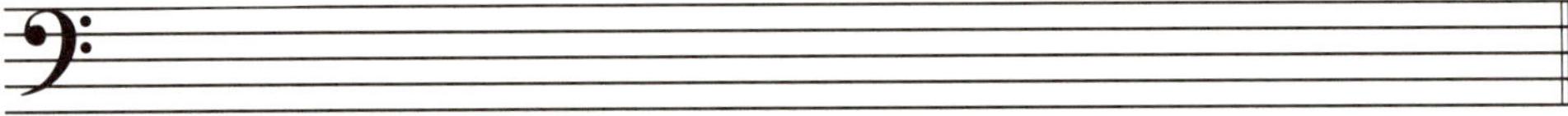

3. 주어진 모드를 보고 질문에 알맞은 답을 고르세요.

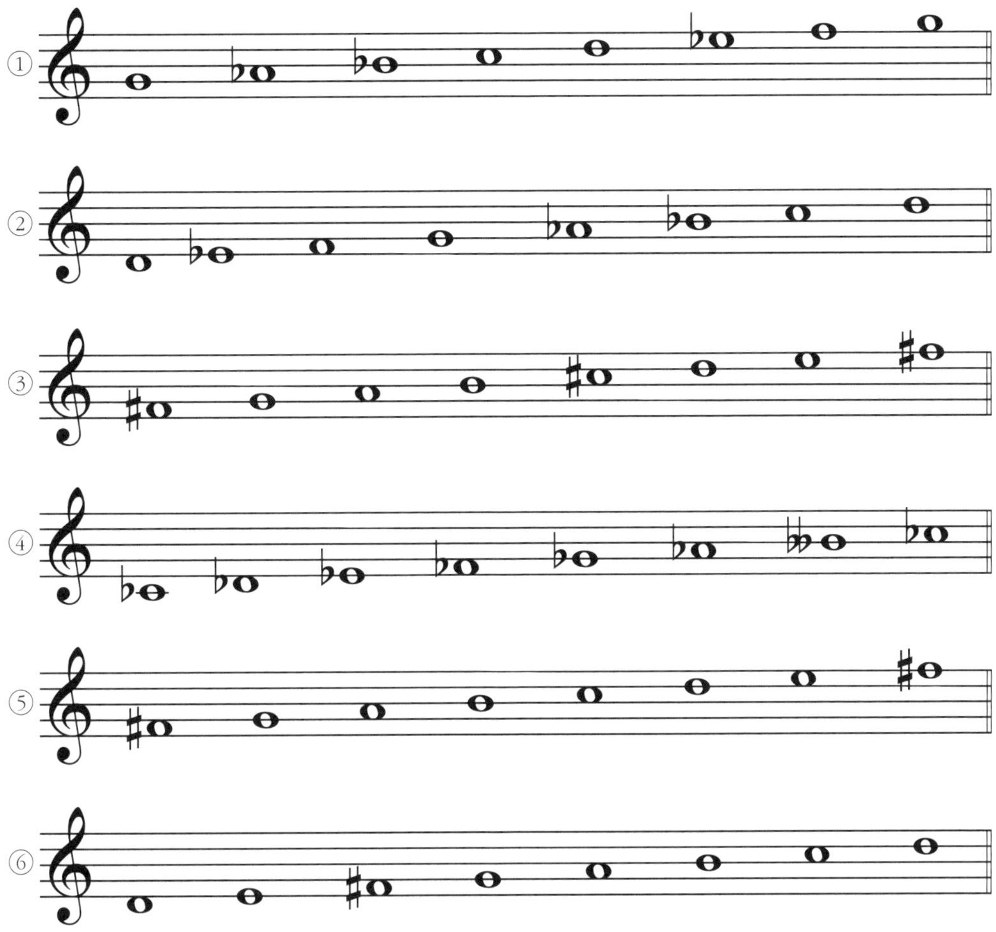

1) Phrygian 모드를 모두 고르세요.

2) Mixolydian 모드를 모두 고르세요.

3) Locrian 모드를 모두 고르세요.

4. 보기의 scale을 보고 질문에 알맞은 모드를 그려보세요.

1) 보기의 서브도미넌트로 시작하는 Locrian

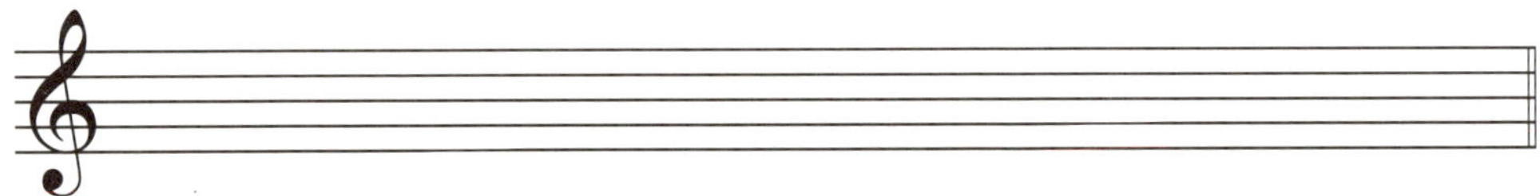

2) 보기의 리딩으로 시작하는 Aeolian

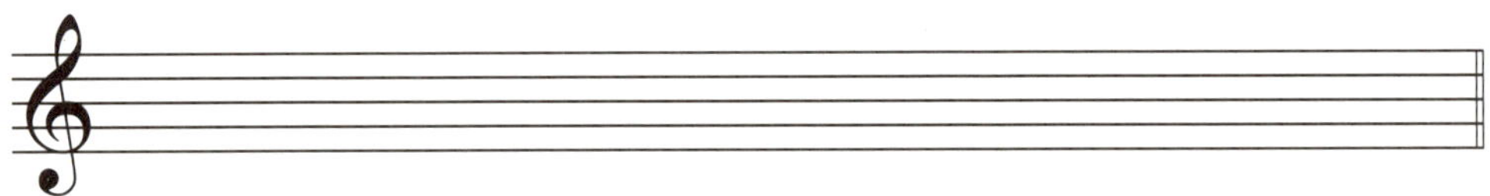

3) 보기의 미디언트로 시작하는 Dorian

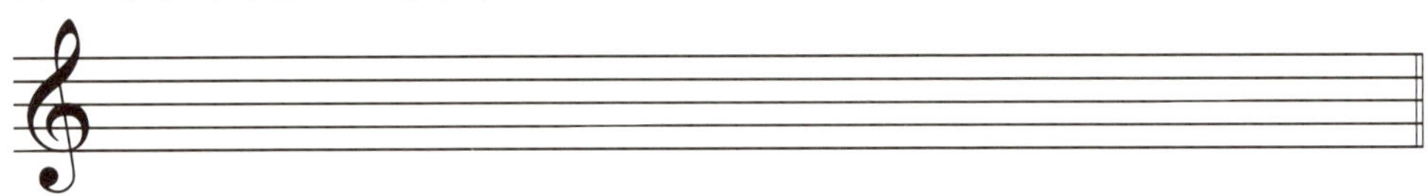

4) 보기의 도미넌트로 시작하는 Phrygian

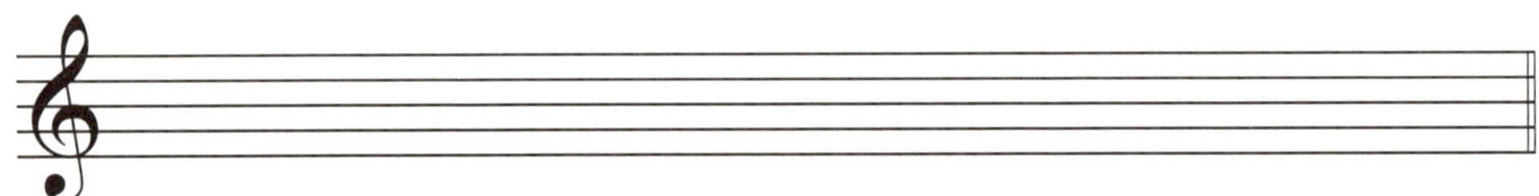

5. A♭ Dorian 모드의 4음을 으뜸음으로 하는 조표(장조)를 고르세요.

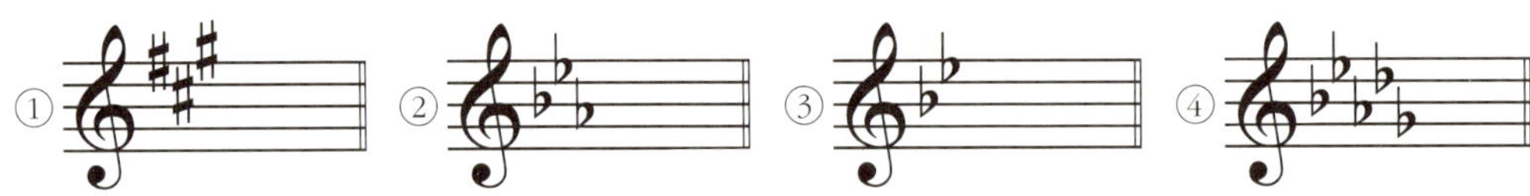

6. 다음 scale의 이름을 구해보세요.

1)

2)

3)

7. 주어진 scale을 그려보세요.

1) A♭ Whole half diminished

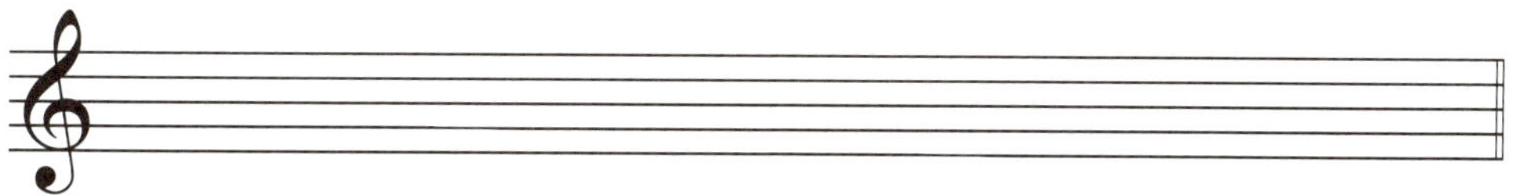

2) D♯ minor Pentatonic

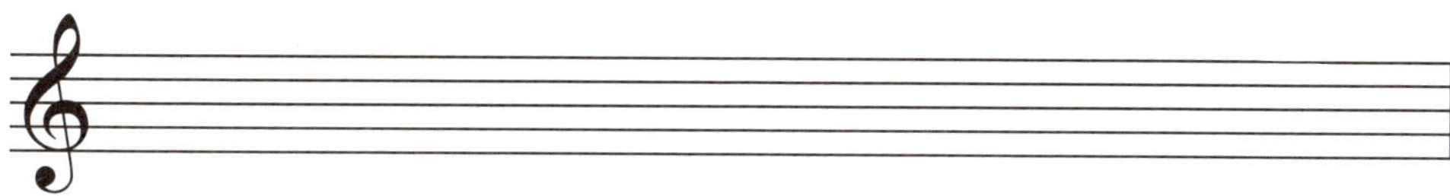

3) B♭ Whole tone

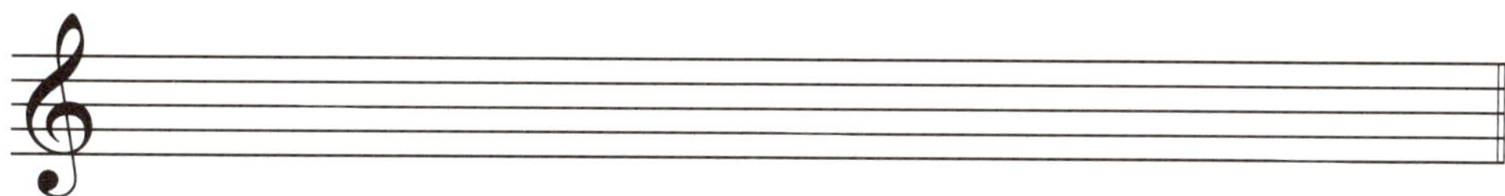

1. 모드의 이름을 구해보세요.

1)

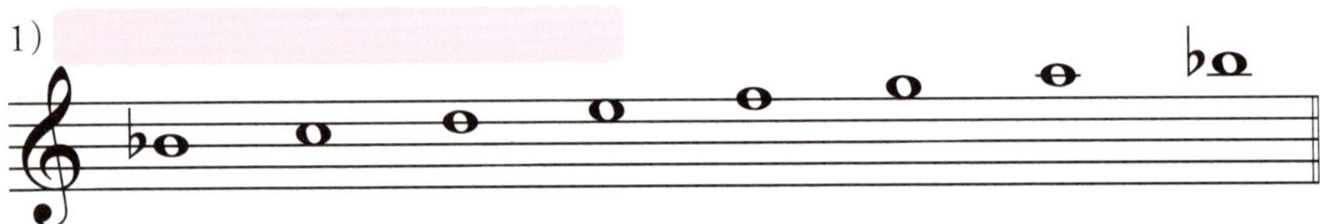

2)

3)

2. 조표(장조)를 보고 질문에 알맞은 모드를 그려보세요.

1) 도미넌트로 시작하는 Lydian

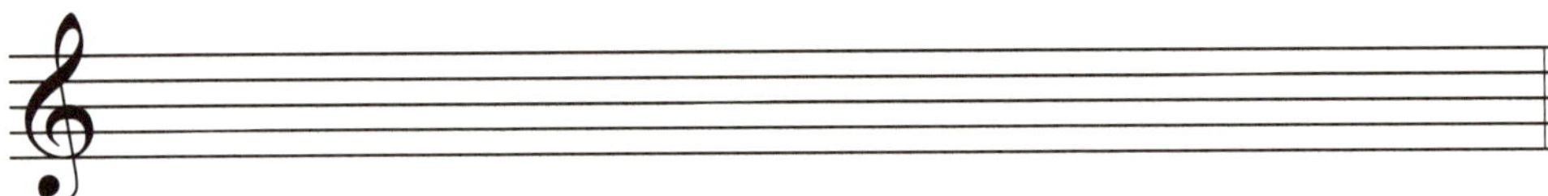

2) 리딩으로 시작하는 Aeolian

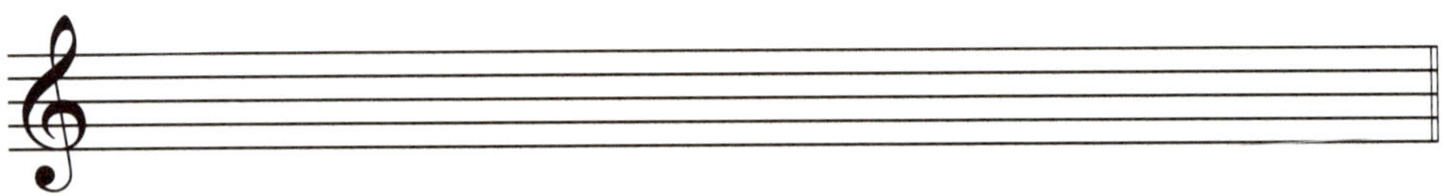

3. 보기의 모드를 보고 질문에 알맞은 답을 적어보세요.

보기

1) Mixolydian 모드를 고르세요.

2) Ionian 모드를 고르세요.

3) Phrygian 모드를 고르세요.

4. 다음 scale을 그려보세요.

1) G Blues

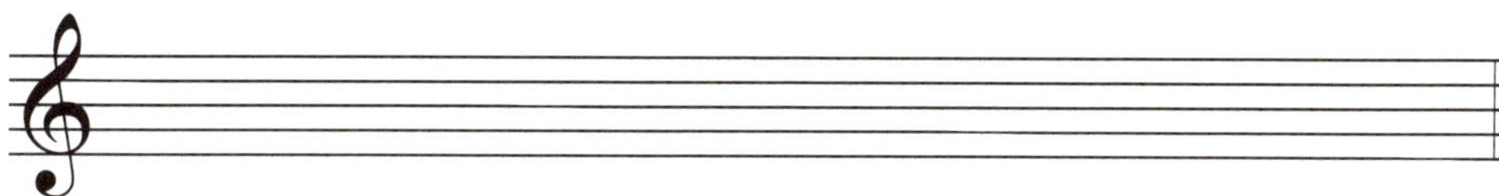

2) B♭ Whole tone

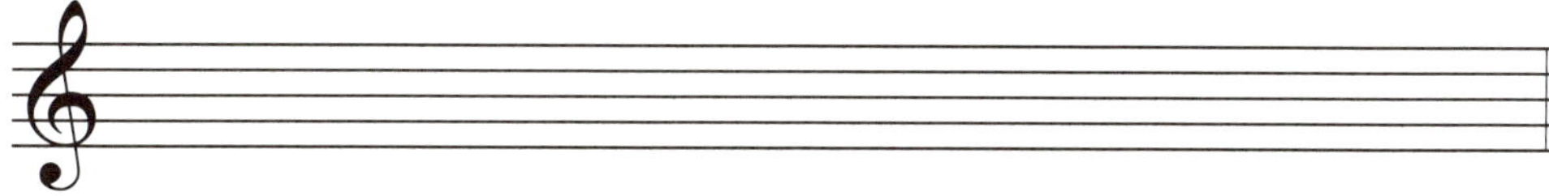

3) D♭ Whole half diminished

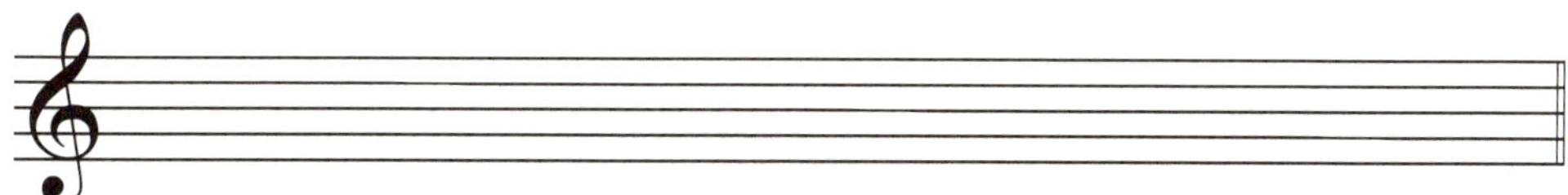

5. 보기의 음을 보고 질문에 알맞은 모드를 그려보세요.

1) 보기 음에서 장3도 위의 음으로 시작하는 Phrygian

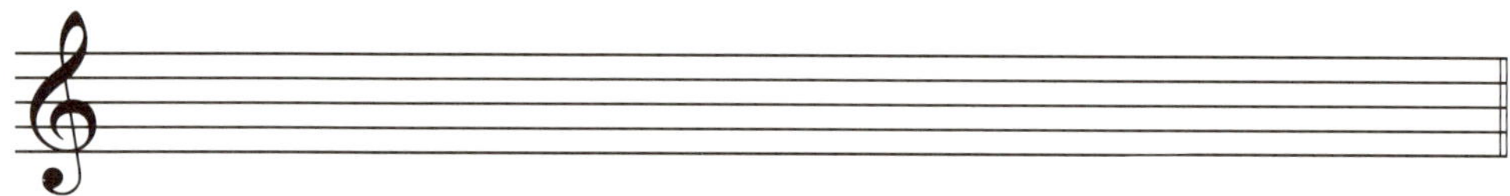

2) 보기 음에서 감5도 위의 음으로 시작하는 Aeolian

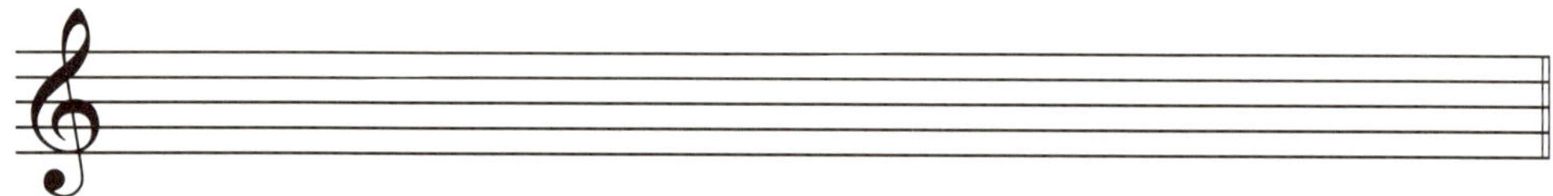

3) 보기 음에서 완전5도 위의 음으로 시작하는 Dorian

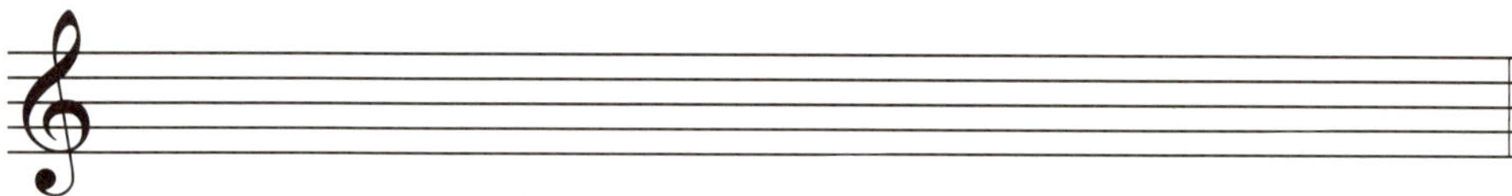

4) 보기 음에서 장2도 아래 음으로 시작하는 Ionian

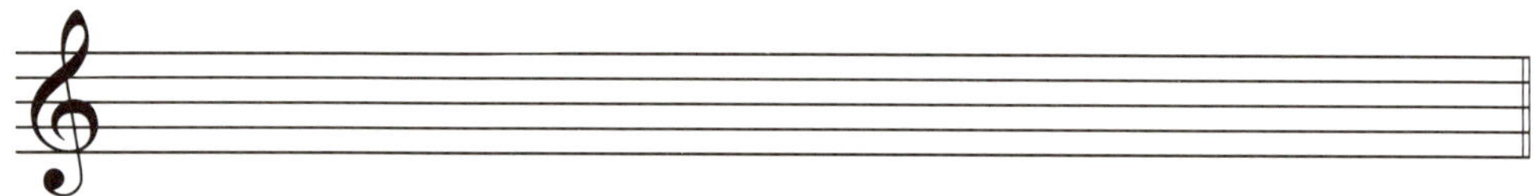

5) 보기 음에서 감3도 아래 음으로 시작하는 Lydian

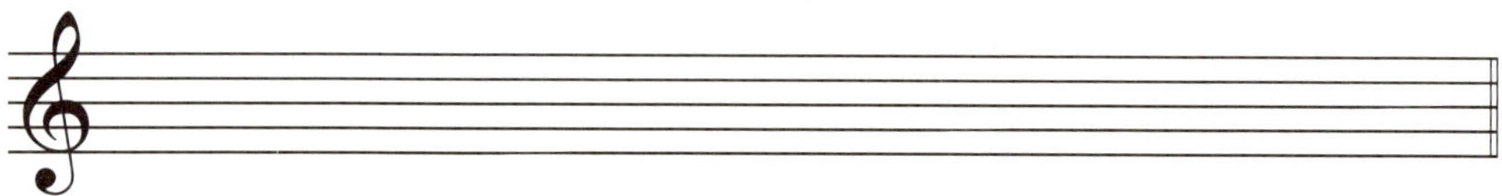

6) 보기 음에서 장6도 아래 음으로 시작하는 Mixolydian

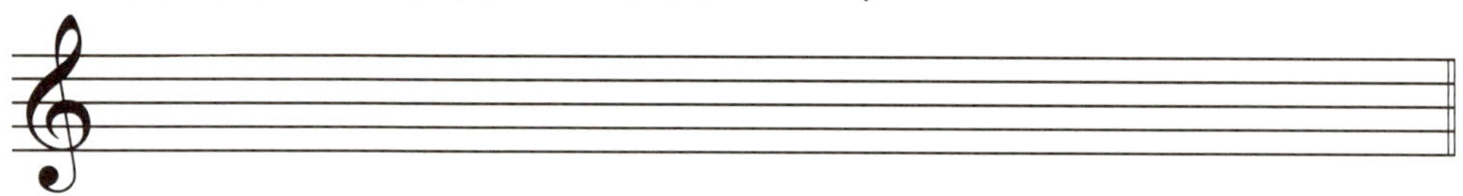

6. 주어진 조건을 보고 질문에 알맞은 스케일을 그려보세요.

1) E♭M7의 7음으로 시작하는 Major Pentatonic

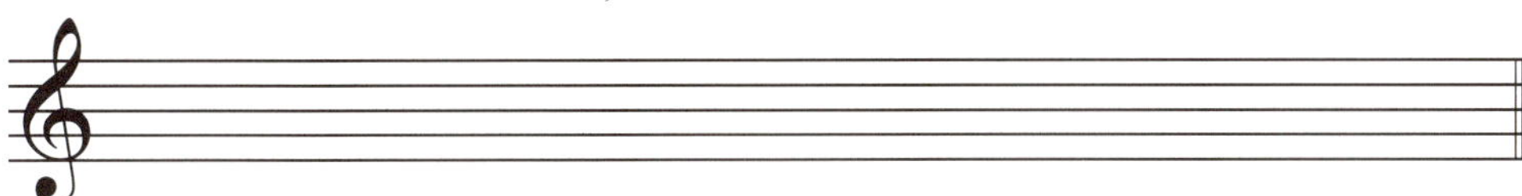

2) A♭ Major scale의 도미넌트로 시작하는 minor Pentatonic

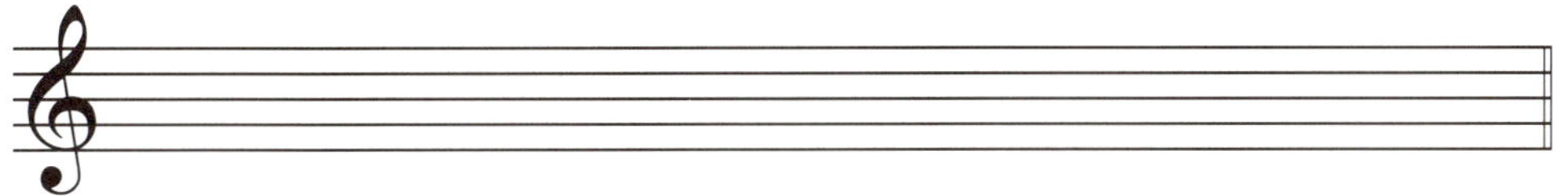

3) G7(♯9)의 ♯9음으로 시작하는 Blues

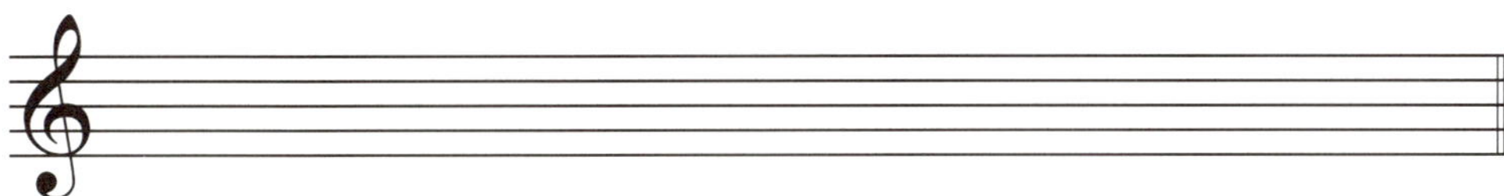

4) E key의 나란한조의 으뜸음으로 시작하는 Whole tone

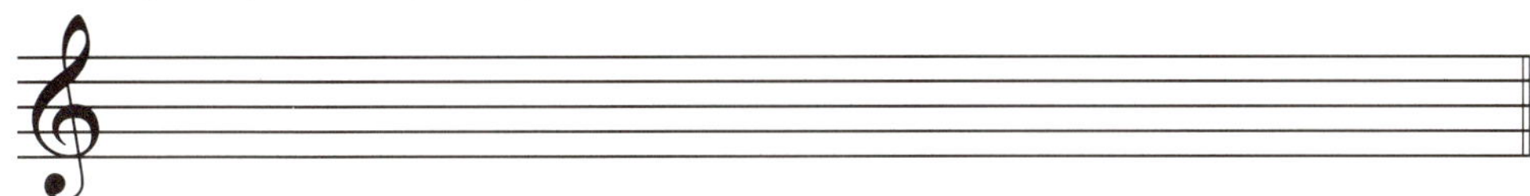

5) Cm7(♭5)의 7음으로 시작하는 Whole half diminished

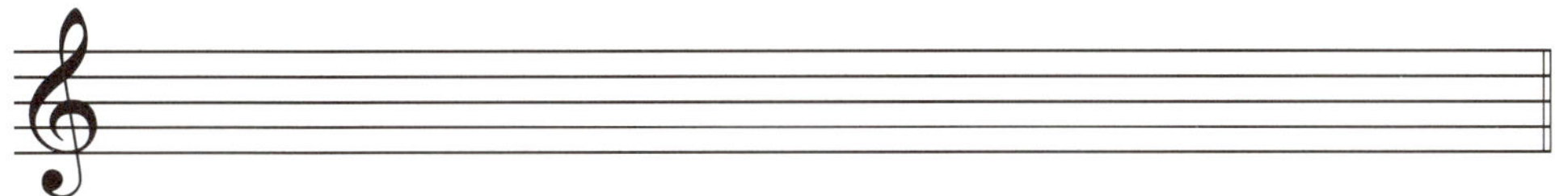

6) b harmonic minor scale의 7음으로 시작하는 Half whole diminished

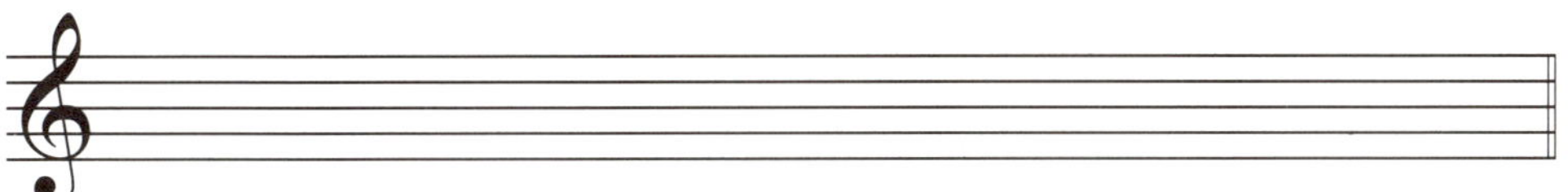

PART

9

텐션

1. 7화음 위로 3도씩 더 쌓은 화음을 텐션 코드라고 부릅니다. 9, 11, 13음 3종류의 텐션음이 존재합니다.

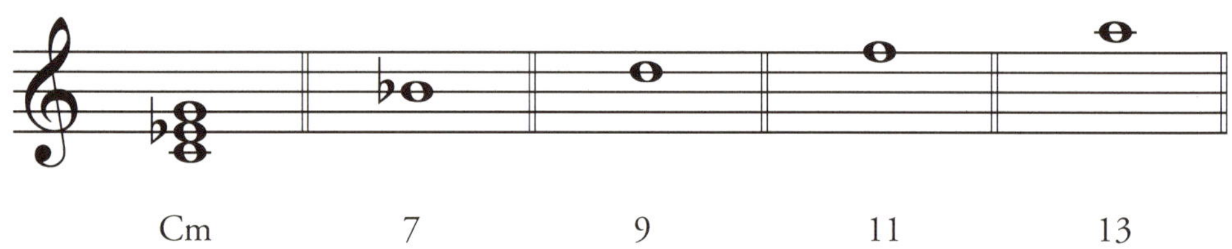

2. 9음, 11음, 13음

1) 9음 (편의상 근음에서 장2도 위의 음으로 사용)

7화음	9음(장9도)
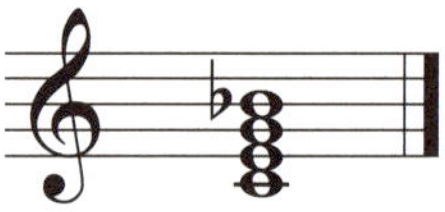 C7	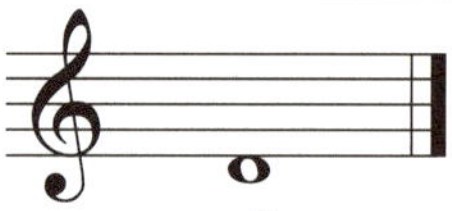 레

2) 11음 (편의상 근음에서 완전4도 위의 음으로 사용)

7화음	11음(완전11도)
C7	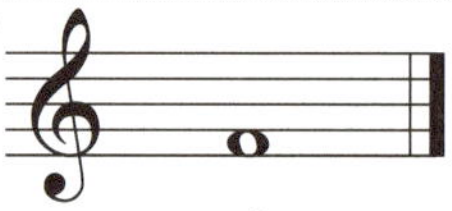 파

3) 13음 (편의상 근음에서 장6도 위의 음으로 사용)

7화음	13음(장13도)
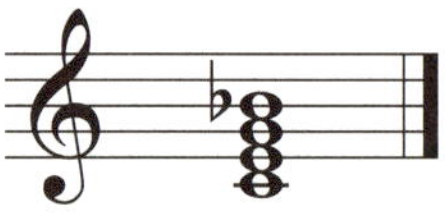 C7	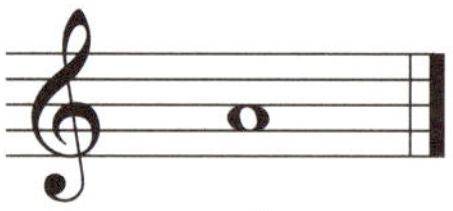 라

3. 텐션음이 연속적일 경우 마지막 음만 적어주고 비연속적일 경우는 괄호를 사용합니다. 임시표가 붙은 음은 비연속적으로 생각합니다.

- Cm7 + 9음 + 11음 = Cm11
- Cm7 + 11음 = Cm7(11)
- CM7 + 9음 + ♯11음 + 13음 = CM9(♯11,13)

4. 화음으로 사용 가능한 텐션음은 2도 아래의 코드의 구성음과 장2도 차이가 나야만 합니다. 예외로 도미넌트 7화음은 11음을 제외한 화성음 사이의 모든 음을(♭9, 9, ♯9, ♯11, ♭13, 13) 텐션음으로 사용할 수 있습니다. 또한 **augM7, aug7**은 13음을 텐션음으로 사용할 수 없습니다. (9, ♯11만 사용 가능)

C7에 사용 가능한 텐션음

5. 화음으로 사용할 수 없는 텐션음을 어보이드 노트(Avoid note)라고 부릅니다.

6. 다이아토닉의 범위에서 도수 별로 사용 가능한 텐션음은 다음과 같습니다.

7화음 도수	IM7	IIm7	IIIm7	IVM7	V7	VIm7	VIIm7(♭5)
사용 가능한 텐 션음	9	9		9	9	9	
		11	11	♯11		11	11
	13			13	13		♭13

* IIm7의 13음은 코드 구성음과 장2도 차이가 나지만 텐션음으로 사용하지 않습니다.

1. 주어진 근음을 보고 9음, 11음, 13음을 그려보세요.

2. 텐션 코드 표기법에 맞춰 빈칸에 알맞은 코드 이름을 적어보세요.

1) Cm + 7 + 9 + 11 + 13 =

2) C + 7 + 9 + #11 + 13 =

3) C + M7 + #11   =

4) Cm + M7 + 9   =

5) Cm + 7 + 13   =

3. 주어진 7화음과 텐션음을 그려보세요.

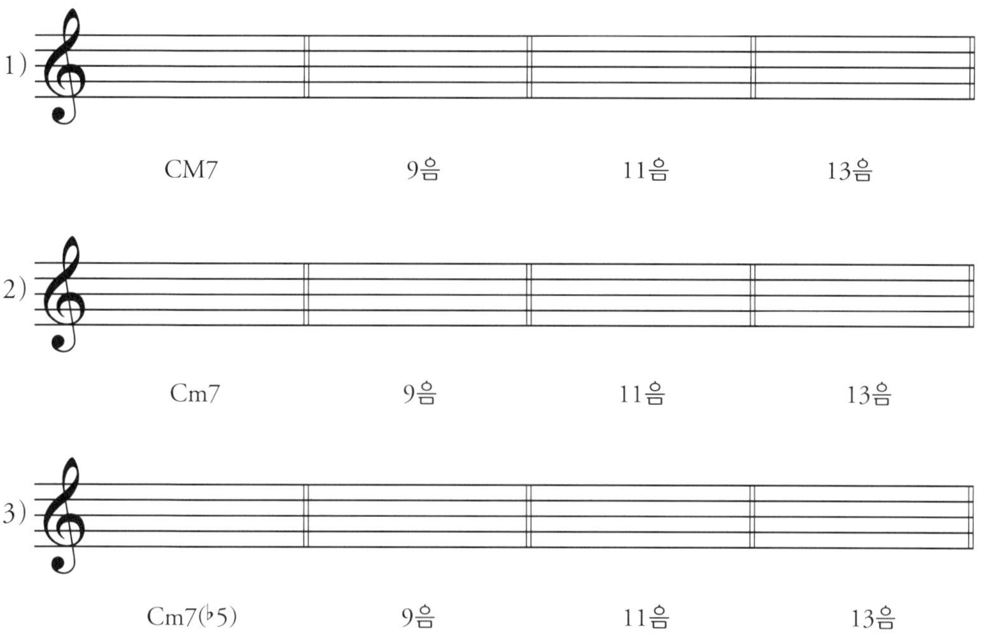

4. 주어진 음의 9음을 토닉으로 하는 Major scale을 그려보세요.

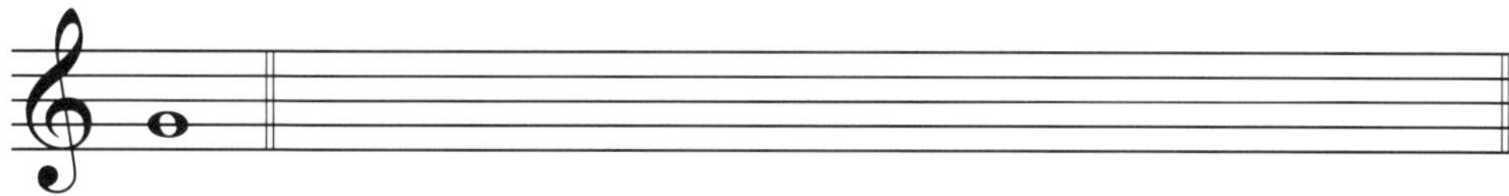

5. 주어진 음의 11음을 도미넌트로 하는 Major scale을 그려보세요.

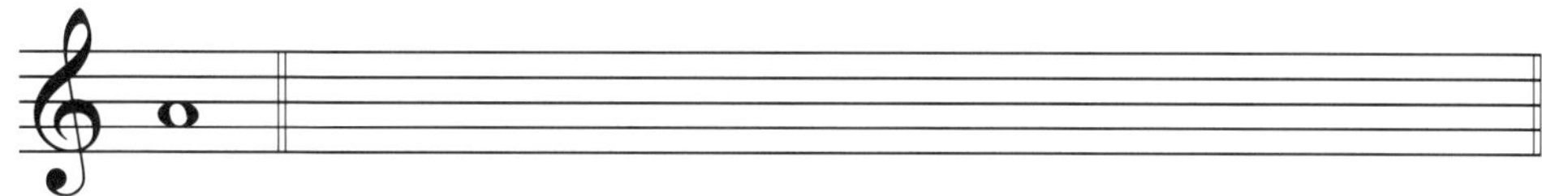

6. 주어진 음의 13음을 리딩으로 하는 Major scale을 그려보세요.

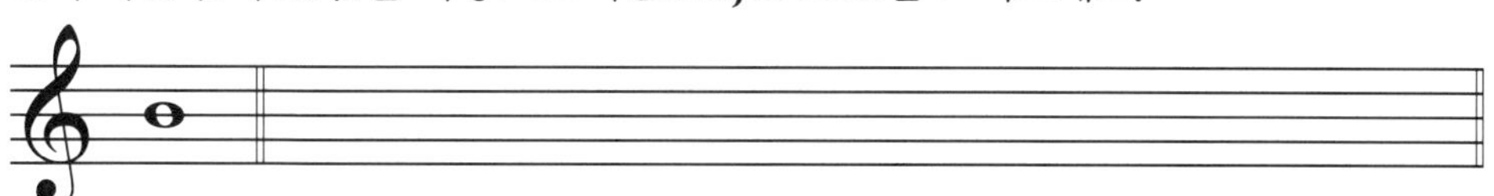

7. 텐션 코드의 이름을 구해보세요.

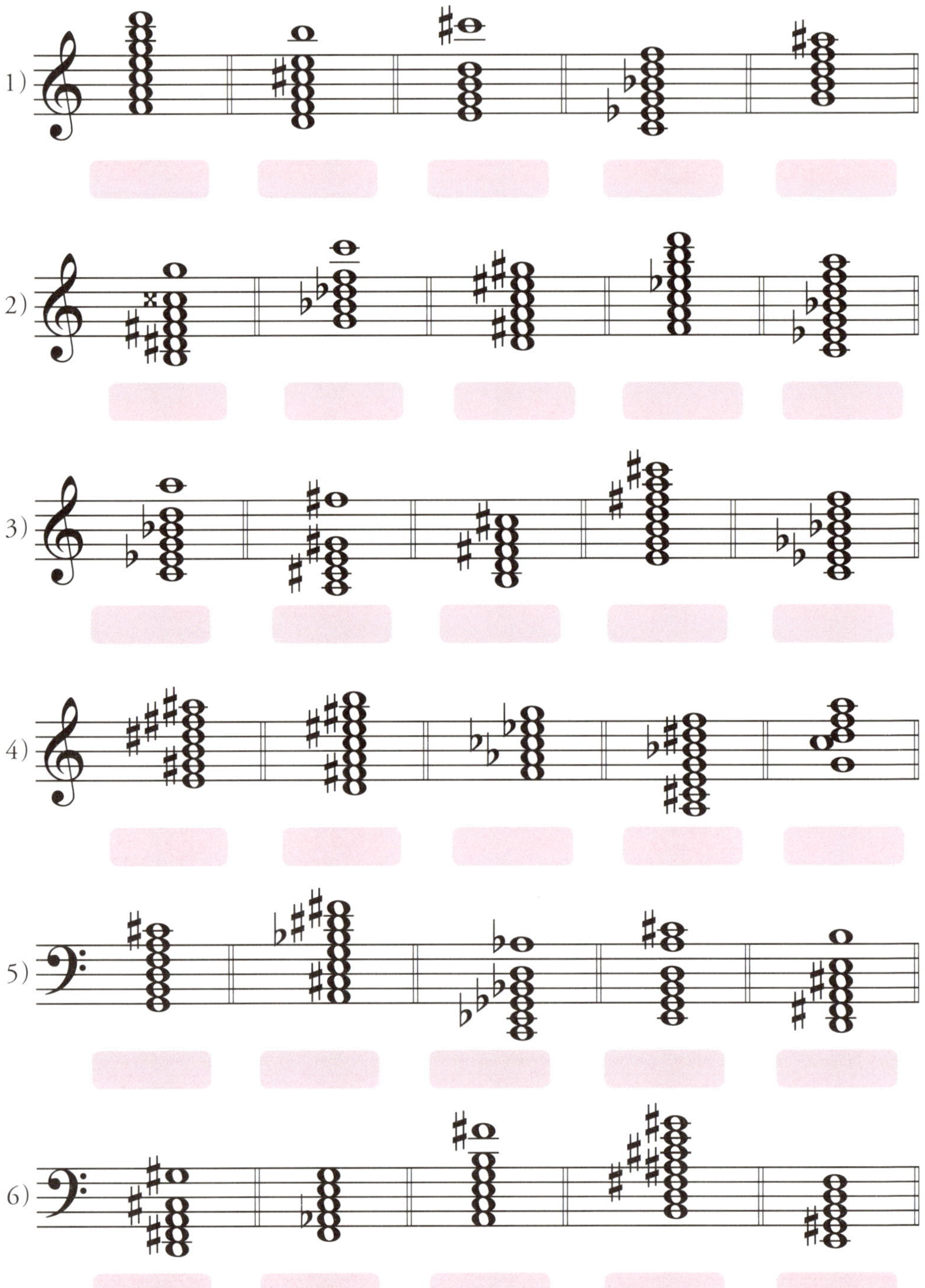

8. 주어진 텐션 코드를 그려보세요.

1. 텐션 코드의 이름을 구해보세요.

1) 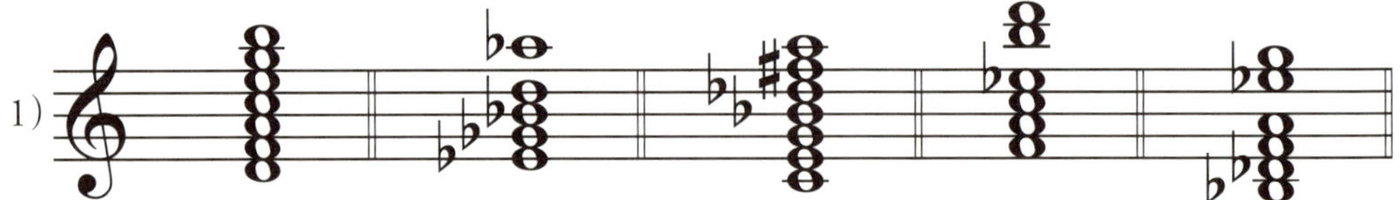

2) 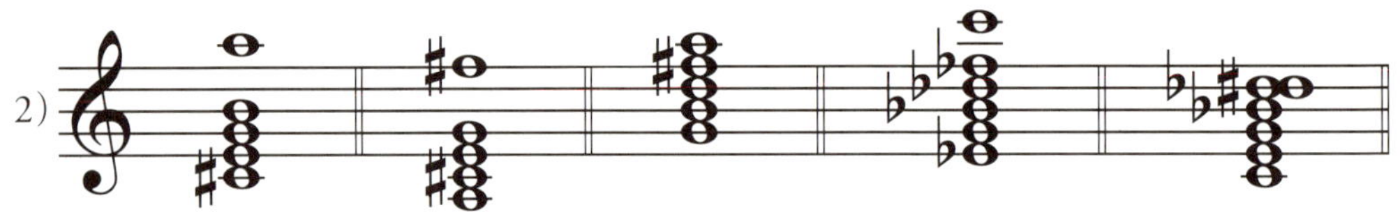

3) 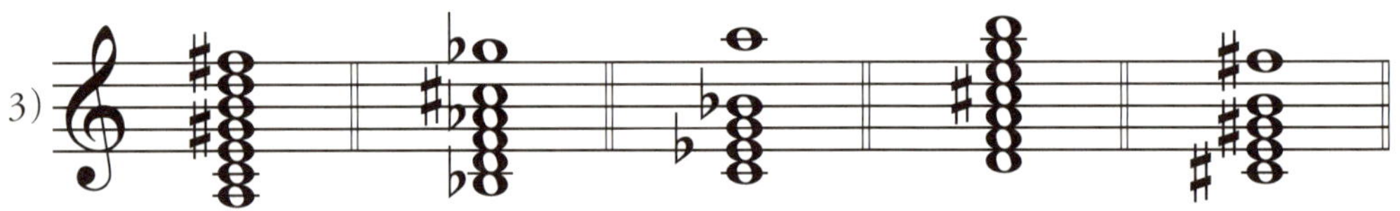

4) 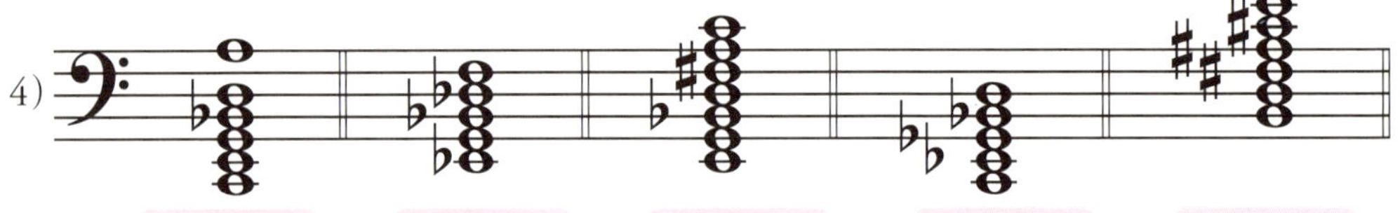

5) 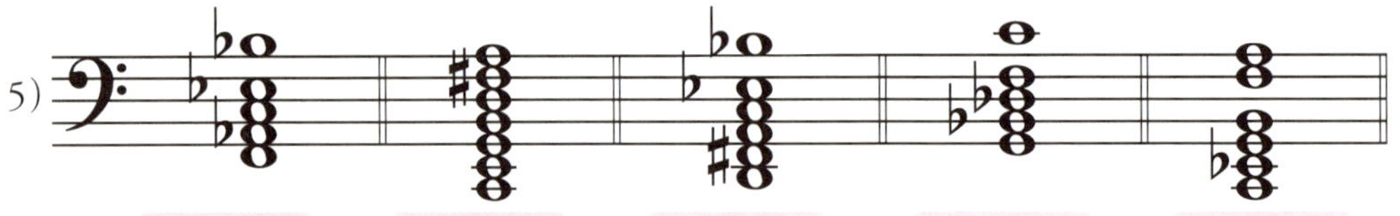

6) 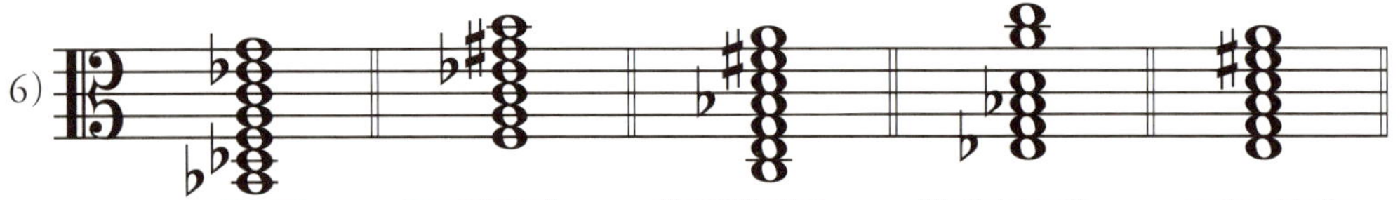

2. 주어진 텐션 코드를 구해보세요.

1) CmM9(13) C#m7(13) AM9(#11) G7(#11) A7(#9)

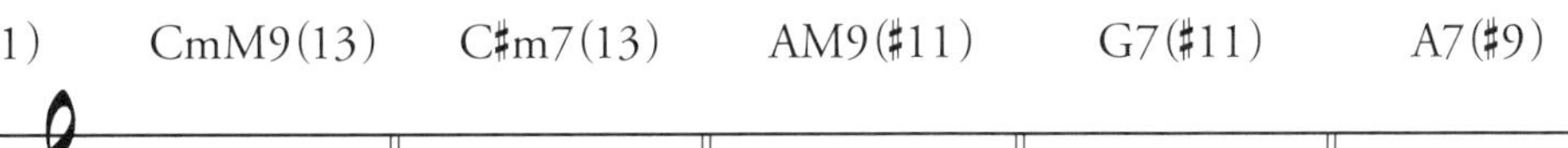

2) B♭m9 C9(#11) DM7(13) Em9(♭5,♭13) F7(♭9,#9,#11)

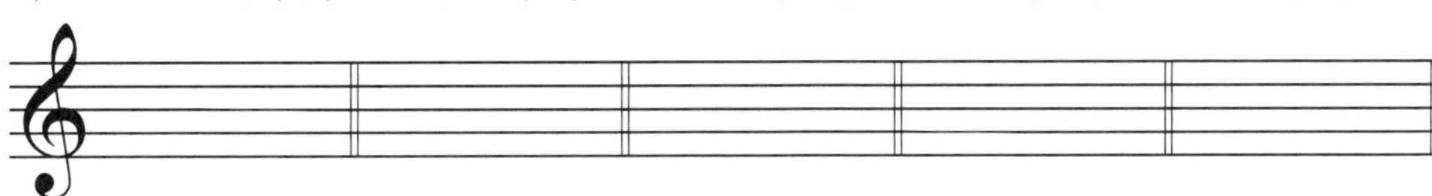

3) Cm9(13) A7(#9,#11,13) CmM7(13) E♭7(#9,♭13) Cm9

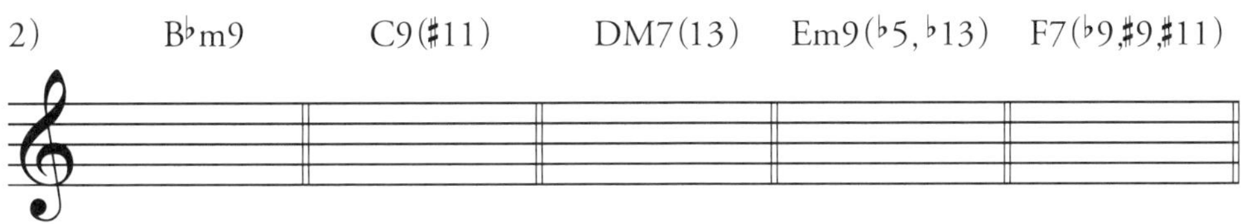

4) Em7(♭5,11,♭13) D7(♭9,#11,♭13) Em11(♭5) D9sus4 CM9(13)

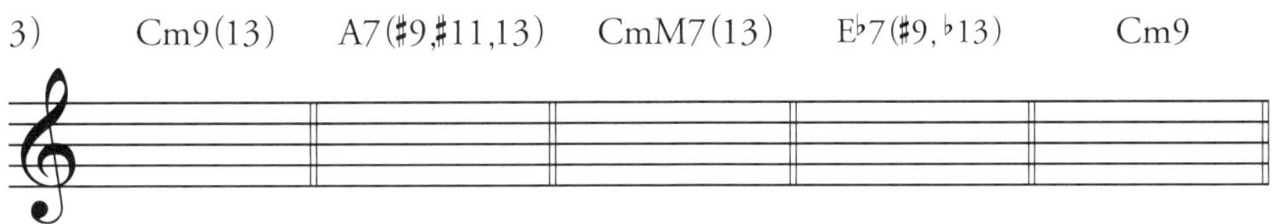

5) Cm11 Dm7(11,13) FM7(#11) Am9(13) CmM9

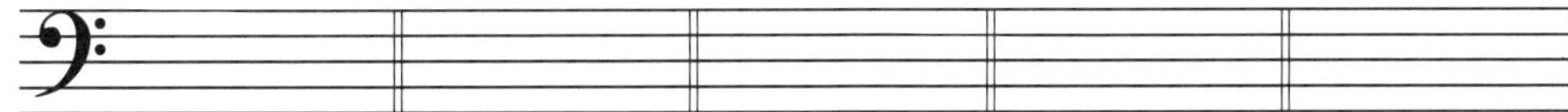

6) Dm7(11,13) Fm13 B♭mM7(11,13) C#m7(♭5,11) E♭M7(#11,13)

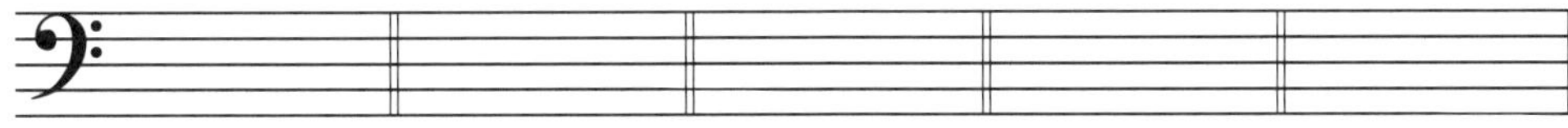

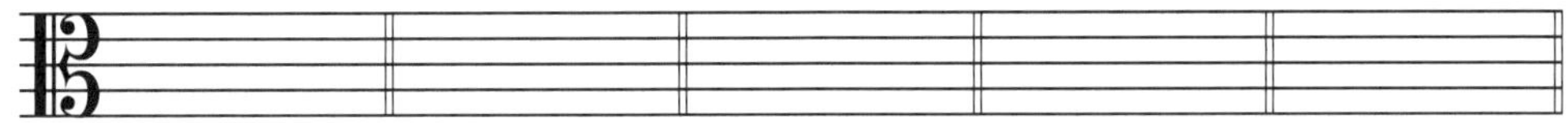

3. 주어진 근음의 9음을 도미넌트로 하는 하모닉 마이너 스케일을 그려보세요.

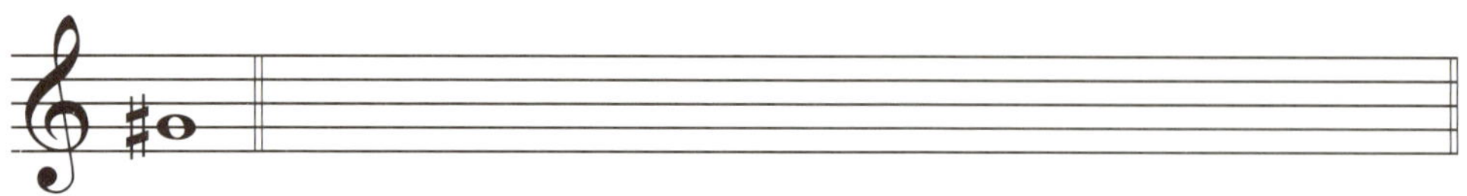

4. 주어진 근음의 13음을 토닉으로 하는 도리안 모드를 그려보세요.

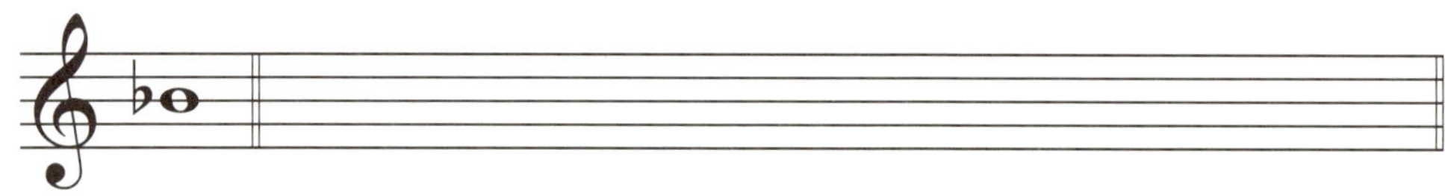

5. 주어진 근음의 11음을 토닉으로 하는 에올리안 모드를 그려보세요.

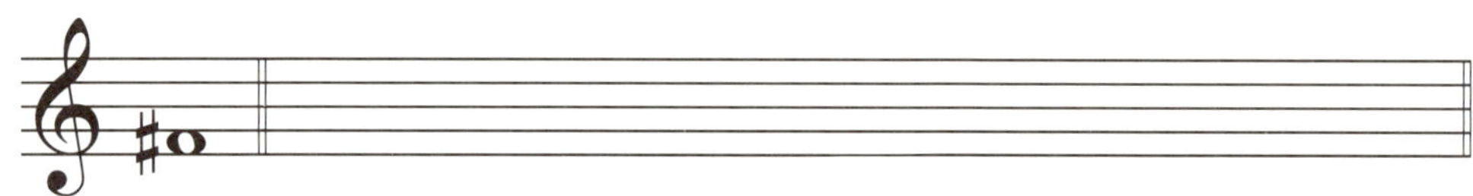

6. 주어진 7th 코드의 사용 가능한 9음, 11음, 13음을 그려보세요.

1) 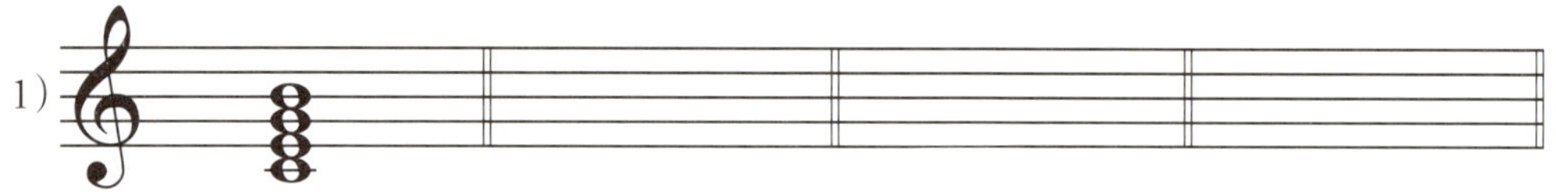

2) 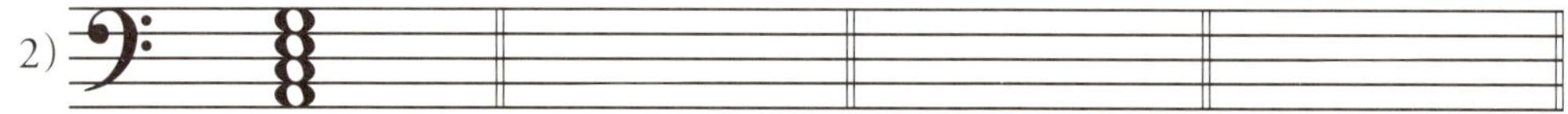

3) 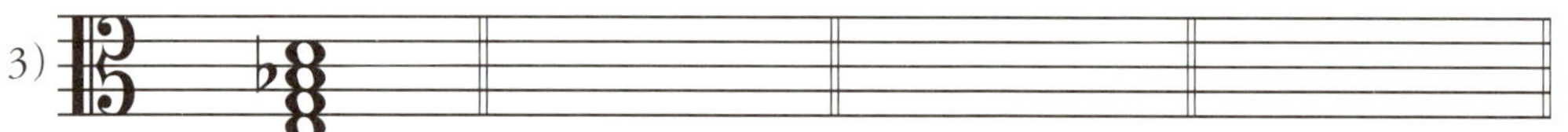

7. 다음 조표의 으뜸음이 9음이 되는 Major 코드를 그려보세요. (Triad)

1) 장조

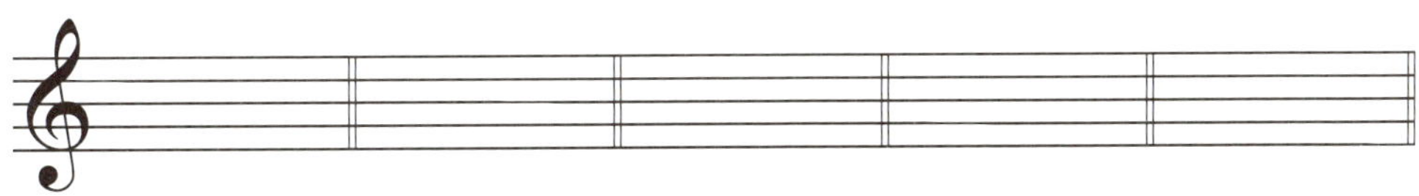

2) 단조

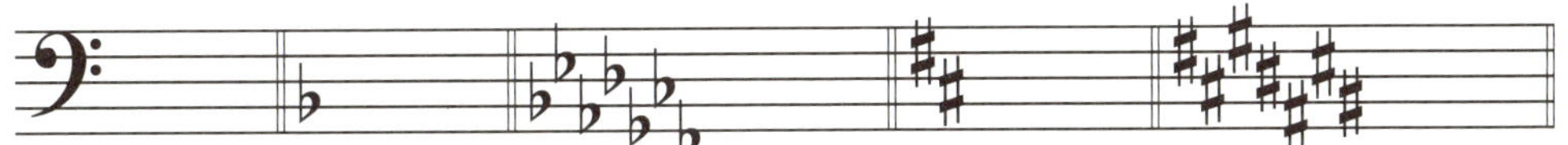

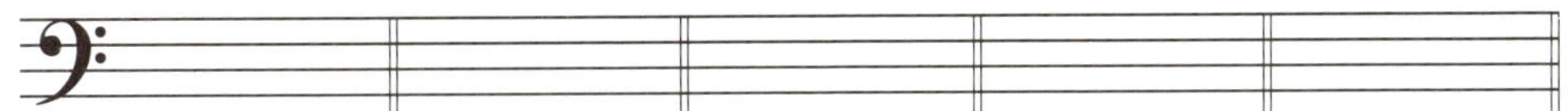

8. 도수를 보고 사용 가능한 텐션음을 모두 적어보세요. (장조 기준)

1) IM7

2) IIm7

3) IIIm7

4) IVM7

5) V7

6) VIm7

7) VIm7(♭5)

1. 주어진 음을 기준으로 9음, 11음, 13음을 그려보세요

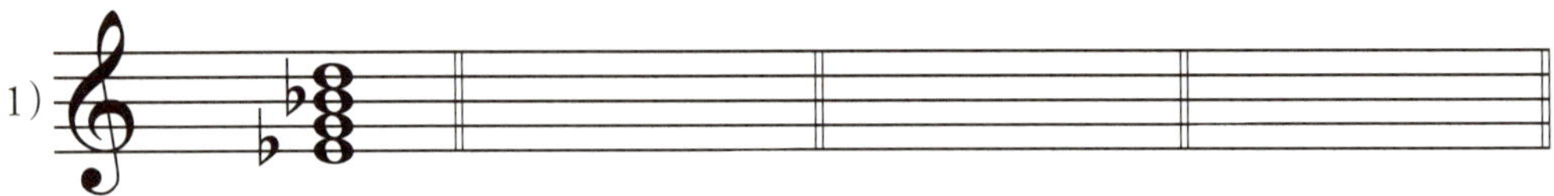

2. 텐션 코드 표기법에 주의하여 빈칸에 알맞은 코드 이름을 적어보세요.

1) C + M7 + 9 + ♯11　　　=

2) C + 7 + ♭9　　　=

3) Cm + 7 + 9 + 13　　　=

4) Cm + 7 + 9 + 11　　　=

5) Cdim + 7 + ♭13　　　=

6) Cdim + dim7 + 11 + ♭13 =

3. 텐션 코드의 이름을 구해보세요.

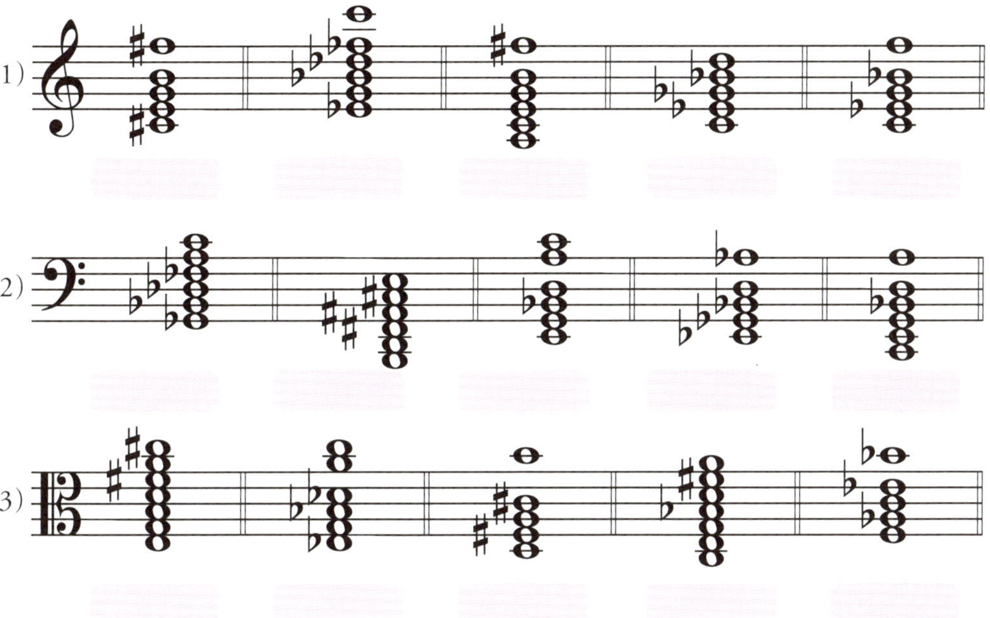

4. 주어진 텐션 코드를 그려보세요.

1) F#m9(♭5, ♭13)　D7(♭9, #9, ♭13)　　C9sus4　　A♭M9(#11)　　Cm9(13)

2) E♭M7(#11)　　B♭7(#9, ♭13)　E♭M7(#11,13)　D7(♭9, #11,13)　Fm7(♭5,11)

3) 　Dm13　　Dm7(11,13)　　B7(13)　　B♭7(♭9, #9, #11,13)　Cm7(13)

5. 7화음과 조건을 보고 알맞은 스케일을 그려보세요.

1) 9음이 토닉인 Mixolydian

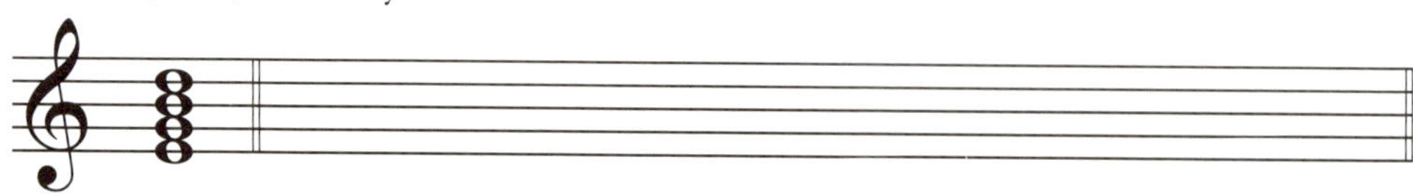

2) #11음이 토닉인 Phrygian

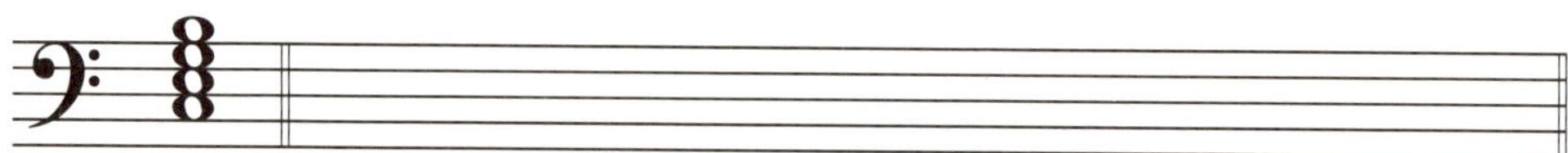

3) 13음이 도미넌트인 Major scale

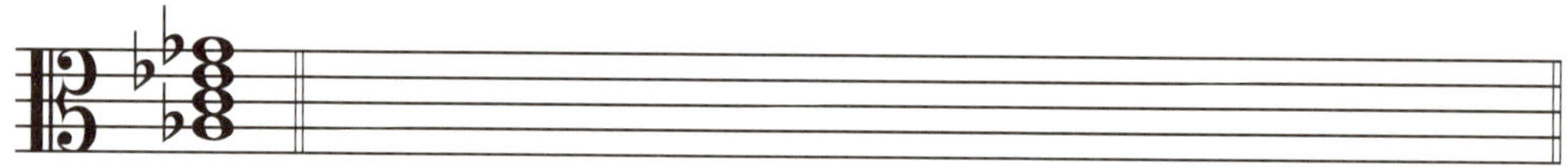

6. 주어진 도미넌트7 코드를 기준으로 사용 가능한 텐션음을 그려보세요.

1) 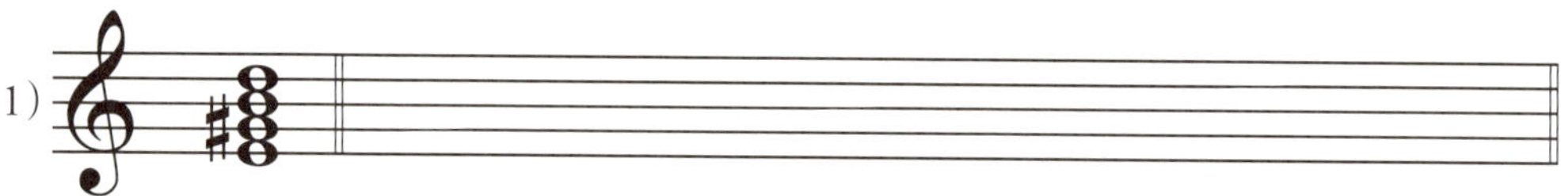

2) 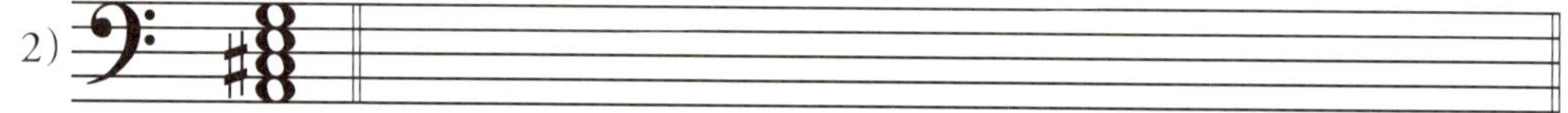

3) 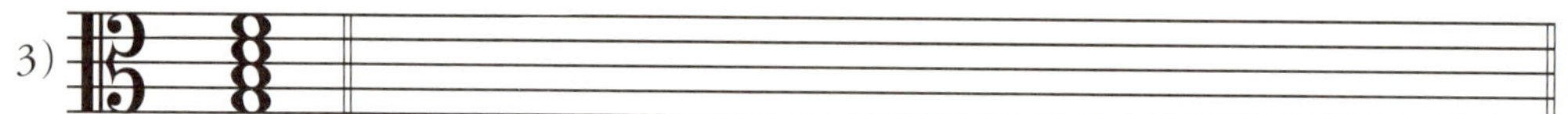

7. 주어진 도수를 보고 사용 가능한 텐션음을 모두 적어보세요.

1) C key의 Em7

2) A♭ key의 Fm7

3) E key의 B7

4) G key의 Am7

5) F key의 B♭M7

8. 텐션 코드의 구성음이 바른 것은?

1)

① 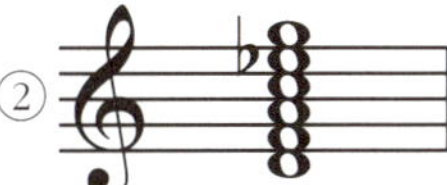 ②  ③ 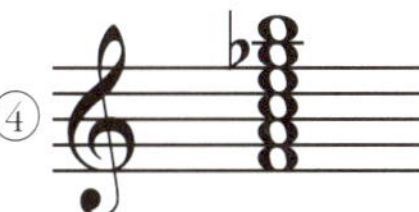 ④

2)

①  ② 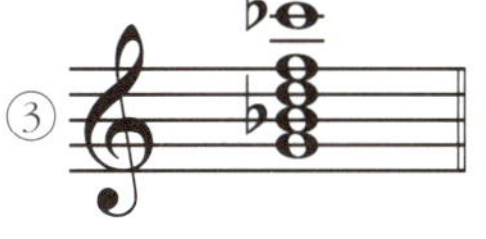 ③  ④

3)

① 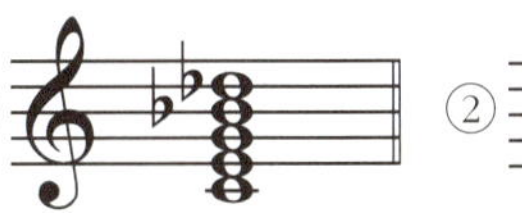 ② 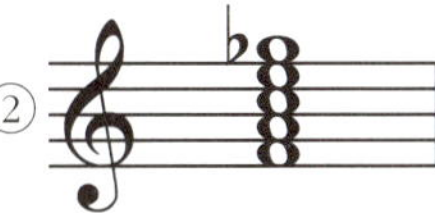 ③  ④ 

답안

PART 1

악전 ● 기본문제

1.

1) 솔, 미, 시, 미, 라, 파 / G, E, B, E, A, F

2) 시, 라, 솔, 라, 레, 시 / B, A, G, A, D, B

3) 도, 레, 미, 파, 라, 미 / C, D, E, F, A, E

2.

1) 반, 온, 온, 온, 반

2) 온, 반, 온, 반, 온

3) 온, 온, 온, 온, 반

3.

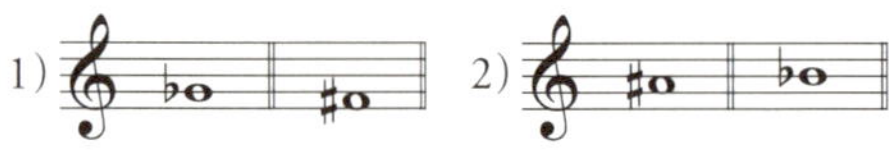

4.

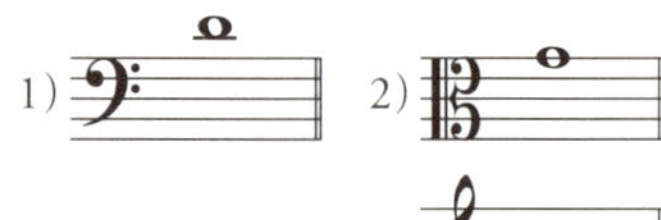
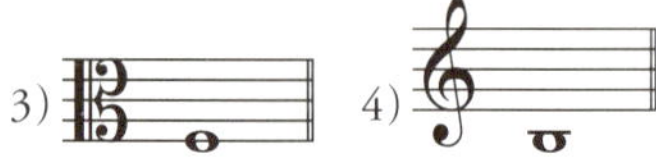
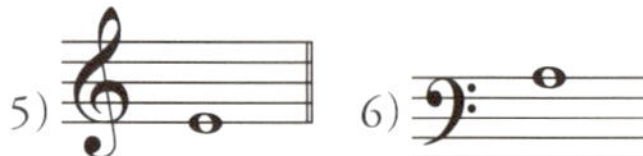

5.

1)   2)

3)   4)

5)   6)

7)   8)

6.

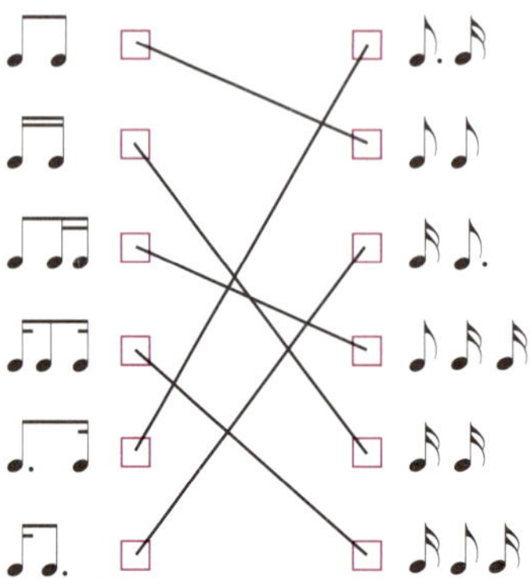

7.

1)

2)

3)

8.

PP – P – mp – mf – f – ff

9. Andante – Andantino – Moderato – Allegretto – Allegro

10.

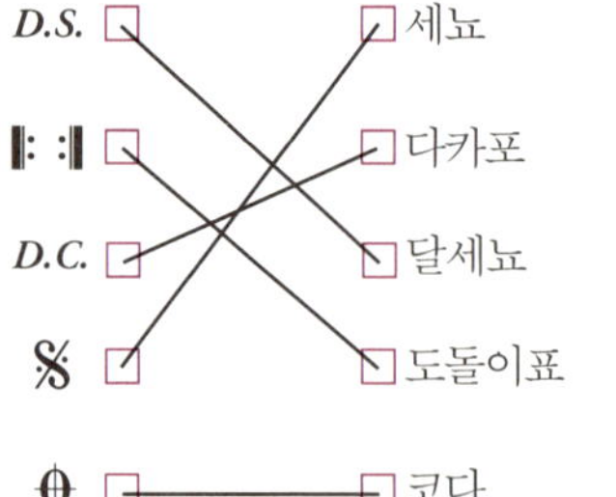

1.

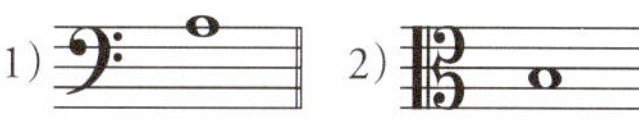

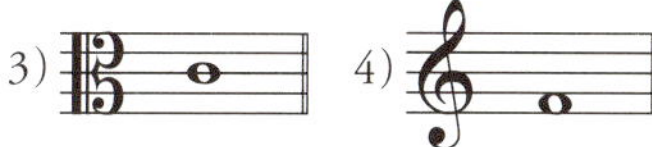

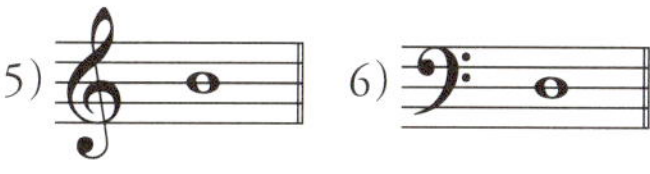

2.

1) ▬   2) ⸚

3) ▬·   4) ▬

5) 𝄽   6) 𝄾

7) 𝄿·   8) 𝄿

3.

1)

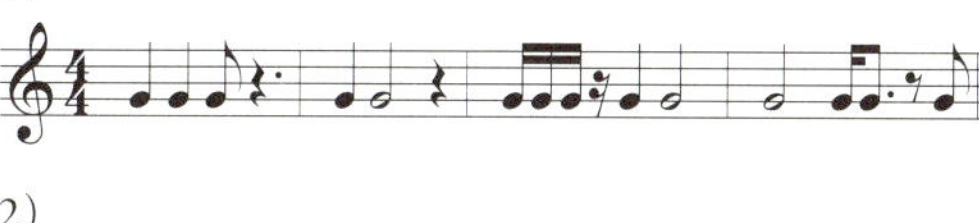

2)

3)

4.

1) A-B-C-D-B-C-D-E-F

2) A-B-C-D-A-B-C-E-F

3) A-B-C-D-B-C-E-F

1.

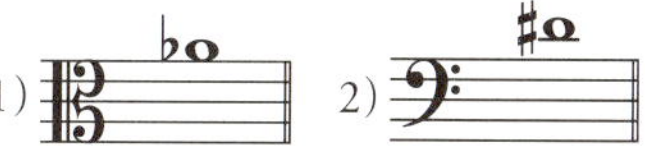

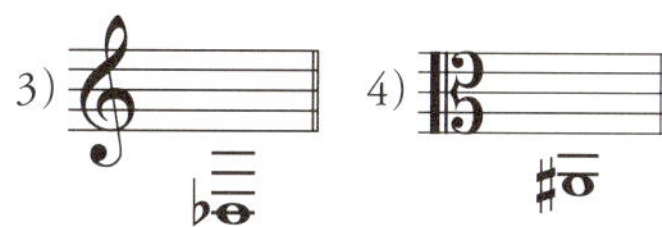

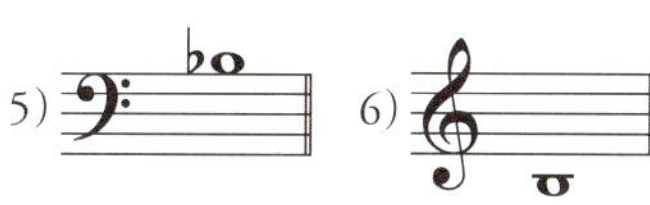

2.

1) ♪   2) ♪.

3) 𝅝   4) ♩

5) ♩   6) ♩.

7) ♩   8) ♩

3.

1) A-B-C-D-A-B-C-E-B-C-E-F

2) A-B-C-D-E-B-C-F

3) A-B-C-D-A-B-C-E-A-C-E-F

4) A-B-B-C-D-E-F

5) A-B-C-D-A-B-E-F

6) A-B-C-D-A-B-C-E-F-B-C

PART 2

음정 • 기본문제

1.

1) 단3도, 증4도, 완전1도, 완전4도, 완전8도, 장2도

2) 단3도, 완전5도, 완전8도, 완전4도, 완전1도, 완전4도

3) 장3도, 장3도, 장3도, 완전1도, 완전5도, 단7도

4) 단6도, 단6도, 완전1도, 단3도, 단7도, 단2도

5) 완전8도, 완전4도, 완전1도, 장6도, 장2도, 완전4도

6) 장6도, 완전5도, 장2도, 감5도, 단6도, 장3도

2.

1) ③　　2) ④

3.

1)

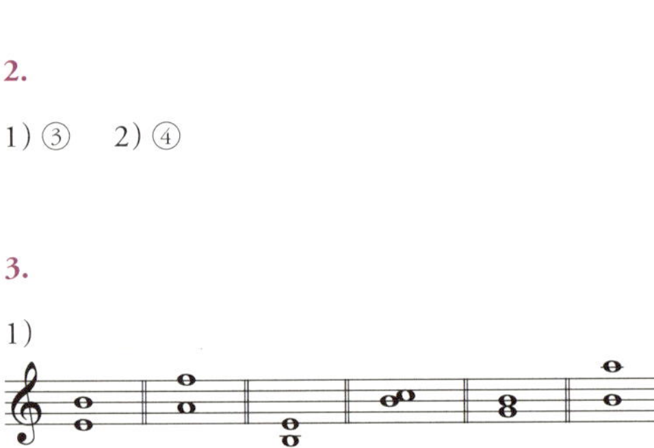

2)

4.

1)

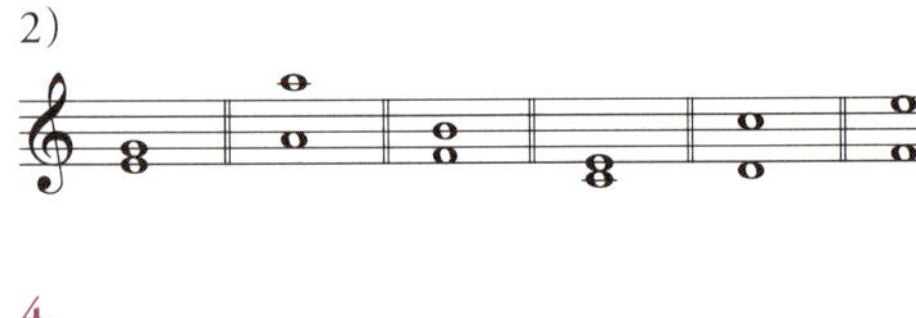

2)

5.

1) 증4도, 증4도, 장6도, 증3도, 장3도, 증4도

2) 단3도, 감8도, 감5도, 감2도, 단7도, 감4도

3) 감7도, 완전4도, 감4도, 감5도, 감8도, 감7도

4) 증4도, 장7도, 증8도, 증8도, 증4도, 장6도

5) 겹겹감5도, 겹증4도, 겹감3도, 겹증4도, 감4도, 증7도

6) 장2도, 겹증2도, 겹감7도, 장6도, 감2도, 겹감7도

6.

1)

2)

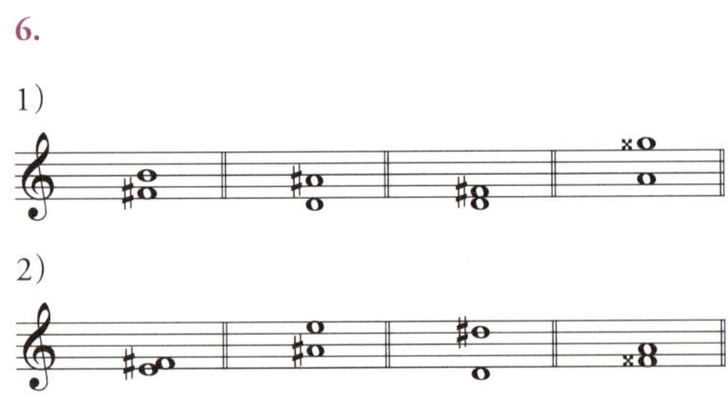

7.

1)

2)

3)

8.

1) ③　　2) ②

9.

1)

2)

10.

1)

2)

11.

1)

2)

3)

4)

5)

6)

12.

1)

2)

3)

4)

5)

6)

13.

1) 증11도, 단9도, 장13도, 증9도, 단9도, 증12도

2) 장10도, 장14도, 감10도, 단13도, 단13도, 증9도

14.

1)

2)

15.

1)

2)

음정 ● 심화문제

1.

1) 완전5도, 단7도, 장3도, 단6도, 감4도, 장2도

2) 장7도, 단10도, 장6도, 완전1도, 단7도, 단6도

3) 증4도, 단9도, 장6도, 장7도, 단2도, 증5도

4) 장3도, 장7도, 감3도, 단6도, 단6도, 증2도

5) 장7도, 감5도, 단14도, 겹증5도, 완전5도, 단6도

6) 장7도, 장3도, 단3도, 장2도, 장6도, 완전8도

7) 단6도, 증10도, 단9도, 장10도, 완전8도, 겹감7도

8) 증8도, 완전8도, 단10도, 단14도, 단7도, 단10도

9) 증11도, 감12도, 감11도, 단9도, 장6도, 감12도

10) 단9도, 증8도, 단14도, 장9도, 완전12도, 증12도

2.

1)

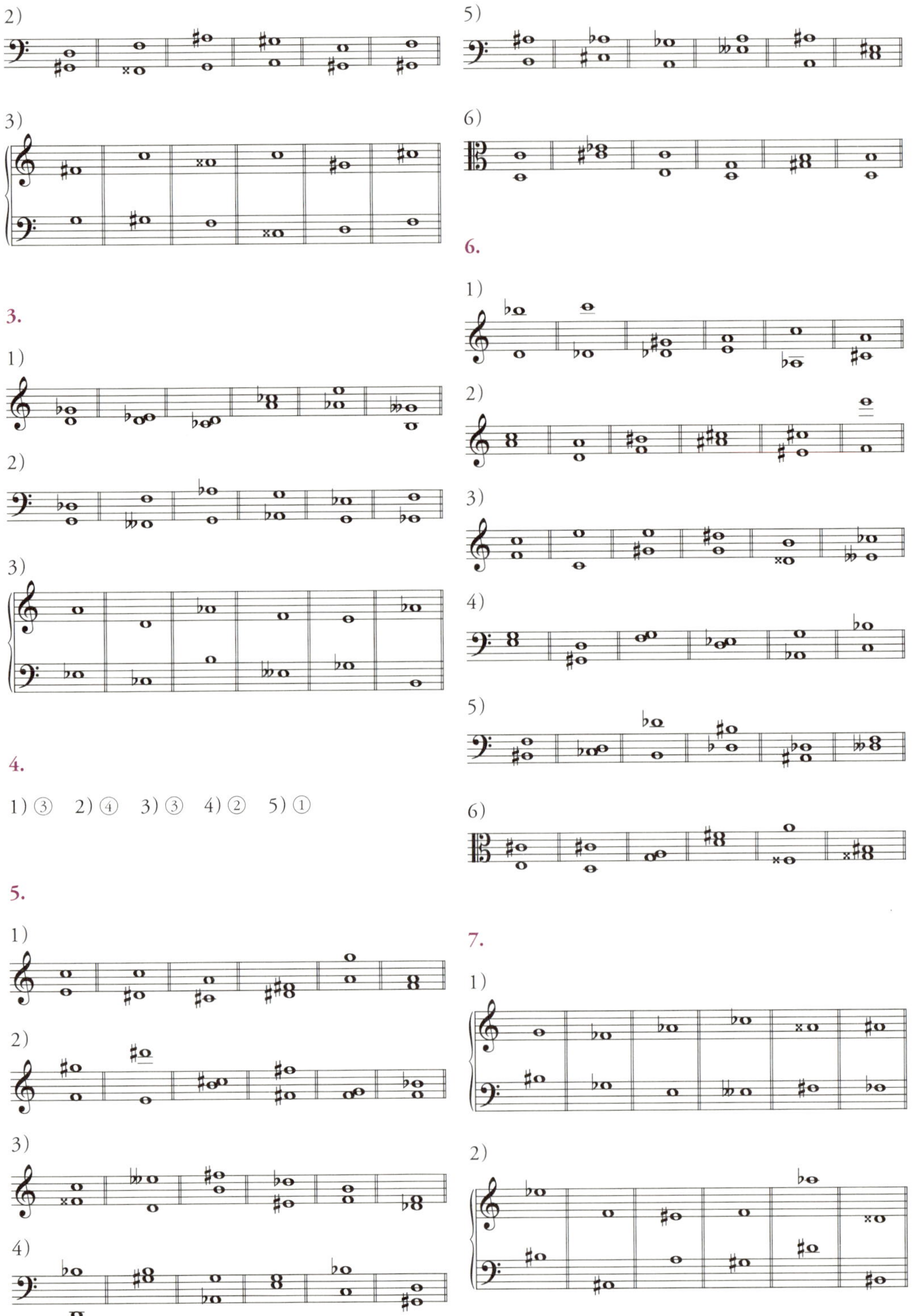

3)

4)

5)

6)

7)

8)

2.

1) ①   2) ③

3.

1)

2)

3)

4.

1)

2)

3)

5.

1)

2)

3)

음정 ● 종합문제

1.

1) 완전4도, 겹감7도, 단6도, 장2도, 단7도, 완전4도

2) 단3도, 증5도, 단6도, 장2도, 장3도, 장7도

3) 단3도, 단13도, 장7도, 증4도, 단2도, 감3도

4) 증5도, 완전5도, 단3도, 증7도, 장14도, 장3도

6.

1)

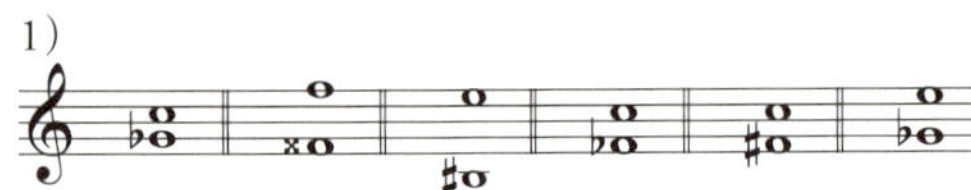

2)

3)

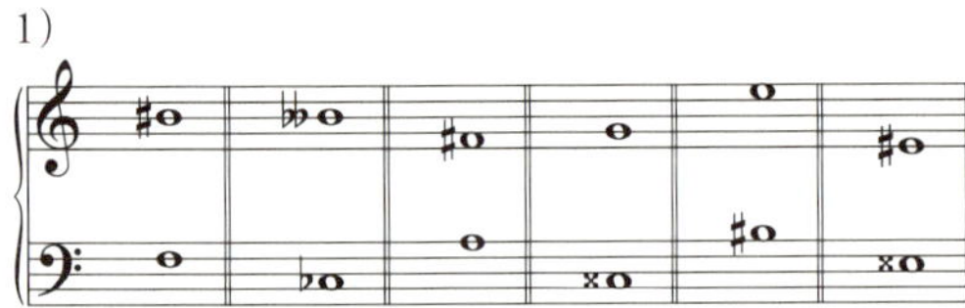

7.

1)

2)

8.

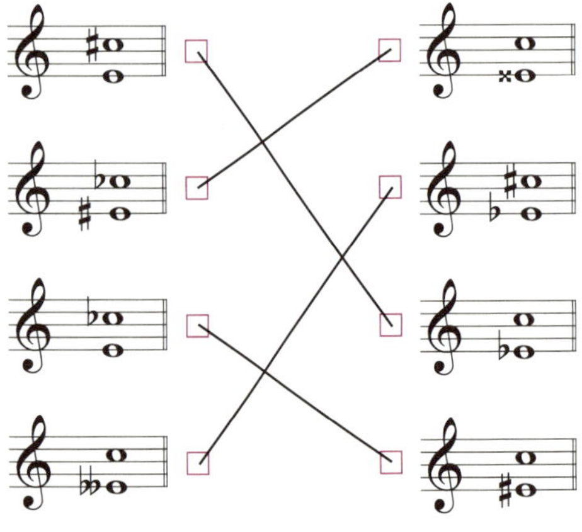

3화음 • 기본문제

1.

1) C, Am, Bdim, Caug, E, Gm

2) Dm, Bm, Cm, Fm, Fsus4, Dsus4

3) Aaug, Adim, Esus4, Ddim, B, Gdim

4) Eaug, D, Em, Bsus4, F, Asus4

5) A, G, Em, Gsus4, Baug, Daug

6) Gaug, Edim, Cdim, Faug, Am, Fdim

2.

1) ③   2) ④   3) ④

3.

1)

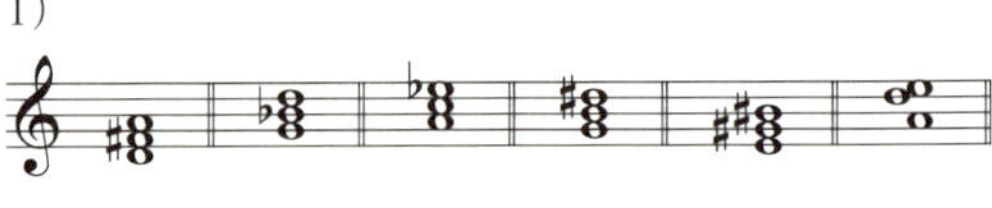

2)

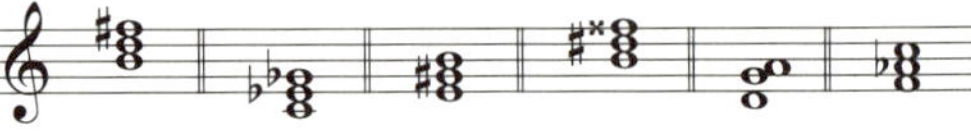

3)

4.

1)

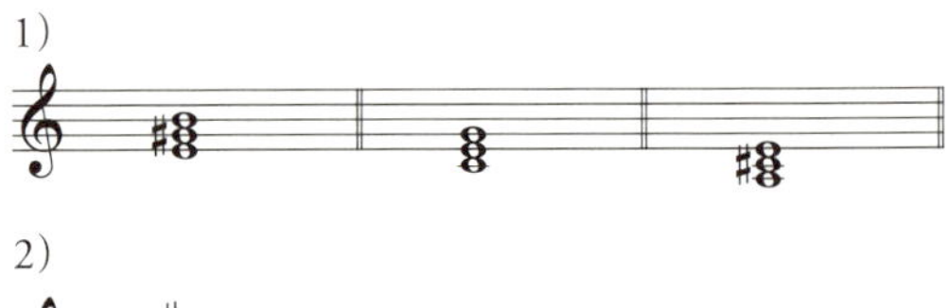

2)

3)

5.

1)

2)

3)

6.

1)

2)

3)

7.

1)

2)

3)

8.

1) F♯aug, Adim, F♯m, D♯dim, G♯aug, Dsus4

2) Fsus4, Dm, E♭dim, G♯, G♯m, A♭m

3) B♭m, D, Bm, G♯m, Fsus4, B♭

9.

1)

2)

3)

10.

1)

2)

3)

4)

5)

6)

11.

1)

2)

3)

12.

1) B/F♯, Caug/E, Cm/E♭, Em/G, Gm/B♭, Bsus4/F♯

2) Daug/F♯, Fm/A♭, F/A, Edim/G, Fdim/A♭, Dm/F

3) Edim/G, A/E, F/A, Cdim/G♭, C/G, Csus4/G

13.

1)

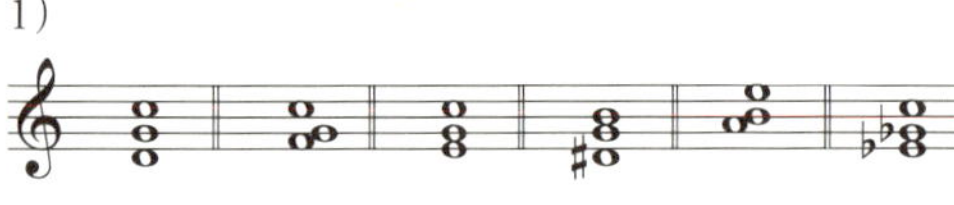

2)

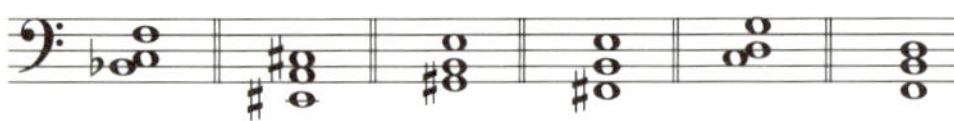

3)

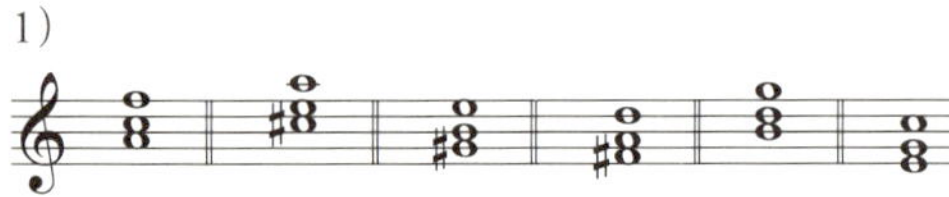

14.

1)

2)

15.

1)

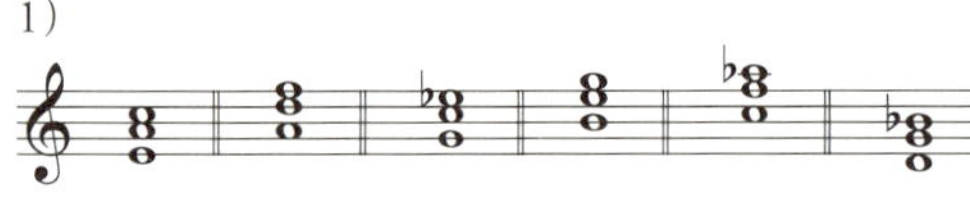

2)

3화음 • 심화문제

1.

1) E♯m, Adim, E♭dim, F♭aug, Fsus4/C, C♯dim

2) C♭aug, C, Baug/Fx, Baug, Asus4/E, Fsus4/C

3) Daug, G/B, Ddim/F, B♭m, E, G♯dim

4) Cm, Aaug/E♯, A♭m, Gdim/D♭, Gsus4, F♯dim

5) E♭aug, Adim/E♭, Dm, A♯, A♭aug, E/B

6) Fsus4, Eaug/G♯, F♯m, Dsus4/G, F, D♭

7) Bdim, Esus4, C♯sus4, Bm, Am/C, B/D♯

8) Ddim, Asus4/D, Dsus4, Asus4, Gm/B♭, G♭m

9) G, Gaug, Gaug/B, B♭sus4, Cm/E♭, B♯

10) Dsus4/A, C♯m, E♭m, G♭, Faug, Fdim/A♭

2.

1) ④　　2) ④

3.

1)

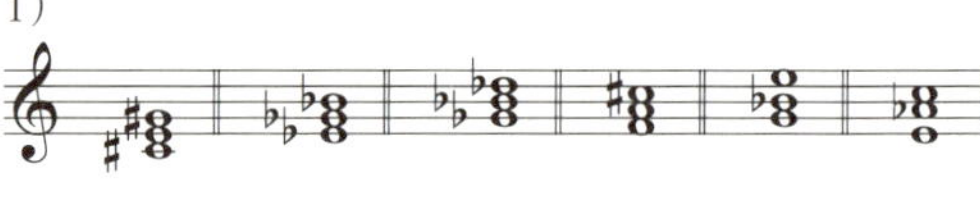

2)

3)

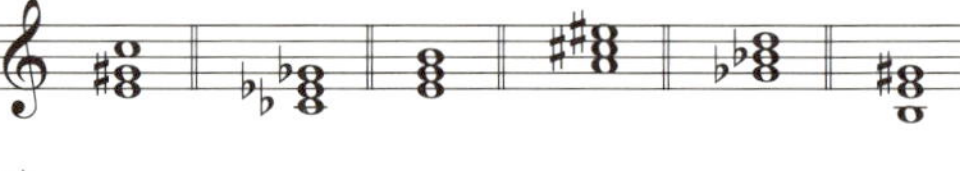

4)

5)

6)

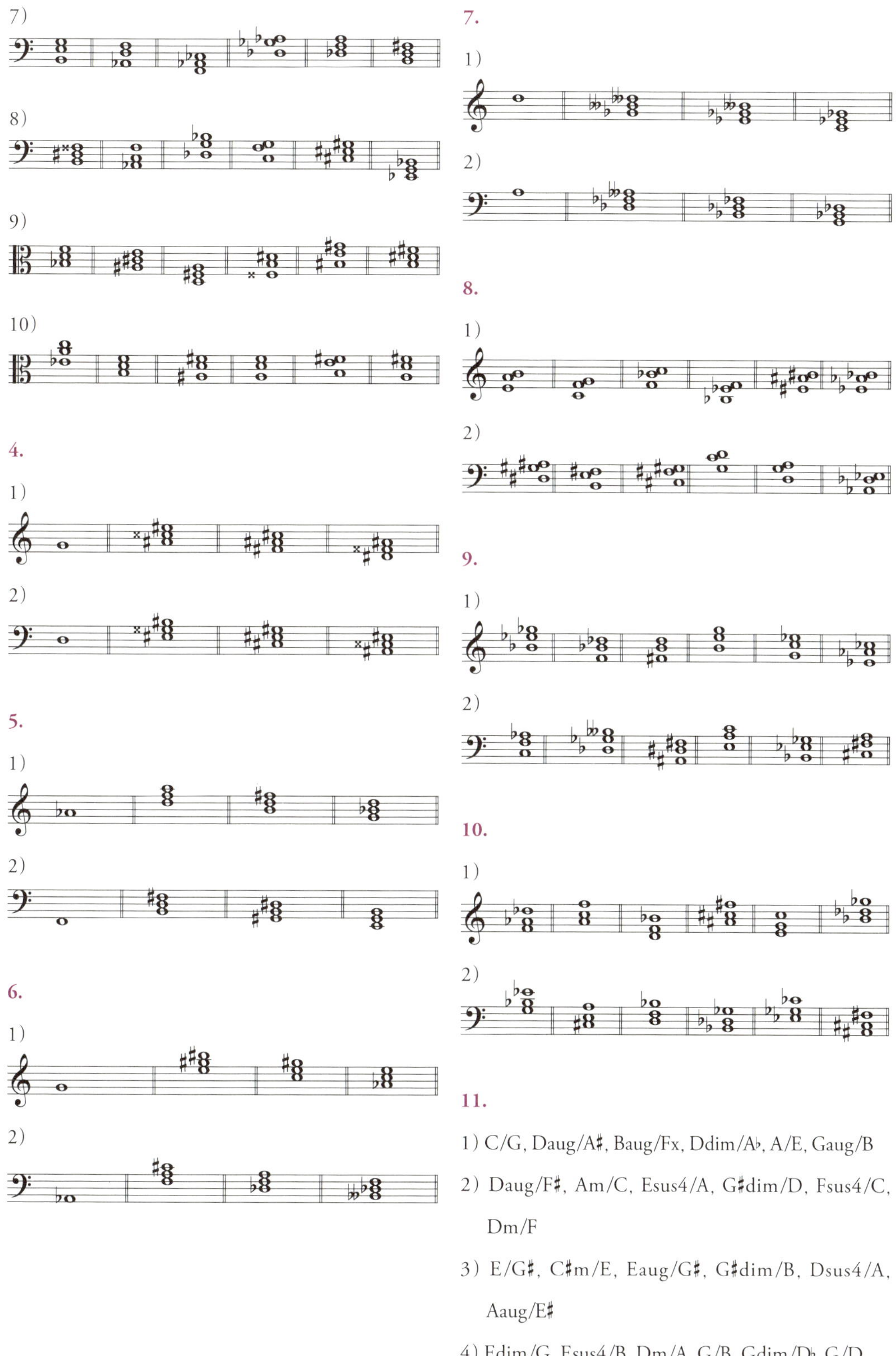

7)

8)

9)

10)

4.

1)

2)

5.

1)

2)

6.

1)

2)

7.

1)

2)

8.

1)

2)

9.

1)

2)

10.

1)

2)

11.

1) C/G, Daug/A♯, Baug/Fx, Ddim/A♭, A/E, Gaug/B

2) Daug/F♯, Am/C, Esus4/A, G♯dim/D, Fsus4/C, Dm/F

3) E/G♯, C♯m/E, Eaug/G♯, G♯dim/B, Dsus4/A, Aaug/E♯

4) Edim/G, Esus4/B, Dm/A, G/B, Gdim/D♭, G/D

12.

1)

2)

3)

4)

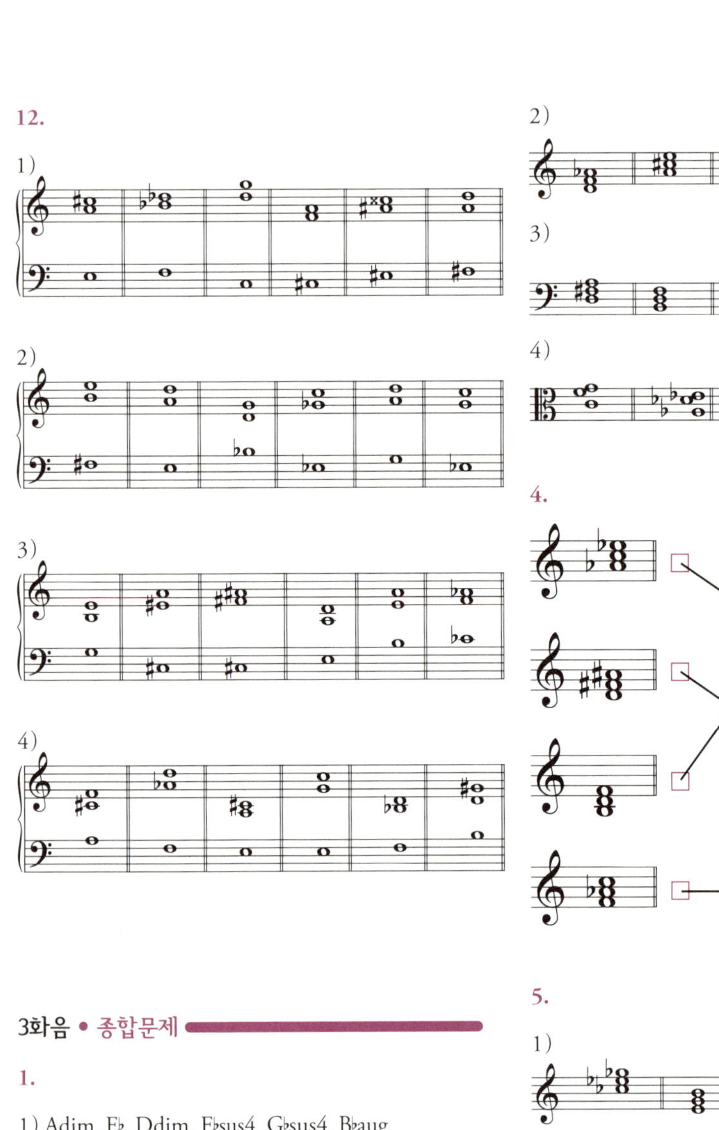

2)

3)

4)

4.

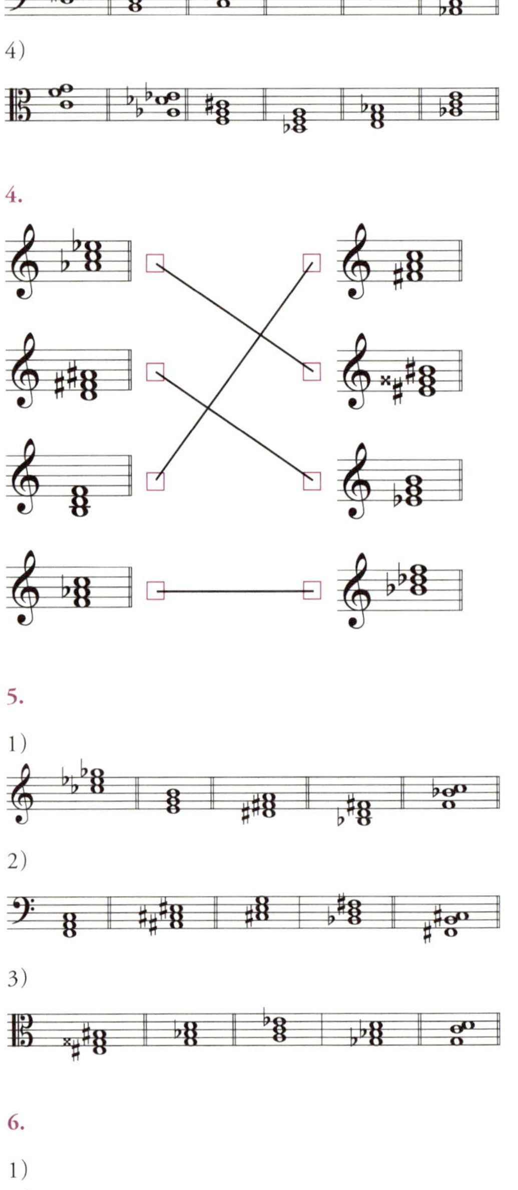

5.

1)

2)

3)

6.

1)

3화음 ● 종합문제

1.

1) Adim, E♭, Ddim, E♭sus4, G♭sus4, B♭aug

2) Daug, Dm, B, D, F♯m, G

3) Edim, A♭aug, B♭m, A♭, A♭sus4, Am

4) Cm, E♭, B♭, B♭m, Edim, A♭

2.

1) ①　　2) ②

3.

1)

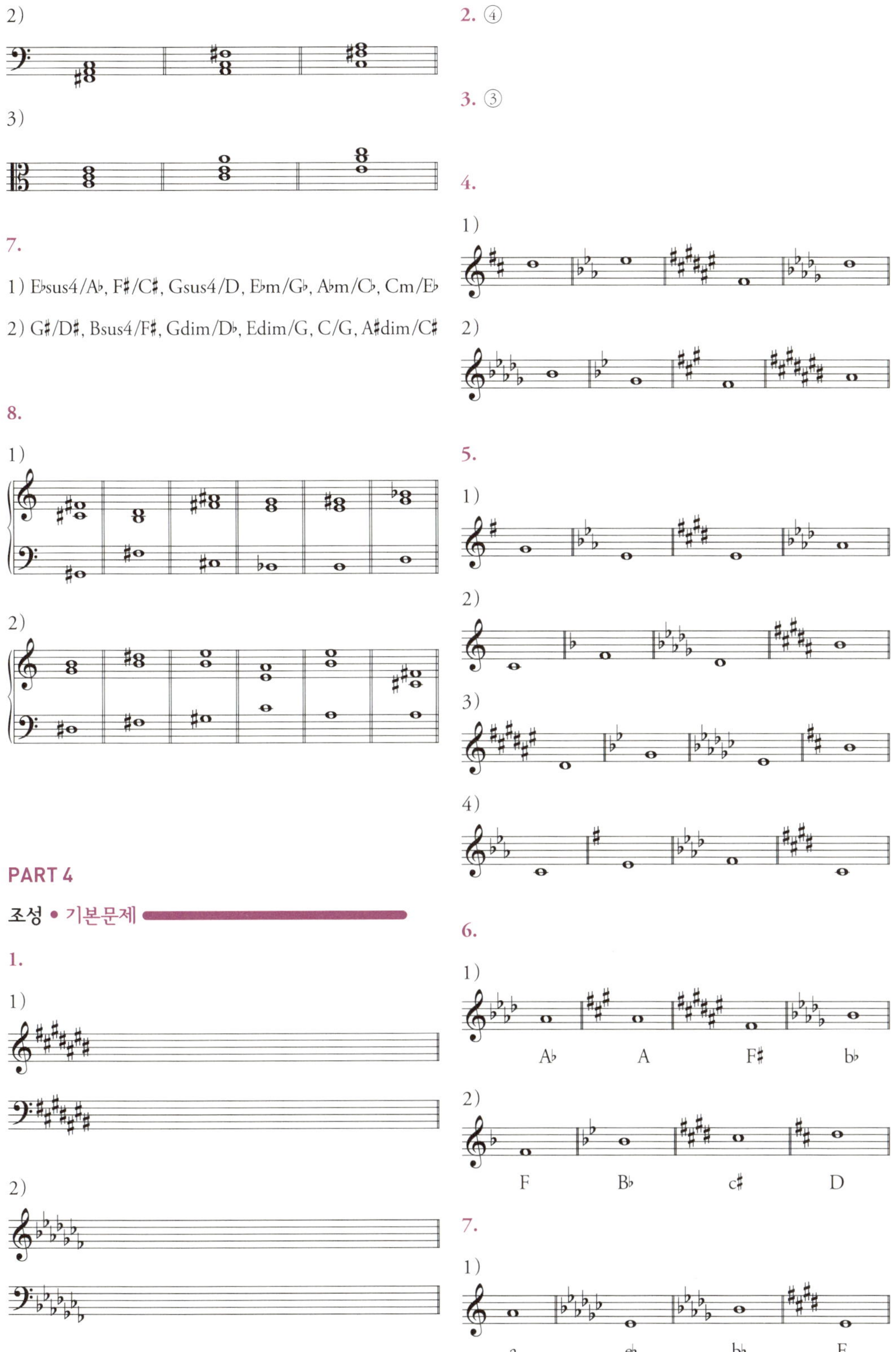

2)

3)

7.

1) E♭sus4/A♭, F#/C#, Gsus4/D, E♭m/G♭, A♭m/C♭, Cm/E♭

2) G#/D#, Bsus4/F#, Gdim/D♭, Edim/G, C/G, A#dim/C#

8.

1)

2)

PART 4

조성 • 기본문제

1.

1)

2)

2. ④

3. ③

4.

1)

2)

5.

1)

2)

3)

4)

6.

1)

2)

7.

1)

2)

C♯   B♭   d   f

8. ①

9. ①

10.

1) ③ 2) ② 3) ⑦ 4) ⑤ 5) ①

6) ④ 7) ⑥ 8) ⑧

11.

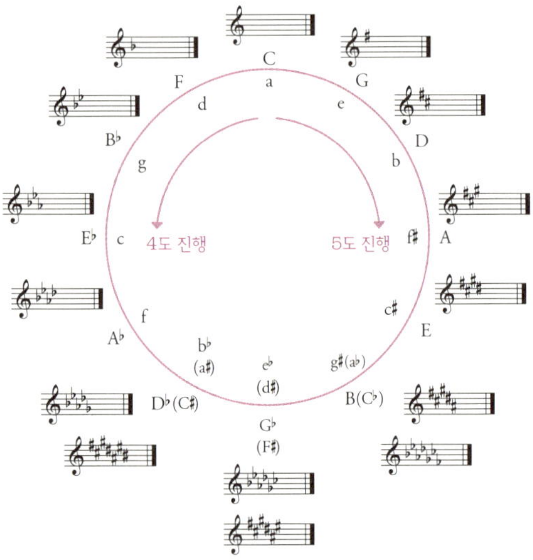

12.

1)

2)

조성 ● 심화문제

1.

1) M : B♭, F♯, E♭, A♭ / m : g, d♯, c, f

2) M : A, E, D♭, F / m : f♯, c♯, b♭, d

3) M : C, G, G♭, D / m : a, e, e♭, b

2.

1)

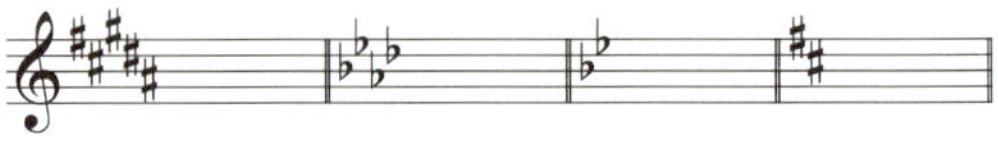

m :   g♯   f   g   b

2)

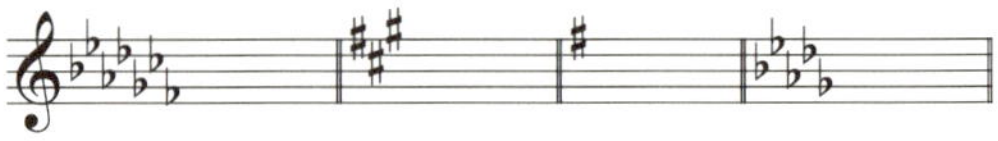

m :   a♭   f♯   e   b♭

3)

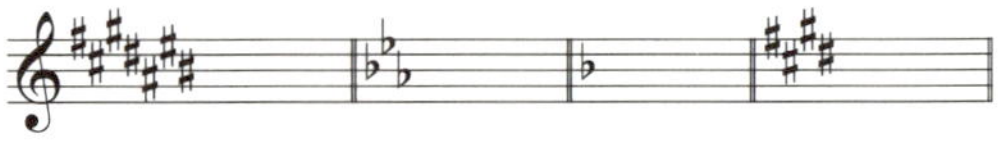

m :   a♯   c   d   c♯

3.

1)

M :   G♭   A   B♭   G

2)

M :   B   D♭   D   A♭

3)

M :　　C　　　　E　　　　E♭　　　F

4. ③

5. ③

6. ①

7.

(조표는 임시표와 달리 마디가 바뀌어도 이전 마디에 나온 조표가
유효합니다. 1번 악보의 예를 들면 2번째 마디는 조표가 없는 것이
아니라 1번째 마디의 조표가 유효하게 적용되는 것입니다.)

1)

2)

3)

4)

5)

6)

8.

9.

10.

11.

1)

①

②

2)

①

②

12.

1)

2)

3)

13.
1)
2)
3)
조성 ● 종합문제
1.
1)
2)
2.
1)
2)
3. ②
4.
1)
M :   F   G♭   E   D
2)
M :   C♭   A   C#   E♭
3)
M :   C   G   B♭   A♭
5.
1)
2)
6.
1)
2)
7.
8.
1)
2)

3)
9.
1)
2)
3)
PART 5
스케일 ● 기본문제
1. 토닉(Tonic), 도미넌트(Dominant), 리딩(Leading)
2.
3.
4.
1)
2)
3)
5.
1)
2)
3)
6.
1)
2)
3)
7.
1)
2)
3)
8.
1)

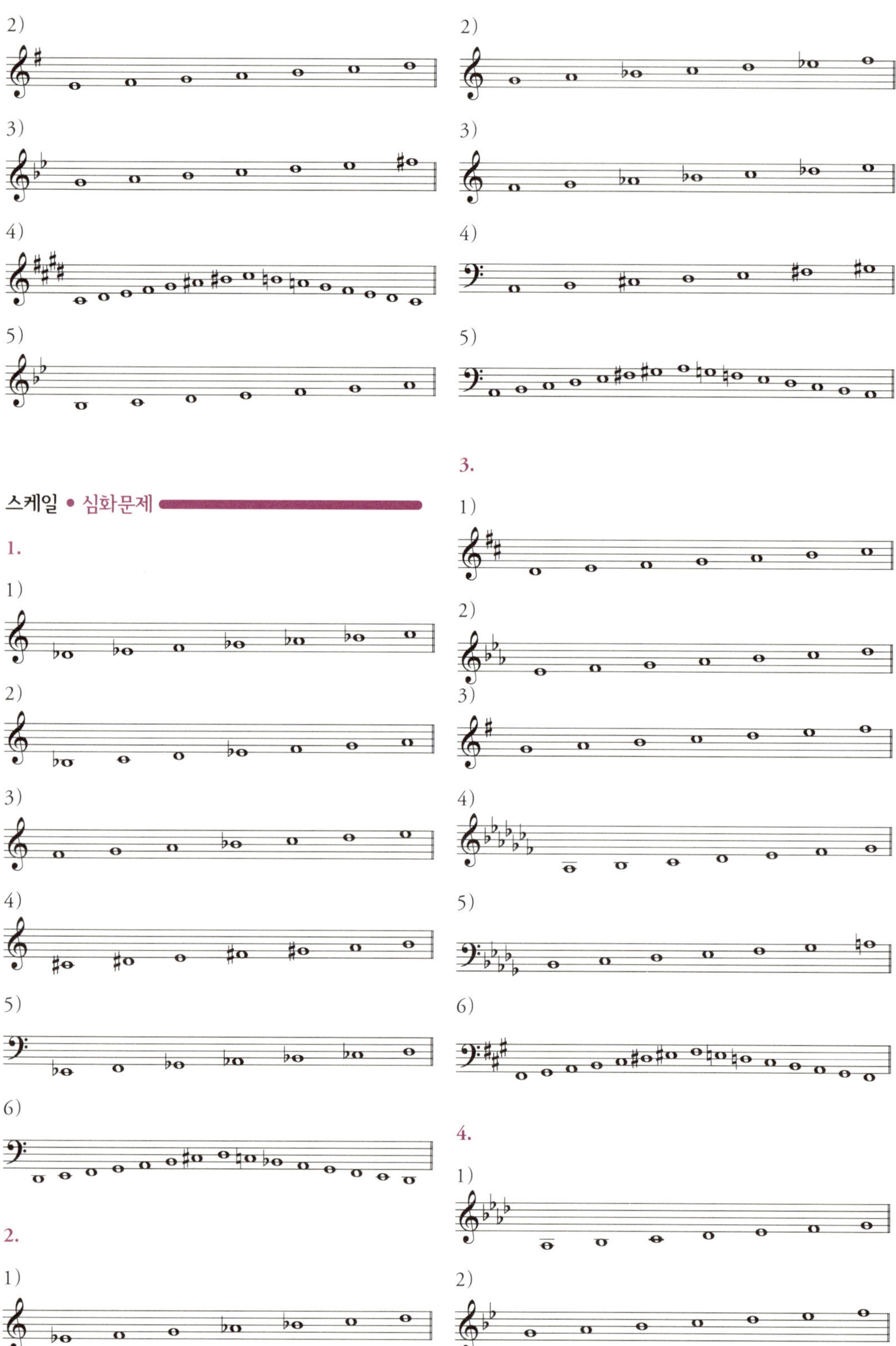

스케일 ● 심화문제

1.

2.

3.

4.

3)

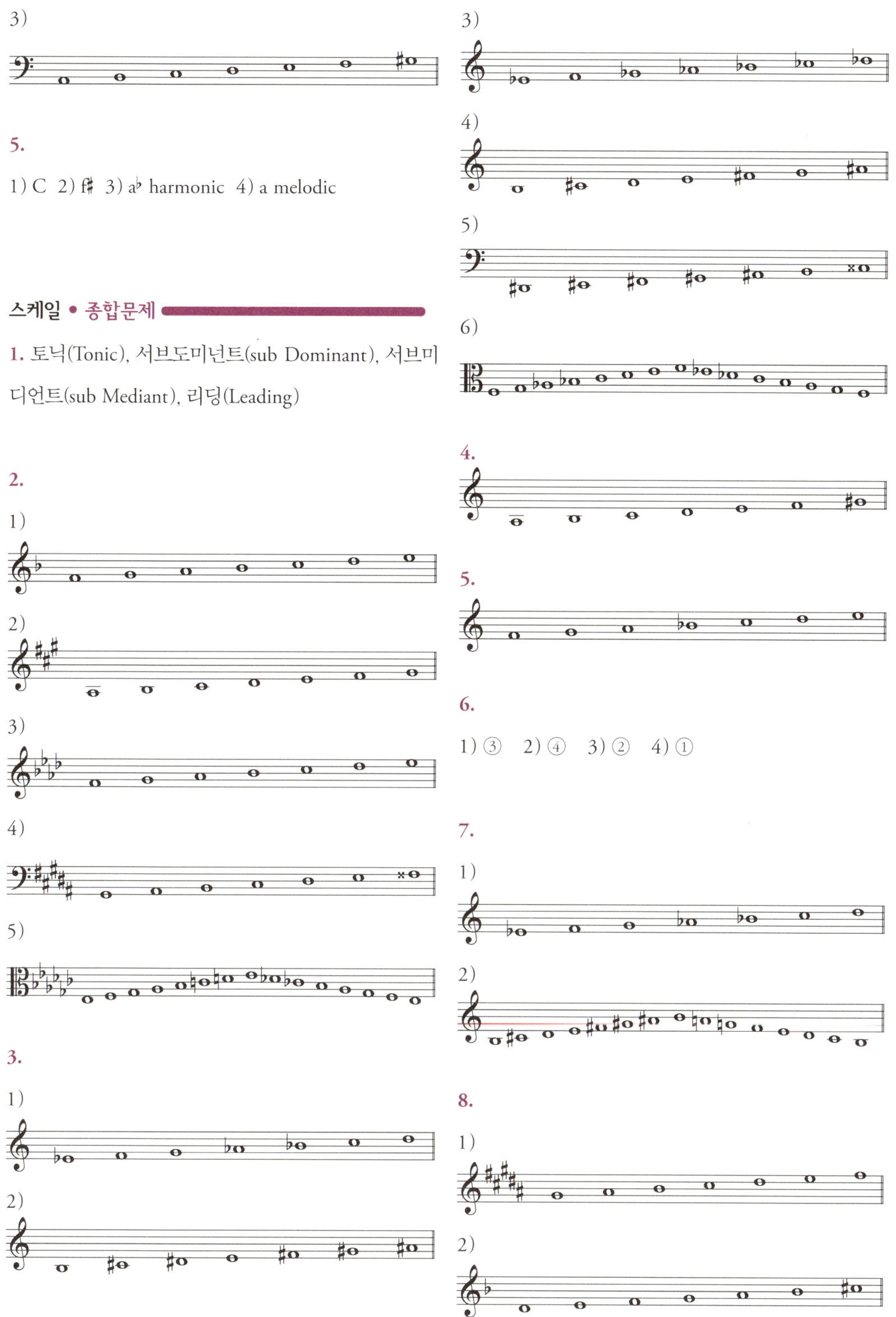

5.

1) C 2) f♯ 3) a♭ harmonic 4) a melodic

스케일 ● 종합문제

1. 토닉(Tonic), 서브도미넌트(sub Dominant), 서브미
디언트(sub Mediant), 리딩(Leading)

2.

1)

2)

3)

4)

5)

3.

1)

2)

3)

4)

5)

6)

4.

5.

6.

1) ③ 2) ④ 3) ② 4) ①

7.

1)

2)

8.

1)

2)

PART 6

7화음 • 기본문제

1.

1)

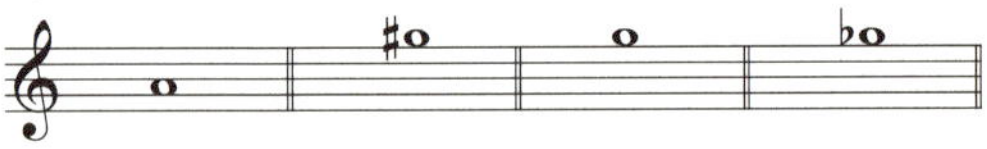

2)

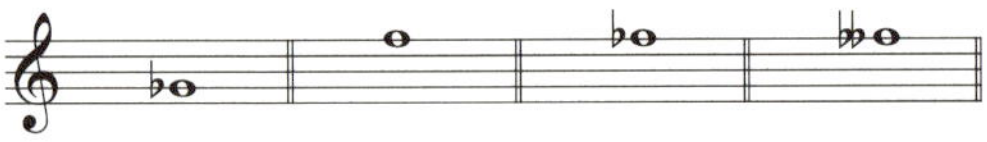

3)

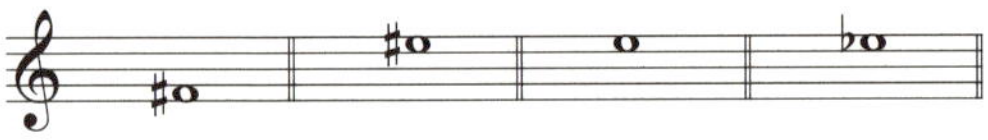

2.

1) CmM7 Cm M7

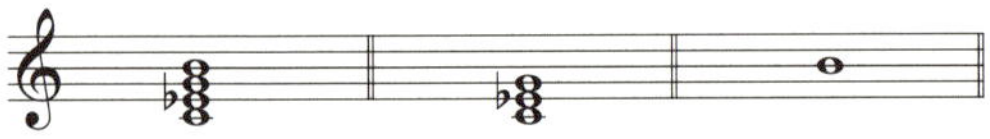

2) Cm7 Cm 7

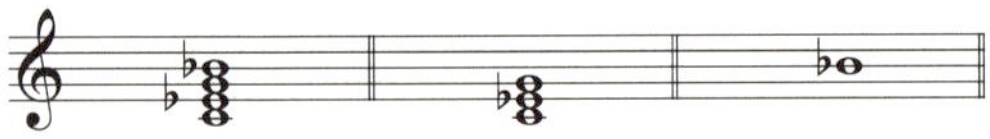

3) Cdim7 Cdim dim7

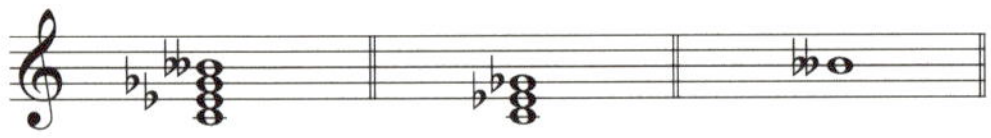

3.

1) ② 2) ④ 3) ③ 4) ④

4. ③

5. ③

6.

1) F7, E7, CmM7, Am7(♭5), Bdim7, EM7

2) GM7, C7sus4, Edim7, A7, B7sus4, FmM7

3) AmM7, C7, D7sus4, Gm7(♭5), FM7, BM7

4) Em7, D7, Am7, Bm7, GmM7, Cdim7

7. 1) ① 2) ③

8.

1)

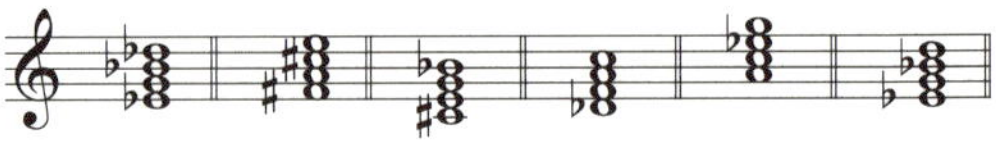

2)

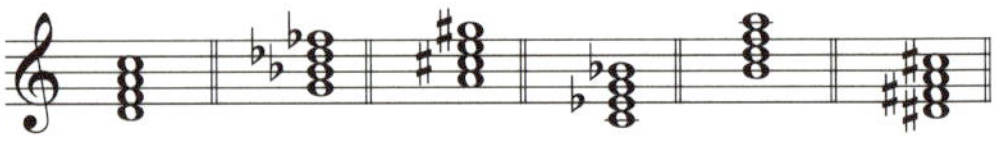

3)

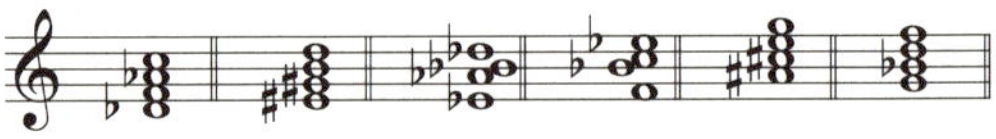

4)

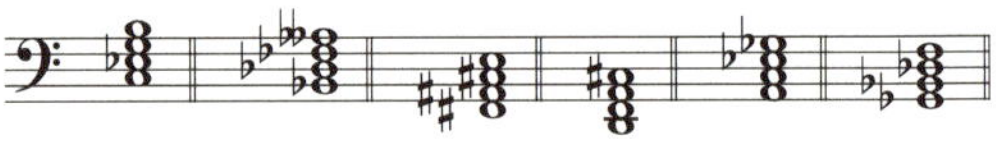

9.

1)

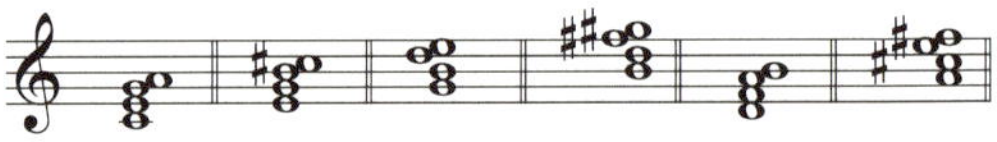

2)

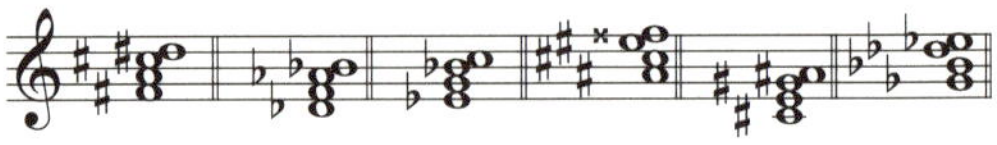

10.

1)

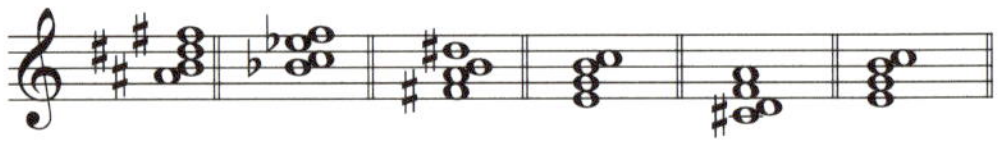

2)

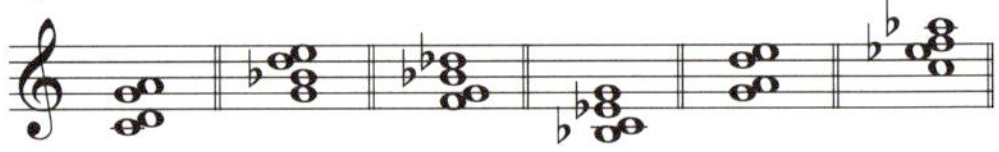

3)

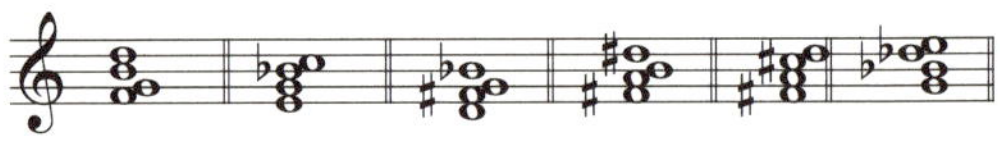

4)

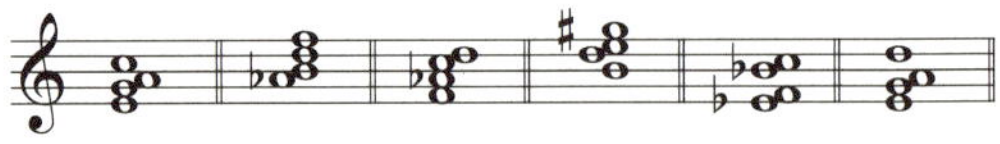

11.

1) Bm7/A, EmM7/G, Gm7/D, Daug7/C, FmM7/A♭, Cm7(♭5)/E♭

2) D7/A, E7sus4/A, Gdim7/F♭, Cm7(♭5)/G♭, Am7(♭5)/G, F7/C

3) GM7/F♯, Dm7/C, G7sus4/C, C7/E, Fm7/A♭, EM7/D♯

4) AmM7/G♯, Bm7(♭5)/F, CmM7/E♭, Dm7/C, Bdim7/F, E7/B

5) Fm7(♭5)/A♭, AM7/G♯, C7sus4/F, GmM7/F♯, Cm7/B♭, BmM7/F♯

6) A7/E, Ddim7/A♭, Fdim7/A♭, G7sus4/C, Edim7/G, DM7/A

7화음 ● 심화문제

1.

1) E♭7, F♯m7, C♯dim7, E♭M7, Dm6, Gdim7

2) AM7, D♯m7(♭5), D♭M7, E♯dim7, E♭7sus4, Gm7

3) CmM7, B♭dim7, F♯7, G♭M7, CM7, A♯7

4) E♭mM7, B7sus4, C6, B♭mM7, G♯7, C♯m7(♭5)

5) F♯m7(♭5), B♭m7(♭5), D7, Em7(♭5), D♭mM7, A♯dim7

6) F♭M7, E♯m7, Gm7(♭5), D♯dim7, FmM7, D7sus4

2.

1) ① 2) ④ 3) ②

3) Bm7/F#   D♭m7/A♭ G#m7/D# C#m7/G#   A♭m7/E♭ Fm7/C

4) D#m7(♭5)/F# Fm7(♭5)/A♭ A#m7(♭5)/C# E♭m7(♭5)/G♭ Am7(♭5)/C C#m7(♭5)/E

5) E6   E♭6   D6   A#6   G#6   D♭6

6) D♭M7/C C#M7/B#   CM7/B   A#M7/G× GM7/F#   A♭M7/G

6.

1) E♭7/G, Cm7/E♭, B#m7(♭5)/A#, F7/C, C♭M7/B♭, Bdim7/A♭

2) E♭M7/G, GM7/D, C7sus4/F, B7sus4/F#, F#mM7/A, A♭mM7/E♭

3) AM7/C#, D#m7(♭5)/F#, D♭M7/F, E#dim7/B, E♭7sus4/A♭, Gm7/B♭

4) G#m7(♭5)/F#, Am7/G, D♭m7/F♭, E♭7/G, Cdim7/E♭, Am7(♭5)/C

5) Bm7/A, DmM7/A, BM7/A#, Adim7/C, Cm7(♭5)/G♭, G♭M7/B♭

6) E#mM7/B#, C#M7/E#, Gm7/B♭, C7sus4/B♭, B#dim7/A, Fm7/A♭

7.

1) CmM7/E♭, F#m7(♭5)/E, A♭mM7/G, Em7/B, G7/F, B7sus4/A

2) D7/F#, Em7(♭5)/G, Gm7(♭5)/B♭, Am7/G, BM7/A#, C7/G

3) DmM7/A, FM7/A, A7/G, C#m7(♭5)/E, E♭7sus4/B♭, Bdim7/A♭

4) F#m7/A, D♭M7/A♭, C#dim7/B♭, B7/D#, G♭M7/D♭, E#7/G×

7화음 ● 종합문제

1.

1) EmM7/D#, F#7/A#, Gm7, D7sus4/G, B7/F#, E♭mM7

2) C7sus4, Bdim7/D, A#dim7/G, Em7(♭5)/D, D♭M7/F, F#m7(♭5)

3) G7/D, E7/G#, Am7(♭5)/G, E♭7, F#m7/E, C#dim7/G

2.

1)

2)

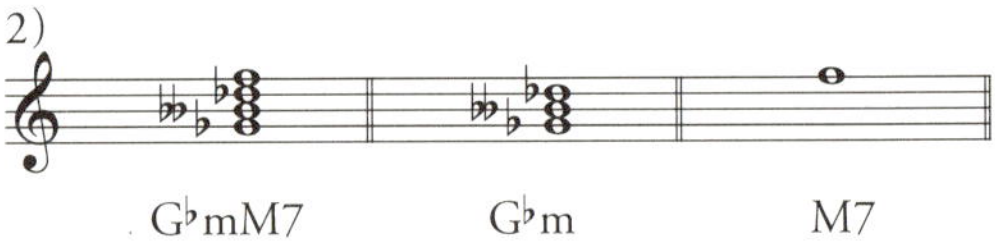

3)

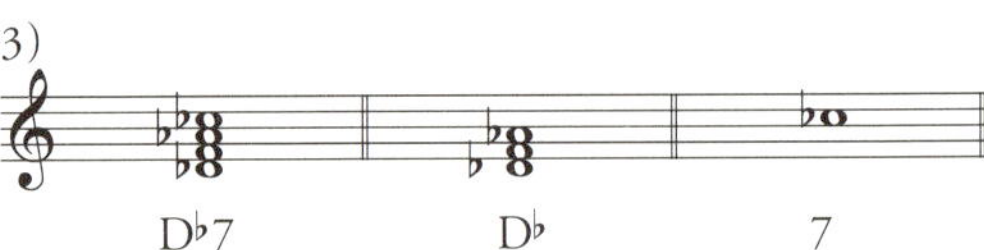

3.

1) E♭mM7

2) Am7

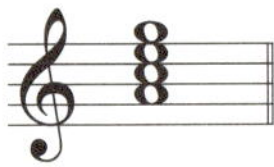

3) Edim7

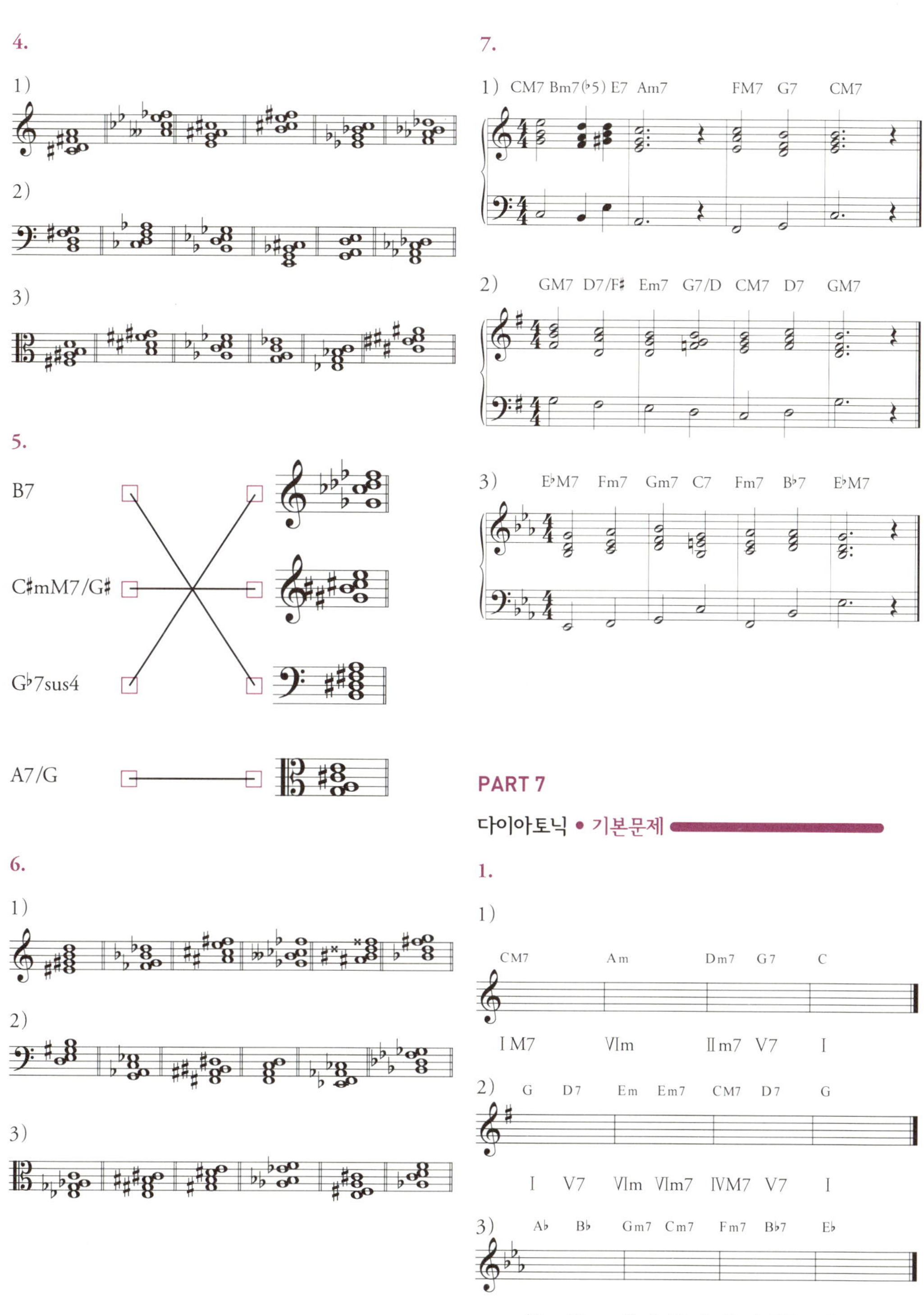

PART 7

다이아토닉 ● 기본문제

1.

2.

1) B♭M7 Cm7 Dm7 Gm7 E♭M7 F7 B♭

IM7 IIm7 IIIm7 VIm7 IVM7 V7 I

2) AM7 B7 G♯m7 C♯m7 F♯m7 B7 E

IVM7 V7 IIIm7 VIm7 IIm7 V7 I

3) A♭M7 D♭M7 B♭m7 E♭7 A♭

IM7 IVM7 IIm7 V7 I

4) F♯mM7 G♯m7(♭5) AaugM7 Bm7 C♯7 DM7 E♯dim7

5) E♭ key

E♭M7 Fm7 Gm7 A♭M7 B♭7 Cm7 Dm7(♭5)

6)

DmM7 Em7 FaugM7 G7 A7 Bm7(♭5) C♯m7(♭5)

3.

1) I, IV   2) IIm7, VIm7   3) V, IV

4) F, C   5) C, G   6) G, C

4.

1) ① 2) ④ 3) ① 4) ③

5.

1)

CM7 Dm7 Em7 FM7 G7 Am7 Bm7(♭5)

2)

DM7 Em7 F♯m7 GM7 A7 Bm7 C♯m7(♭5)

3)

Am7 Bm7(♭5) CM7 Dm7 Em7 FM7 G7

6.

1)

| A | Bm | C♯m | D | E | F♯m | G♯dim |

2)

| E♭m | Fdim | G♭ | A♭m | B♭m | C♭ | D♭ |

3)

| G♯m | A♯dim | Baug | C♯m | D♯ | E | F𝄪dim |

4)

| C♯m | D♯m | Eaug | F♯ | G♯ | A♯dim | B♯dim |

7.

1) B♭M7 Cm7 Dm7 Gm7 E♭M7 F7 B♭

2) AM7 Bm7 C♯m7 F♯m7 DM7 E7 A

3) E♭M7 Fm7 Gm7 Cm7 A♭M7 B♭7 E♭

1.

1) V, Ⅲ　　2) Ⅵm7, Ⅴm7　　3) Ⅶm7(♭5), Ⅵm7(♭5)

4) a♭, D♭　　5) e♭, C♭　　6) f♯, A

2.

1)
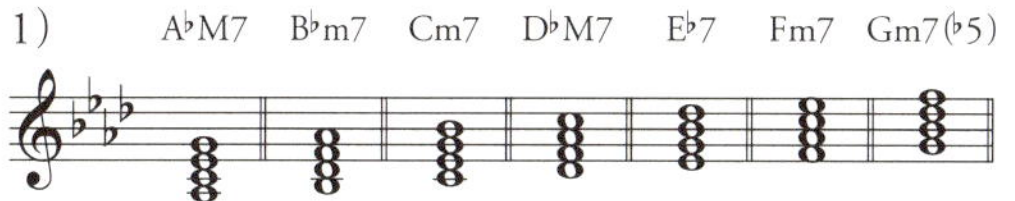

2)
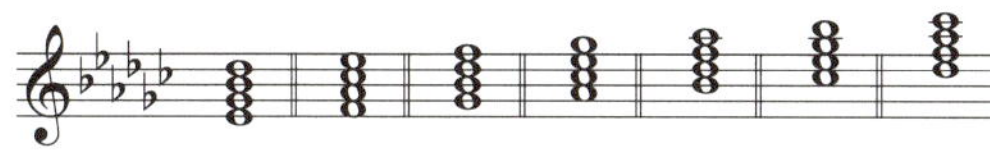

3)
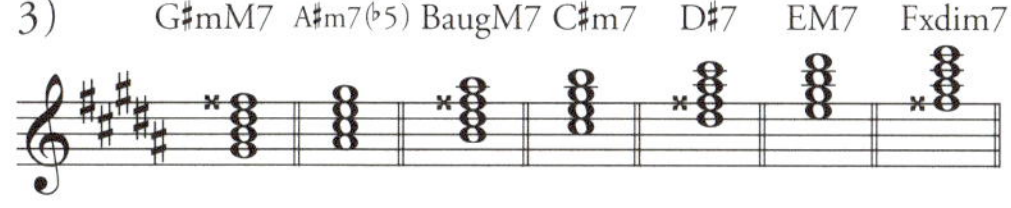

4)

3.

1) b♭ key (natural)

B♭m7	Cm7(♭5)	D♭M7	E♭m7	Fm7	G♭M7	A♭7

2) G key

GM7	Am7	Bm7	CM7	D7	Em7	F♯m7(♭5)

3) f♯ key (harmonic)

F♯mM7	G♯m7(♭5)	AaugM7	Bm7	C♯7	DM7	E♯dim7

4) b key (melodic)

BmM7	C♯m7	DaugM7	E7	F♯7	G♯m7(♭5)	A♯m7(♭5)

4.

1) A♭ key

A♭M7	B♭m7	Cm7	D♭M7	E♭7	Fm7	Gm7(♭5)

2) a key (natural)

Am7	Bm7(♭5)	CM7	Dm7	Em7	FM7	G7

3) c♯ key (harmonic)

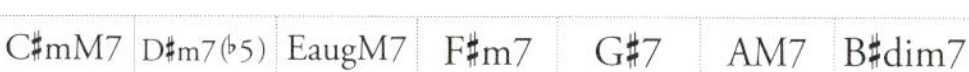

C♯mM7	D♯m7(♭5)	EaugM7	F♯m7	G♯7	AM7	B♯dim7

4) a♭ key (melodic)

A♭mM7	B♭m7	C♭augM7	D♭7	E♭7	Fm7(♭5)	Gm7(♭5)

5.

1) ③　2) ④　3) ④　4) ①　5) ③　6) ④　7) ③　8) ④

6.

1)
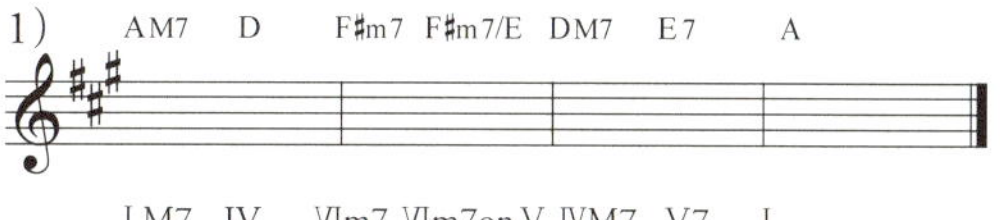

2)
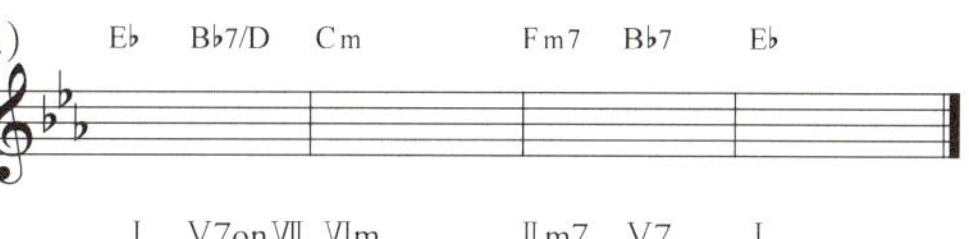

3)
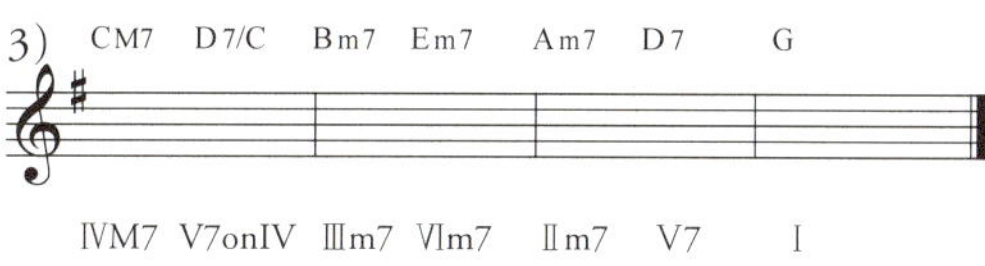

7.

1)
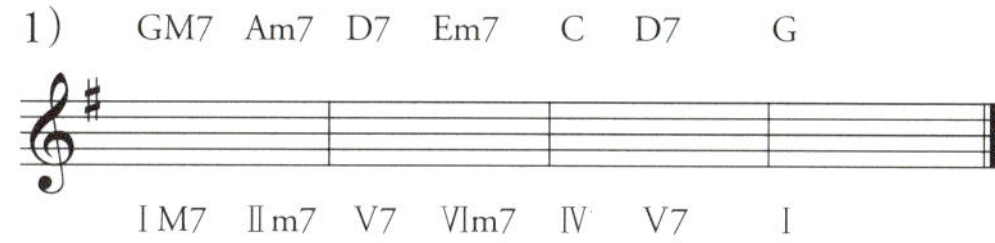

2)
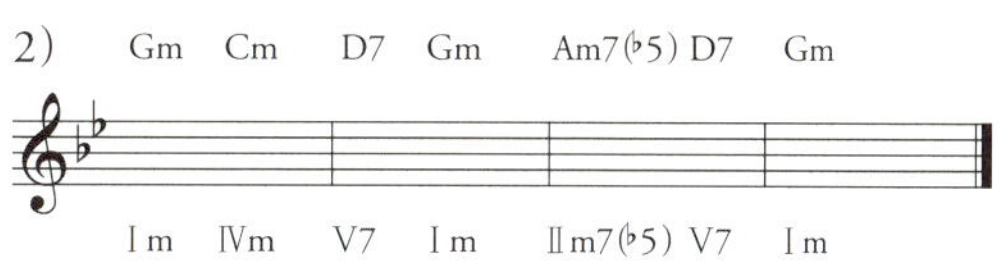

3) Bb Bb/C F Dm7 Gm7 C7 F
IV IVon V I VIm7 IIm7 V7 I

8.
1)
① EbM7 EbM7/F Dm7 Gm7 Cm7 F7 Bb
② GM7 GM7/A F#m7 Bm7 Em7 A7 D
2)
① DbM7 Ab/C Bbm7 Ebm7 Ab7 Db
② CM7 G/B Am7 Dm7 G7 C

9.

다이아토닉 ● 종합문제
1.
1) GbM7 Abm7 Bbm7 CbM7 Db7 Ebm7 Fm7(b5)
2) C#mM7 D#m7 EaugM7 F#7 G#7 A#m7(b5) B#m7(b5)

2.
1) D Em F#m G A Bm C#dim
2) Cm Ddim Eb Fm Gm Ab Bb

3.
1)
AbM7 Bbm7 Cm7 DbM7 Eb7 Fm7 Gm7(b5)
2)
BbM7 Cm7 Dm7 EbM7 F7 Gm7 Am7(b5)
3)
G#mM7 A#m7(b5) BaugM7 C#m7 D#7 EM7 F×dim7

4.
1) G Am7 Bm7 Em7 CM7 D7 G
2) Bb Cm7 Dm7 Gm7 EbM7 F7 Bb

5.

1) 장7   2) 단3

6.

1) ③   2) ②   3) ③

PART 8

모드 ● 기본문제

1.

1) F Phrygian   2) G Mixolydian   3) G Dorian

4) E Aeolian   5) A Ionian   6) C Locrian

2.

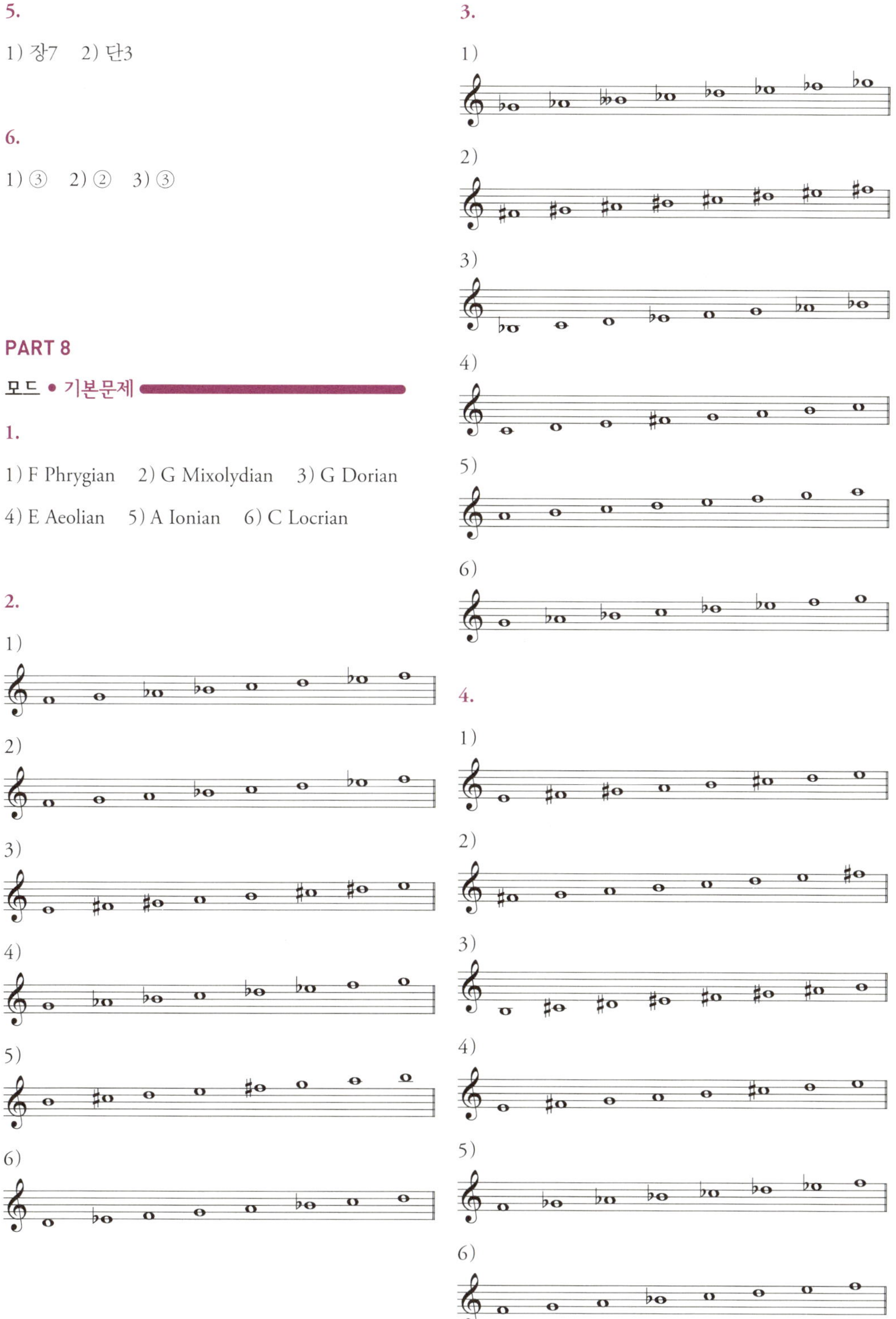

5. (이명동음으로도 표시할 수 있습니다.)

1)
2)
3)
4)
5)
6)
7)
8)
9)
10)
11)
12)

모드 ● 심화문제

1.

1) A♭ Lydian 2) E♭ Locrian 3) F♯ Phrygian

2.

1)
2)
3)

3.

1) ①, ③   2) ④, ⑥   3) ②, ⑤

4.

1)
2)
3)
4)

5. ④

6.

1) C Whole tone   2) C♯ minor Pentatonic

3) D Half whole diminished

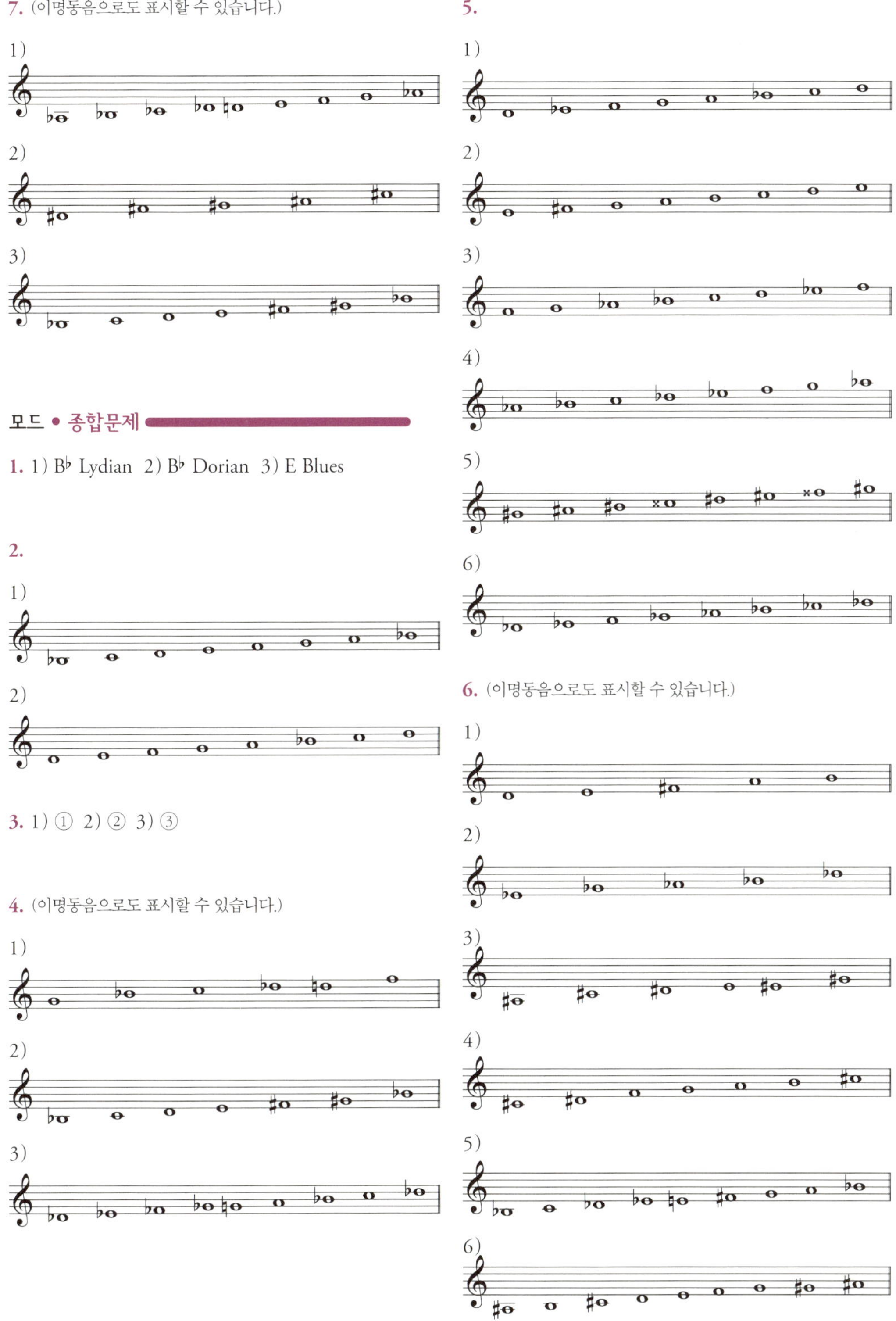

7. (이명동음으로도 표시할 수 있습니다.)

1)

2)

3)

모드 ● 종합문제

1. 1) B♭ Lydian 2) B♭ Dorian 3) E Blues

2.

1)

2)

3. 1) ① 2) ② 3) ③

4. (이명동음으로도 표시할 수 있습니다.)

1)

2)

3)

5.

1)

2)

3)

4)

5)

6)

6. (이명동음으로도 표시할 수 있습니다.)

1)

2)

3)

4)

5)

6)

PART 9

텐션 ● 기본문제

1.

1)

2)

3)

4)

2.

1) Cm13　　2) C9(♯11,13)　　3) CM7(♯11)

4) CmM9　　5) Cm7(13)

3.

1)

2)

3)

4.

5.

6.

7.

1) FM9(♯11,13), DmM9(13), Em7(13), Cm11, G7(♯9)

2) B7(♯9,♭13), Gm7(♭5,11), D7(♯9,♯11), F9(♯11,13), Cm13

3) Cm9(13), AM7(13), Bm9, Em13, Cm11(♭5)

4) EM9(♯11), D7(♯9,♯11,13), Fm9(♭5), A7(♭9,♯11,♭13), G9sus4

5) G9(♯11), A7(♭9,♯11,13), Cm9(♭5,♭13), Em7(11,13), DM9(13)

6) DM7(♯11), FmM9, Am9(13), BmM13, E7(♭9)

8.

1)

2)

3)

4)

5)

6)

1.

1) Dm13, E♭mM7(11), C7(♭9,♯11,13), F7(♯11,13), B♭mM7(11,13)

2) C♯m7(♭5,♭13), A7(13), GM9, E♭7(♭9,13), C7(♭9,♯9)

3) AmM13, B♭7(♯9,♭13), Cm7(13), DmM13, C♯m7(11)

4) C9(13), E♭9, Em11(♭5,♭13), Cm9(♭5), BmM11

5) Fm7(11), CM9(♯11,13), D7(♭9,♭13), Gm7(♭5,11), CmM7(11,13)

6) B♭mM13, F7(♯9,♯11), C9(♯11,13), E♭M7(♯11,13), Em11

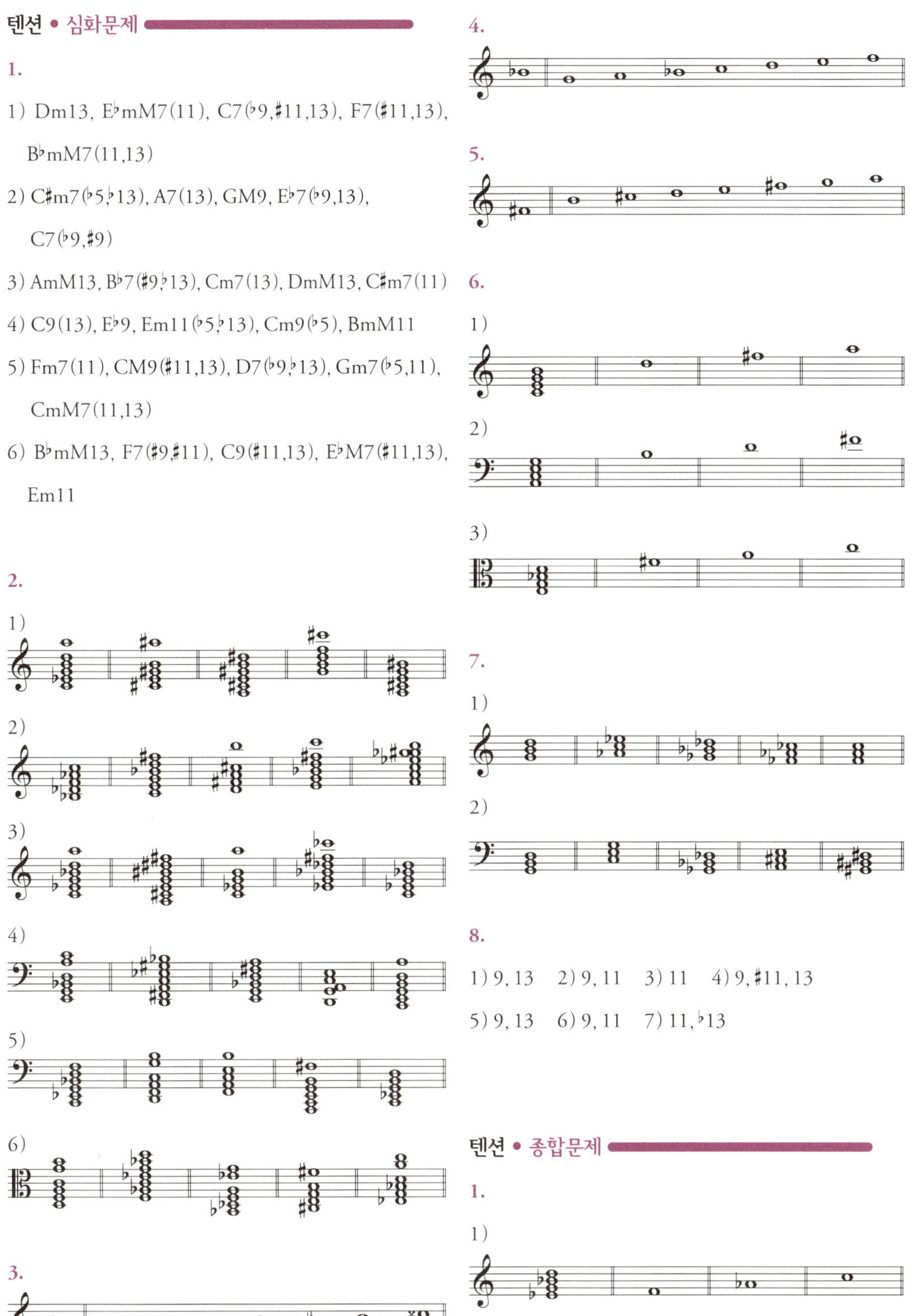

2.

1)

2)

3)

4)

5)

6)

3.

4.

5.

6.

1)

2)

3)

7.

1)

2)

8.

1) 9, 13　2) 9, 11　3) 11　4) 9, ♯11, 13

5) 9, 13　6) 9, 11　7) 11, ♭13

1.

1)

2)

3)

2.

1) CM9(♯11) 2) C7(♭9) 3) Cm9(13)

4) Cm11 5) Cm7(♭5,13) 6) Cdim7(11,♭13)

3.

1) C♯m7(♭5,11), E♭7(♭9,13), Am9(13), Cm9(♭5),
Cm7(11)

2) G♭7(♯9,♯11), BmM11, Em7(♭5,11,♭13), E♭mM7(11),
C9(13)

3) Em13, E♭7(♯11,13), DM7(13), C9(♯11,13),
Fm7(11)

4.

1)

2)

3)

5.

1)

2)

3)

6.

1)

2)

3)

7.

1) 11 2) 9, 11 3) 9, 13 4) 9, 11 5) 9, ♯11, 13

8.

1) ③ 2) ② 3) ①

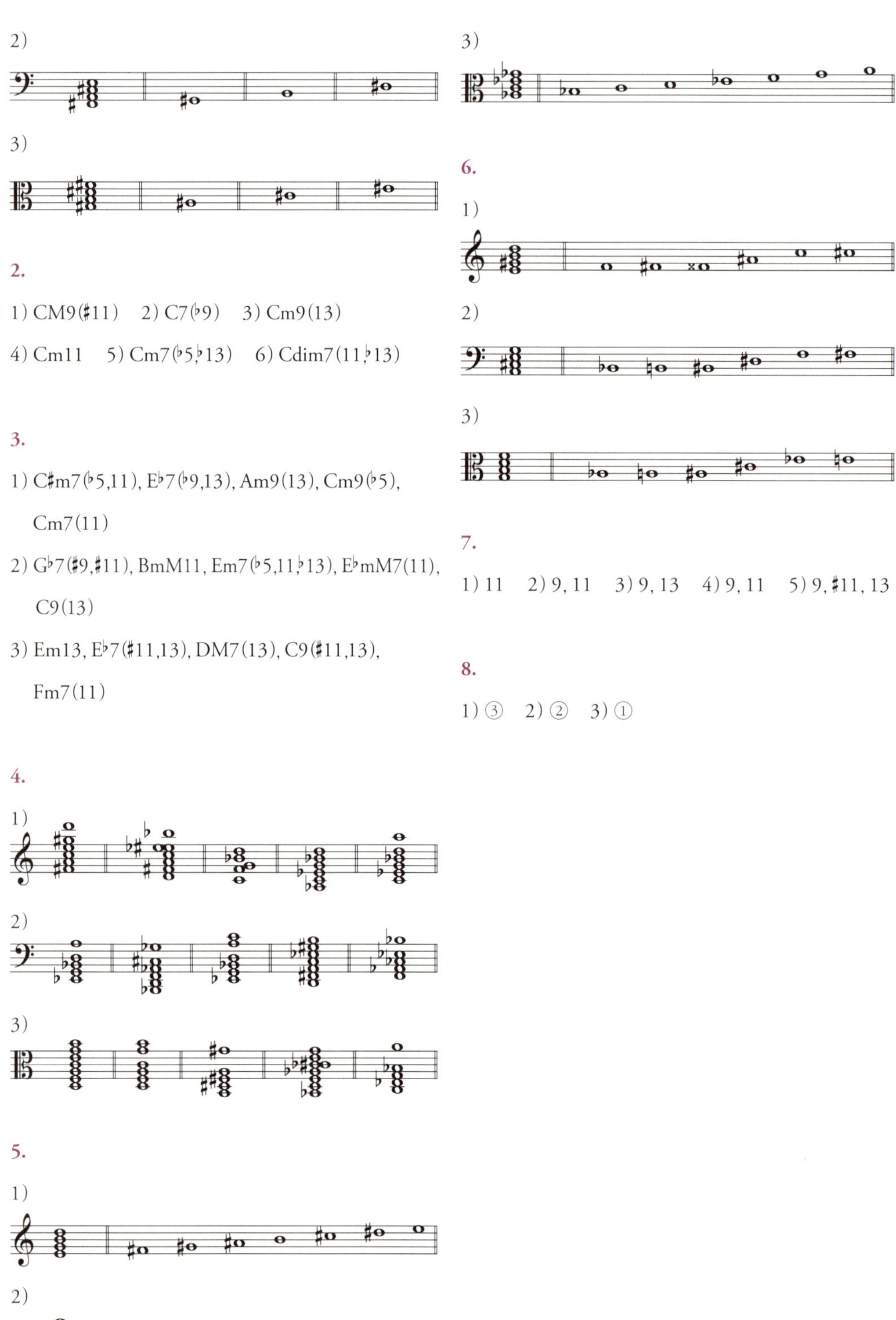

사전처럼 찾아보는 코드 진행 패턴집
코드 진행 포켓 사전 200

- 일산오빠의 코드 진행 포켓 사전 200
- 윤영준 지음
- 224쪽 / 12,000원
- 1458music 펴냄

'코드 진행 포켓 사전 200'은 히트곡에 나오는 코드 진행을 사전 형식으로 정리한 책이다. 기본적인 다이아토닉 진행부터 다양한 응용이 들어간 진행까지 200개의 코드 진행이 수록되어 있다. 단순히 코드 진행을 나열한 것이 아니라, 기본 진행과 응용 진행을 구분하여 어떻게 코드가 응용되었고, 어떤 기능을 가지고 있는지 설명하고 있다. 작곡을 하면서 코드 진행 테마가 잘 떠오르지 않을 때, 코드 진행을 응용하는 원리를 이해하고 싶을 때, 다양한 머니 코드를 배우고 싶을 때 사용하면 더 없이 좋은 책이다. 200개 코드 진행의 음원 파일을 제공하여 화성학을 잘 모르더라도 소리를 듣고 코드 진행을 활용할 수 있도록 하였다.

크리에이터 박터틀의
작곡독학 가이드북

- 작곡독학 가이드북
- 박주언 지음
- 292쪽 / 18,500원
- 1458music 펴냄

박터틀의 '작곡독학 가이드북'은 제목 그대로 자신만의 노래를 직접 만들 수 있게 도와주는 책이다. 코드 진행, 동기 멜로디, 가사, 리듬 파트로 나눠서 작곡에 필요한 기본기를 설명하고 있다.

작곡 입문자나 취미로 작곡을 하고 싶은 사람도 쉽게 이해하도록 구체적인 설명과 소리를 들어볼 수 있는 Track, 삽화, 체크 문제가 수록되어 있다. 특히 저자가 직접 작사, 작곡한 4곡을 예시로 설명이 전개되고 있어, 구체적인 연습을 할 수 있도록 도와준다.

이번에는 시창청음이다!
일산오빠의 실용음악 시창청음

- **일산오빠의 실용음악 시창청음**
- 윤영준, 김지은 지음
- 250쪽 / 16,800원
- 1458music 펴냄

시창청음은 음악을 하는 사람들에게 기본기와 같다. 종목에 상관없이 운동선수들이 근육 훈련을 하는 것처럼 음악을 하는 사람들은 꾸준한 시창청음 연습이 필요하다. 하지만 그 중요성에도 불구하고, 시창청음은 배워도 모르겠다는 사람들이 많았다. 실제로 상대음감인 사람들이 기본기가 준비되지 않은 상태에서 너무 난이도가 높은 선율과 리듬부터 연습하기 때문에, 시창청음에 어려움을 겪는 경우가 많이 있다.

지금까지 대부분의 시창청음 연습은 클래식 분야에 더 가까워서, 음을 듣고 부르는 것에 집중했다. 하지만 실용음악 분야는 음을 듣고 부르는 것뿐만 아니라 코드라는 큰 틀 안에서 진행과 악기들의 앙상블을 이해하는 연습이 필요하다.

일산오빠의 실용음악 시창청음은 실용음악 분야에 더 집중하여 선율과 리듬뿐만 아니라 코드, 진행, 악기에 관한 내용도 연습할 수 있도록 구성되어 있다.
특별히 책 속의 모든 내용은 저자가 직접 진행하는 팟캐스트를 통해 무료 강의로 들을 수 있고, 악보는 음원으로 제공된다.

추천사

"소리로 무엇인가를 표현하기 위해서 가장 기본적이고 중요한 파트를, 그 어떤 교재보다 체계적으로 구성한 책이다. 아이들이 글보다 말을 먼저 배우는 것처럼, 이 책을 통해 소리를 효과적으로 표현하는 방법을 알게 되길 기대한다."

포스티노 (작곡가 윤종신의 '좋니' 작곡, Eastern Cloud Music 대표)